为什么战旗美如画

抗美援朝老战士采访实录

陶德言 曹智 主编

红旗出版社

编委会

主　编：陶德言　曹　智

副主编：牛纪伟　李　颖

编　委：田宝剑　徐　扬　张非非

责　编：朱　彤　王其冰　范　蕾

　　　　洪　琦　宋　宇　陈　锐

　　　　张伊宇　连国辉　沈丹琳

　　　　洪慕瑄　何　娟

编者的话

人民战士驱虎豹，舍生忘死保和平。

2023年是抗美援朝战争胜利70周年。73年前，英勇的中国人民志愿军同朝鲜军民一道，历经两年零九个月舍生忘死的浴血奋战，赢得了抗美援朝战争的伟大胜利。

抗美援朝战争，打出了新中国的国威和人民军队的军威，谱写出一曲曲气壮山河的英雄赞歌，涌现出杨根思、黄继光、邱少云等30多万名英雄功臣和近6000个功臣集体。他们不愧为中华民族的英雄儿女，不愧为祖国安全和世界和平的坚强卫士，无愧于"最可爱的人"光荣称号！

时光流逝，精神永存。2021年9月至11月，为纪念中国人民志愿军抗美援朝出国作战70周年，《参考消息》推出"致敬最可爱的人"大型专题报道，包括"专家纵横谈"与"老兵访谈录"。"专家纵横谈"共收录10篇文章，多视角、多层面展示了抗美援朝战争的历史地位和伟大意义。"老兵访谈录"共采访70位抗美援朝老战士和烈士亲属。老战士们都已步入耄耋之年，年龄最大的近百岁。他们有参加过上甘岭战役的战斗英雄，有血战汉江南岸的"白云山团"副政委，有鏖战长空的英雄飞行员……他们的讲述，让我们读懂了中国军人的军魂与血性，看到了中华民族的脊梁与骄傲。他们永远是"最可爱的人"！

今天，我们将《参考消息》"致敬最可爱的人"大型专题报道汇编成《为什么战旗美如画：抗美援朝老战士采访实录》一书，力求真实再现抗美援朝历史，填补现存文献记录的空白或弥补其不足，与读者一起重温激情燃烧的岁月，重回炮火连天的战场，帮助读者全面了解抗美援朝战争的艰辛历程和伟大胜利。《参考消息》这组分量极重的专题报道，当时曾被读者誉为"抢救式报道"。截至本书出版，不少受访老战士已经去世，这更凸显了本书的珍贵价值和重要意义。

云山战斗，是中国人民志愿军与美军在朝鲜战场上的首次交锋。老战士赵云回忆道："战斗激烈到啥程度，炮管都打得发热变形。一个接一个装炮弹，我这手夹在炮弹缝里，骨头碎了，现在伸不直。"

"白云山团"老英雄吕品，讲起与美军王牌部队25师打的一场硬仗，那是一场力量悬殊的生死较量：志愿军没有制空权，敌人的飞机像乌鸦一样成群飞过，狂轰滥炸。

抗美援朝老战士孙景坤，战场上英勇杀敌，归田后造福乡里，被评为"时代楷模"，老战士虚弱的身体里发出生命强音："我活着，是替战友们活……"

本书聚焦英雄，通过挖掘老战士们的传奇故事，展现崇尚英雄、学习英雄、关爱英雄的情感内核，讴歌伟大的抗美援朝精神；以情感人，通过生动的故事讲述和丰富的细节还原，传递历久弥坚的家国情怀和斩不断的血脉根源；寓理于情，通过具象化的人物事迹，呈现主流的社会价值和情感追求，彰显以国之名尊崇英雄、铭记历史的宏大主题。

今日之和平，皆因无数先烈负重前行。谨以本书献礼抗美援朝战争胜利70周年，向"最可爱的人"致敬！

2023年7月

为什么战旗美如画

铭记,是最好的致敬

——纪念中国人民志愿军抗美援朝出国作战70周年

文/曹 智 陶德言 张非非 孙仁斌

碧云黄叶,秋色连波。

辽宁丹东。金黄的银杏叶铺满街巷,静默的英华山草木萧疏,这个深秋即将过去。再度站在鸭绿江断桥旁,看深绿色的江水汩汩奔流,让人不禁心潮起伏。

"雄赳赳,气昂昂,跨过鸭绿江……"已经不知多少次,这首歌在耳畔回响;已经不知多少次,被那气壮山河的历史和志愿军将士们抛头颅、洒热血的勇毅感染得豪情满怀;已经不知多少次,被这组报道中的老兵、烈士家属、各界群众以及读者的强烈共鸣感动得热泪盈眶……

《参考消息》持续两个月的"致敬最可爱的人"系列报道今天告一段落。回首半年多来的采访报道,有过泪水,有过感动,有过愤慨,有过激昂。只有亲历过战争的人,才知道血色里的和平有多珍贵;只有与死神抗争过的人,才懂得平安的生活有多幸福;只有采访过这些老战士，聆听过、阅读过他们的故事的人才明白：铭记，是对这些"最可爱的人"最好的致敬。

记录：为老战士刻像，为历史存照

"谢谢发来的稿件，告诉你一个不幸的消息，老人家已于10月9日去世了。"国庆节后，当记者将采访93岁的志愿军老战士关云庆的报道转发给他的同事和后人时，收到了这个令人悲痛的消息。

今年夏天我们去老人家里采访时，老人很高兴，特意在小区门口等候，他把屋子打扫得很干净，还特意为我们买来了冰镇饮料。采访中，他让记者喝饮料，自己喝冰镇啤酒，身体很硬朗。

1950年12月，关云庆新婚不久，就把妻子托付给家人，奔赴朝鲜战场。在朝鲜，他多次与死神擦肩而过，讲来惊心动魄。采访结束时，老人拉着记者的手，送了我们很远："我最喜欢看的报纸就是《参考消息》，里面有很多国际新闻，也有外国人怎么看咱中国的新闻，我的事迹能登在《参考消息》上，我很高兴！"

老人的报道10月6日在《参考消息》刊发，他在10月9日离开了这个世界。"你的文字是最好的纪念，谢谢你。"亲友在微信中这样回复记者。收到信息，记者心情沉痛。难过的是，几个月前还身体硬朗的老英雄溘然长逝，同时，也为我们的报道能在老人即将离开这个世界时让更多人了解他的事迹，感到些许慰藉。

纪念中国人民志愿军抗美援朝出国作战70周年的相关报道，从策划到采访再到最后刊发，持续了大半年的时间。几乎每一天，我们都被这些老战士可歌可泣的事迹感动着、鼓舞着。这段经历，在我们的新闻职业生涯中刻下深深的印痕。我们也用笔和镜头为这群"最可爱的人"描摹和记录了生动感人的影像。

"这是在辽沈战役中立的三等功，这是在平津战役、海南岛战役中分别立的二等功，这是在抗美援朝战争中立的一等功……"96岁的抗美援朝老兵孙景坤，身体虚弱，说话吃力，老人把一件挂满军功章的褪色绿军装挂在床头，经常摩挲着这件旧军装，回想当年的金戈铁马。

战场上英勇杀敌，归田后造福乡里，孙景坤的事迹在《参考消息》

刊发后不久，老人被评为"时代楷模"，成为全社会学习和致敬的榜样。

"当年村里10个年轻人一起参军入伍，回乡的只有3个。和牺牲的战友比，我做这点儿事算得了啥？我活着，是替战友们活，我要把他们想干却来不及干的工作干好，才对得起他们。"这，是老兵虚弱的身体里发出的生命强音。

报道刊发后，在读者中引起强烈反响。"这才是真正的历史，他们的事迹无论过去多久都熠熠生辉！""是他们为所有中国人赢得了大国的尊严，致敬老兵！""胜利伟大，但来之不易！致敬老一辈革命英雄们！"

战火硝烟虽然远去，但战士们的英勇牺牲，我们从未忘记，也不应忘记。"最可爱的人"一直都在我们身边，他们不曾远离，他们永远是值得我们铭记的英雄。

守护：让烈士安息，让丰碑永存

清明节前，沈阳抗美援朝烈士陵园的一间会议室里，我们采访了工作人员王春婕。这位在陵园工作了17年的员工，提起工作中的点点滴滴，数度落泪。

曾任中国人民志愿军炮兵第7师21团1营3连排长的王守正，在朝鲜淤木里壮烈牺牲。经过多年寻找，陵园工作人员最终在江苏宿迁找到了王守正的女儿王先侠。当年，61岁的王先侠来到陵园祭拜父亲，她在父亲坟前长跪不起："父亲，我整整找了你57年，经常在梦里和你见面。今天，我给你磕57个头，我想告诉你，这些年，我有多想你……"

讲到这里，王春婕哽咽了。朝鲜战场上有多少血与火，后方就有多少家庭的爱和泪。

一上午的长谈中，她讲述了为英雄守墓、到各地寻访烈士遗物、联系烈士家属的故事，也讲述了这些年来，许多群众从全国各地赶到陵园，瞻仰烈士墓碑，为烈士献花的故事。

每年清明节，总有一对父子，带着一大捧鲜花，在每位烈士墓碑前把鲜花插进土里。"清明节前后沈阳天气还很冷，有时土还是冻的，他们就带一支铁签子，在冻土上扎出一个洞，把花埋好，非常认真。"

每年大年三十晚上，陵园按正常上班时间已经闭园，但工作人员会特意为一些来献花的群众留门，等他们把花献完才正式放假……

今年的采访中，我们多次到访位于辽宁省丹东市的抗美援朝纪念馆。这座始建于1953年的纪念馆经过搬迁改造，如今坐落在鸭绿江畔的英华山上，与朝鲜民主主义人民共和国新义州市隔江相望，是全国唯一全面反映中国人民抗美援朝战争和抗美援朝运动历史的专题纪念馆。

"这是美军轰炸机轰炸丹东市的景象，"青年讲解员高真真指着馆内一组黑白照片说，"我爷爷当时18岁，在丹东市三马路的商铺做学徒，他侥幸躲过飞机轰炸。他回忆说，当时地下被炸出一个很深的大坑，鲜血把坑里的积水都染红了。"

长大后，高真真成为抗美援朝纪念馆的一名讲解员，她把全部热情投入讲解工作，经常查资料、自学抗美援朝历史。"我想让更多的人了解这段历史，了解志愿军战士们为了保家卫国作出的巨大贡献。"

抗美援朝纪念馆馆长刘静媛说："志愿军战士们在战争年代奋不顾身，英勇杀敌。他们的事迹和精神应该被永远传颂和传承下去。我们能做的，就是尽最大的努力，守护好他们用鲜血和生命铸造的精神丰碑，铭记他们为保家卫国所付出的点点滴滴。"

寻亲：爱心大接力，助亲人"团聚"

9月28日，第七批在韩中国人民志愿军烈士遗骸在沈阳抗美援朝烈士陵园安葬，117位志愿军烈士英灵回到祖国和人民的怀抱。

自2014年以来，累计有716位在韩志愿军烈士遗骸回到祖国，由于这些遗骸未确认身份，他们的家人甚至并不知道烈士们已经魂归祖国。2019年，通过归国烈士遗骸遗物中发现的24枚印章，退役军人事务部联合多家媒体发起"寻找英雄"大型行动，为这些英烈寻找亲人，并最终通过DNA比对，确定了6名烈士和亲属的关系。

这些年来，从国家有关部委到陵园、媒体，再到民间志愿者团体，帮烈士寻亲、送烈士回家的脚步一刻也没有停歇。

从2008年开始，沈阳抗美援朝烈士陵园和《沈阳日报》等当地媒体联合发起了"期待重逢·寻找烈士亲人"活动。在国内众多媒体的接力传播下，许多烈士的亲属与报社和陵园取得联系。这些亲属从全国各地奔赴沈阳，为烈士扫墓。

2020年9月27日，沈阳抗美援朝烈士陵园工作人员在擦拭烈士英名墙（姚剑锋　摄）

《沈阳日报》编委兼经济部主任伏桂明是当年活动的发起人之一。他回忆说，当年的活动曾帮53位抗美援朝烈士找到亲属。"当时组织了50多家媒体联动，给民政局打电话，到各地去实地探访，也有许多读者打电话来，一点一点地去推进这个工作。这个过程也是我们接近英雄、了解英雄的过程。他们给我们传递的是一种温暖而坚定的力量，这种力量，也是一种家国情怀。"

丹东抗美援朝烈士陵园和《丹东日报》也曾共同发起过为烈士寻亲的活动。陵园管理所所长孙大力忘不了烈士李方荣的家属前来寻亲的那一幕。

"哥，这么多年，终于找到你了。"河南省宜阳县柳泉镇方沟村村民、76岁的李跃卿到丹东抗美援朝烈士陵园探访大哥陵墓时泪水涟涟，他一边哭一边用颤抖的双手将祭品摆在墓碑前，弟弟李汉卿也早已泣不成声。

兄弟俩完成了母亲临终前的遗愿：找到大哥李方荣，尽管他已牺牲在抗美援朝战场上。1951年，年仅17岁的李方荣报名参军，成为中国人民志愿军的一员。母亲临终前，仍念念不忘叮嘱李跃卿兄弟俩："一定要打听到你们大哥的下落，给我一个交代。"

多年后，在孙大力等人的帮助下，兄弟二人终于来到大哥坟前。李跃卿将野菊花放在哥哥的墓碑上，李汉卿把随身带来的一个红布包慢慢打开，绕墓碑一周，把从家乡背来的黄土缓缓撒在哥哥的墓碑旁，又用双手在地上挖出一捧黑土，包好，小心翼翼地揣在怀里。

"哥啊，跟我们回家！"两个头发斑白的老人擦擦泪眼，相互搀扶着走过一排排的烈士墓碑……

"这么多年过去了，这场爱心接力远远没有结束，烈士们用生命和鲜血保卫这个国家，我们就要用爱心和行动来守护好烈士，帮他们找到家人！"59岁的河北志愿者张红琢感慨地说。多年来，他义务为多名烈士寻找到亲人。

纪念：祖国永不忘，精神永传承

从丹东市区向东10多千米，就是明万里长城的东端起点——虎山长城。这里，与朝鲜一江之隔。

70年前，中国人民志愿军跨过鸭绿江，用忠诚和热血筑成一道血肉长城，守卫了新生的中华人民共和国，守卫了公理正义，守卫了世界和平。

70年来，追思从未远离，那些为了祖国、正义与和平捐躯赴国难的英雄，始终激励着亿万中华儿女，齐心团结紧，筑起新长城，守卫好壮丽河山，建设好幸福家园。

那些保家卫国的将士，祖国没有忘记。2020年10月23日上午，各界代表在北京人民大会堂隆重集会，纪念中国人民志愿军抗美援朝出国作战70周年。中共中央总书记、国家主席、中央军委主席习近平出席大会并发表重要讲话。这是国家最高规格的纪念。"70年来，我们始终没有忘记谱写了气壮山河英雄赞歌的中国人民志愿军将士，以及所有为这场战争胜利作出贡献的人们。"这是万众瞩目的时刻，亿万人民共同回望那撼天动地的英雄史诗，激荡奋进新时代的磅礴力量。

"只有祖国强大了，别人才不敢随便欺负咱。我希望，未来咱们的国防更强大，军队更强大，保卫好国家和人民。"生于1931年的志愿军老战士王竭说出对未来的期待。

那些反抗侵略的将士，人民没有忘记。"敬爱的老政委马顺天，我是您的老兵王凤和，我今天特地来看望您，现在国家强大了，老百姓也过上了好日子，再也没有人敢来欺负咱。可惜这一切您看不到了，只要我还能动，每年我都会来看您……"96岁的志愿军老战士王凤和在沈阳抗美援朝烈士陵园马顺天烈士墓前久久伫立，缓缓举起右手，向老政委敬了一个标准的军礼。

曾参加过抗日战争、解放战争、抗美援朝战争的王凤和，伤痕累累、战功赫赫。采访中，老人对自己的功绩谈得不多，更多的时间，他在回忆和怀念自己的战友："我自己的事迹没什么，牺牲的战友们才更值得被纪念。"

"铭记，是最好的致敬。我们一直在寻访抗美援朝老战士，把他们的事迹编写进杂志里，传承抗美援朝精神。我们也希望让更多的年轻人了解这段历史，记住这些最可爱的人为新中国作出的牺牲和贡献。"丹东抗美援朝精神研究会秘书长陈晨说。

（刊于《参考消息》2020年11月7日第5版）

目录 CONTENTS

专家纵横谈

3 何 雷：
敢于斗争 善于斗争 敢于胜利
——从抗美援朝战略决策中汲取智慧与力量

9 王卫星：
"世界上没有任何军队足以击退中国人"
——外国人眼中的抗美援朝战争

16 齐德学：
抗美援朝战争是一场伟大的战争

22 肖裕声：
抗美援朝：惊天动地的立国之战

28 黄迎旭：
抗美援朝出兵决策背后的考量

35 徐　焰：
抗美援朝战争为中国的国防现代化奠基

41 舒　健：
立国之战：民族复兴路上的不朽丰碑

48 田义伟：
抗美援朝战争中大国较量的启示

55 袁　野：
抗美援朝开启中国强国道路

61 刘子君　王　雷：
"谜一样的东方精神"
——志愿军的战斗精神永不过时

老战士访谈录

72 血洒白云山，火海中的生死较量
　　——记志愿军老战士吕品

79 冒着炮火将邱少云遗体抬下战场
　　——记志愿军老战士韩远泉

85 空中激战，分秒之间决胜负
　　——记志愿军老战士那启明

92 最难忘的是一枚救命战友的胸章
　　——记志愿军老战士李相玉

98 "是英雄，是好汉，三八线上来检验"
　　——记志愿军老战士孟昭身

103 亲历上甘岭战役，几天喝不到水
　　——记志愿军老战士郭平友

108 "当年过鸭绿江，就没想过要回来"
　　——记志愿军老战士程茂友

115 驾车拖走敌人埋藏的定时炸弹
　　——记志愿军汽车兵满志成

120 一火炕两板凳的战地婚礼
　　——记志愿军女战士沈正林

124 连夜行军百里是家常便饭
　　——记志愿军后勤兵马世勋

128 为抢救伤员三天三夜没吃饭
　　——记志愿军医护兵王忠义

132 将近三年没离开过自己的炮位
　　——记志愿军高射炮兵李维波

136 从步兵直接"转型"高射机枪手
　　——记志愿军老战士顾绍仁

141 炸弹来袭瞬间，本能地护住电台
　　——记志愿军报务员关长义

145 "我送情报，敌机就在头上扫射"
　　——记志愿军老战士赵云

149 空中拼刺刀，打出中国空军赫赫威名
　　——记空军一级战斗英雄王海上将

156 每天急行军,没空考虑生死
　　——记志愿军老战士刘振山

160 "我们的胜利是拼出来的"
　　——记志愿军老战士常宗信

165 只要祖国有需要,随时准备上战场
　　——记志愿军老战士王凤和

172 三渡鸭绿江战沙场　献身山城村甘务农
　　——记志愿军老战士孙景坤

178 "战友们从土堆中把我挖出"
　　——记志愿军老战士汤继润

182 忙着战斗,来不及悲伤
　　——记志愿军老战士赵继胜

186 "打仗最终还要靠那股子精神"
　　——记志愿军老战士孙孝忠

190 "我永远记得在朝鲜的780天"
　　——记志愿军老战士徐良龙

194 炮火中教不识字的战士写家信
　　——记志愿军文化教员陈继甫

198 "战场上,无数次被我的'学生们'感动"
　　——记志愿军文化教员王福春

202 她16岁就担当"伤员保护神"
　　——记志愿军医务兵吴晓岚

206 他双手磨破挖出被埋战友
　　——记志愿军医务兵孙乃强

210　他冒险将军火罐车顶出山洞
　　　　——记志愿军机车司机关云庆

214　"炸死算牺牲，炸不死就拼到底！"
　　　　——记志愿军汽车兵杨殿生

218　"我就是一根炸不断的电话线"
　　　　——记志愿军通信兵赵振声

222　"做好把脑袋别在腰带上的准备！"
　　　　——记志愿军书记员马汉贤

226　在山头上成功坚守三个月
　　　　——记志愿军老战士于作友

230　"天一黑，战士们就像猛虎出山"
　　　　——记志愿军老战士吴松林

234　"先不换防，打了这仗再回国！"
　　　　——记志愿军老战士娄文业

238　"雪地潜伏，一趴就是好几天"
　　　　——记志愿军老战士金朋玲

242　"人活着，就不让底片遗失"
　　　　——记志愿军战地记者孙田原

246　率领炮兵成功阻敌被编入教材
　　　　——记志愿军老战士萧模林

250　"没有一人因抢救不当死在我手里"
　　　　——记志愿军老战士徐福绵

254　两次赴朝，亲历反细菌战
　　　　——记志愿军老战士薛广文

258　首战端掉美军加强团指挥部
　　——记志愿军老战士李昌言

262　"人在电台在，炸了就一块儿死"
　　——记志愿军通信兵荣凤岐

266　"我是替战友活下来的，每一天都是幸福的"
　　——记志愿军通信兵黄吉福

270　"在心里把祖国翻天覆地的变化和战友唠唠"
　　——记志愿军报务员王成信

274　黄继光一直激励着我
　　——记志愿军炮兵宋国青

279　打下敌机为战友报仇
　　——记志愿军炮兵那会卿

284　"急救包就是我们的'武器'"
　　——记志愿军卫生员赵增江

288　合力生擒美国飞行员
　　——记志愿军老战士王力平

292　把下巴留在元山港战场
　　——记志愿军老战士刘克仁

296　能穿军装，一辈子就没白活
　　——记志愿军老战士靳海芳

300　"当时我已抱着必死的决心"
　　——记志愿军炮兵邹继良

304　"在战场上，我只是看见惨烈和伤痛"
　　——记志愿军医护兵关大局

308 一个连全歼美军一个连
——记志愿军老战士鞠万昌

312 "弹片离肺膜只有两厘米"
——记志愿军老战士宋广学

316 "走路不掉队,打仗不怕死"
——记志愿军老战士南启祥

320 "我们在坑道里演,子弹在头上飞!"
——记志愿军文艺兵吴文芳

324 "在朝鲜四年,我一直住地窨里"
——记志愿军报务员章成志

328 捧回烈士抛洒鲜血的一抔土
——记志愿军老战士宁殿云

332 多次与死神擦肩,从不后悔
——记志愿军老战士王竭

336 亲历中朝释放"联合国军"战俘
——记志愿军老战士蒋恺

340 "炸坦克那一刻,我就没想活"
——记志愿军老战士程龙江

344 "战友倒下,是战场留给我最痛苦的回忆"
——记志愿军卫生员黄玉佳

348 "上甘岭战役,我打出190发炮弹"
——记志愿军"神炮手"周继成

353 再难也要把弹药送到上甘岭
——记志愿军老战士钟发玖

357 机智勇敢把阵地推进300余米
——记志愿军老战士赵兴元

362 单机与14架敌机格斗20分钟
——记志愿军飞行员华龙毅

366 横城穿插阻击战创辉煌战绩
——记志愿军老战士张竭诚

370 烈士魂归故国　终与亲人"团聚"
——记志愿军侦察员陈曾吉

374 "不管啥样的敌人来，咱都敢打！"
——记志愿军老战士白清林

378 "心里没有怕，只想着消灭敌人！"
——记志愿军老战士朱法印

381 **代后记**
在辽沈大地感受抗美援朝精神

为什么战旗美如画

纵横谈

73年前，中国人民志愿军高举保卫和平、反抗侵略的正义旗帜，雄赳赳、气昂昂，跨过鸭绿江，发扬伟大的爱国主义精神和革命英雄主义精神，同朝鲜人民和军队一道，历经两年零九个月艰苦卓绝的浴血奋战，赢得了抗美援朝战争的伟大胜利。这是一场惊天动地的立国之战，是中国人民站起来后立于世界东方的宣言书，是中华民族走向伟大复兴的重要里程碑，对中国和世界都有着重大而深远的意义。这场新中国的立国之战，不仅将永远铭刻在中华民族的史册上，而且将永远铭刻在人类和平、发展、进步的历史上。

2020年，为纪念中国人民志愿军抗美援朝出国作战70周年，弘扬伟大抗美援朝精神，《参考消息》精心组织"致敬最可爱的人"大型专题报道。其中，"专家纵横谈"约请著名专家学者，纵论抗美援朝战争的历史意义、时代价值与世界影响，以致敬中国人民志愿军为维护正义、反对强权所作出的不朽历史贡献。

敢于斗争　善于斗争　敢于胜利
——从抗美援朝战略决策中汲取智慧与力量

文 / 何　雷

2020年是中国人民志愿军抗美援朝出国作战70周年。70年前，美帝国主义武装干涉朝鲜内战，支援南朝鲜军队作战。与此同时，美海军第7舰队侵入台湾海峡，侵占我国领土台湾，并把战火烧向我国东北边境。面对强敌的侵略行径和战争威胁，中国要不要出兵参战，要不要同美国进行战争较量，这在政治、军事和外交上都是至关重要的战略问题。党中央和毛主席高瞻远瞩，审时度势，毅然决然作出抗美援朝、保家卫国的历史性决策，中国人民志愿军历经两年零九个月的浴血奋战，赢得了抗美援朝战争的伟大胜利。

伟大的抗美援朝战争，打出了新中国的国威和人民军队的军威，打出了中华民族的自尊和自信，打出了中国较长时期相对稳定的和平环境，也创造了以弱胜强、以劣势装备战胜优势装备之敌的世界战争史奇迹，粉碎了美帝国主义不可战胜的神话。实践雄辩地证明，出兵抗美援朝的战略决策是伟大、英明、正确的。

70年后的今天，世界处于百年未有之大变局，特别是受新冠肺炎疫情冲击，国际战略格局发生重大变化，我国安全面临严峻挑战，重温抗美援朝战争战略决策的精髓要义，从中汲取敢于斗争、善于斗争、敢于胜利的战略智慧与精神力量，不断夺取具有许多新的历史特点的伟大斗争的新胜利，有着十分重要的意义。

面对复杂形势　慎重战略决策

1950年6月，朝鲜内战爆发后，当以美国为首的"联合国军"入侵朝鲜、欲将战争强加给中国人民的时候，我国解放战争刚刚结束，中华人民共和国成立不到1年，国家处于满目疮痍、百废待兴的极端困难复杂状况。而美国工业发达，技术先进，经济实力雄厚，军事力量强大。当时，中美两国的综合国力相差悬殊，美国钢产量是中国的144

1953年7月13日,志愿军越过铁路,突破敌人长期固守的金城川防线,发起金城战役(黎枫 摄)

倍、工农业总产值是中国的28倍。志愿军入朝作战前,美军即在朝鲜战场投入了1100多架作战飞机、近300艘海军舰船和大量陆军精锐部队。面对世界上头号资本主义国家,面对世界上最强大、武器装备最现代化而且还拥有原子弹的美军,中国敢不敢出兵、能不能应战?这是摆在党中央和毛主席面前异常艰难的重大战略抉择问题。

战略上藐视敌人,不畏强敌,敢于斗争,坚决维护国家利益和争取长期和平环境,是党中央和毛主席作出出兵参战战略决策的基本出发点。毛主席多次发表讲话,表明严正立场:中国人民"既不受帝国主义的利诱,也不怕帝国主义的威胁"。"我们是不让你打的,你一定要打,就让你打。""现在中国人民组织起来了,是惹不得的,如果惹翻了,是不好办的。""美国人要打多久就打多久,一直打到完全胜利为止。"

党中央和毛主席分析认为,美国虽有强大的经济力量和军事力量,但其侵略行径遍及五大洲,受到全世界人民的反对,在政治上是孤立的，本质上是虚弱的，是外强中干的"纸老虎"，美国内部争吵，与其同盟者也不一致，在军事上也有它不可克服的弱点。党中央和毛主席指出，对于战争，我们是不怕的，因为我们有具备20多年武装斗争经验的党和军队。因此，貌似强大的美帝国主义并不可怕，我们完全有理由在战略上藐视它，最后战胜它。"打得一拳开，免得百拳来"，以一时的牺牲代价，换取长期的和平环境。

新时代进行具有许多新的历史特点的伟大斗争，实现中华民族伟大复兴，敢于斗争的精神是我们必须赓续传承的宝贵财富。中华民族伟大复兴绝不是轻轻松松、敲锣打鼓就能实现的，在前进道路上面临的各种斗争必将是长期复杂的。当前，新冠肺炎疫情对国际战略格局产生深刻影响，使我国安全形势更加复杂严峻，特别是中美关系正处于建交40多年来最严峻的局面，迫切需要我们发扬抗美援朝战争不畏强敌、敢于斗争的精神，坚定斗争意志，激扬斗争精神，迎接新的挑战。凡是危害我国主权、安全和发展利益的风险挑战，凡是遏制破坏我国实现"两个一百年"奋斗目标、实现中华民族伟大复兴进程的艰难险阻，我们都必须直面应对，坚决进行斗争，毫不动摇，毫不退缩，直至胜利。

从敌我实际出发　争取战略主动

党中央和毛主席站在国际战略全局的高度，从敌我双方实际情况出发，全面分析战争双方的优劣条件，极其慎重地作出抗美援朝的战略决策，这一决策是无产阶级革命家伟大胆略和马克思主义科学态度相结合的产物。毛主席深刻指出，美国"在军事上只有一个长处，就是铁多，另外却有三个弱点，合起来就是一长三短。三个弱点是：第一，战线太长，从德国柏林到朝鲜；第二，运输线太远，隔着两个大洋，大西洋和太平洋；第三，战斗力太弱"[①]。中国虽弱，但也有有利条件：我军不仅占有数量上的优势，而且经过20多年革命战争的锻炼，具有以劣势装备战胜优势装备之敌的丰富经验。毛主席认为，与解放

[①]《毛泽东文集》第六卷，人民出版社1996年版，第93页。

台湾需要渡海作战相比，选择在朝鲜与美国较量，拥有最有利的地形、最便利的交通、最便利的物质支援、最便利的人力支援、最便利的政治动员，还有最便利我们取得苏联间接的帮助。因而，尽管面临重大困难，但也有打的条件。

抗美援朝战略决策，是战略上藐视敌人与战术上重视敌人辩证统一的光辉典范。正如毛主席指出的："我还是那句老话，在战略上藐视他，当作纸老虎，在战术上重视他，当作真老虎。"[①] 党中央和毛主席对出兵参战的战略目标和战争前途作出三种设想和相应准备：一是在朝鲜境内歼灭和驱逐美军，从根本上解决朝鲜问题；二是迫使美国知难而退，通过谈判解决问题；三是美国对中国宣战，使用其空军轰炸我国大城市及工业基地，使用其海军攻击我国沿海地带，并支持国民党军或蒋美联军进攻大陆。对于这三种可能，党中央和毛主席的战略期望是，以实现第二种可能为基点，力争第一种可能，力避第三种可能。

实践证明，抗美援朝战略决策是善于斗争的高超的战略决策艺术的生动体现，使我国在战略上一开始便占据主动地位：政治上有理，保卫和平、反抗侵略的正义之举，获得全世界爱好和平的国家和人民的同情、支持和援助；军事上有利，避免了仓促应战，取得战略的隐蔽性和战役战斗的突然性。

新时代进行具有许多新的历史特点的伟大斗争，实现中华民族伟大复兴，必须善于斗争，注重策略方法，讲求斗争艺术。强化底线思维，准确把握国际形势和国家安全环境的时与势、危与机，积极主动做好应对任何矛盾风险挑战的准备，下好先手棋、打好主动仗。保持战略定力，在复杂形势下始终做到"任凭风浪起，稳坐钓鱼船"，不受一时一事的影响，更不能掉进别人设置的各种陷阱。讲求斗争艺术，坚持军事斗争与政治斗争、外交斗争、法理斗争相协调，战略判断和战术运用相结合，斗争过程和斗争实效相统一，确保战略目标圆满达成。

[①] 中共中央文献研究室编：《毛泽东年谱（1949—1976）》第一卷，中央文献出版社2013年版，第169页。

发挥政治优势　把握胜利之本

抗美援朝伟大战略决策，以敢于胜利为基础，是敢于斗争、善于斗争、敢于胜利有机统一的结果。

中国共产党卓越的政治领导力和正确的战略策略，是敢于胜利的根本保证。正因为有中国共产党的坚强领导，有全国各族人民对党中央和毛主席战略决策的坚决拥护与全力支持，中国人民志愿军才创造出世所罕见的战争奇迹，才有了在美国历史上第一个没有取得胜利的停战协定和第一个在没有取得胜利的停战协定上签字的美国陆军四星上将司令官。

紧紧依靠人民群众，坚持人民战争思想，是敢于胜利的坚实基础。抗美援朝战争期间，党和政府在全国人民中进行了广泛深入的政治动员与组织工作，以高度的爱国主义和国际主义教育人民、鼓舞人民，从而激发出极大的支援战争的积极性。广大青年踊跃参军，成千上万的民工、铁路员工、汽车司机、医务工作者奔赴朝鲜前线，担任各种战地勤务，各界人民捐献了可购买3700架飞机的巨款，开展了全国规模的慰问志愿军、优待志愿军烈军属运动，为志愿军提供所需人力、物力支援，极大地鼓舞激励了前方官兵的军心士气。毛主席在总结抗美援朝战争胜利的经验时深刻指出："主要是因为我们的战争是人民战争，全国人民支援，中朝两国人民并肩战斗。"[①]

中国人民志愿军勇往直前的高昂士气和不怕牺牲的顽强斗志，是敢于胜利的力量源泉。抗美援朝战争中，志愿军"钢少气多""骨头比钢铁还硬"，以不畏艰险、不屈不挠、勇于牺牲的大无畏精神，前赴后继，浴血奋战，与朝鲜人民军并肩协同作战，战胜了不可一世的以美军为首的"联合国军"，实现了朝鲜停战的战略预期。战争中，谱写了无数可歌可泣的英雄事迹，涌现出杨根思、黄继光、邱少云等30余万英雄模范和近6000个功臣集体。战争实践证明，中国人民志愿军不愧为中华民族的英雄儿女，不愧为祖国安全与世界和平的坚强卫士，无

[①]《毛泽东军事文集》第六卷，军事科学出版社1993年版，第353页。

愧于"最可爱的人"这个光荣称号。

习近平主席在评价抗美援朝战争松骨峰战斗时曾说：这一仗打得很激烈，官兵战斗作风很顽强。我军历来是打精气神的，过去钢少气多，现在钢多了，气要更多，骨头要更硬。

新时代进行具有许多新的历史特点的伟大斗争，实现中华民族伟大复兴，必须具有敢于胜利的斗争意志和胜利信心，始终牢记中国共产党无比坚强的正确领导，中国特色社会主义制度的显著优势，中华人民共和国成立以来积累的坚实国力，正义战争、人民战争的伟大力量，中华民族和人民军队大无畏的英雄气概，是我们从容应对和战胜任何风险挑战、惊涛骇浪的深厚底气，是我们敢于斗争、善于斗争、敢于胜利的政治优势。

抗美援朝战争的硝烟早已散去，但现代战争的根源还没有消除。当今世界并不安宁，霸权主义、强权政治依然存在，局部战争和武装冲突连绵不断，我国安全形势严峻复杂，面临的战争威胁不能排除。我们必须认清形势，丢掉幻想，强化忧患意识，破除和平积弊，牢固树立永远是一支战斗队的思想，始终坚持战斗力这个唯一的、根本的标准，继承弘扬伟大的抗美援朝、保家卫国战争的斗争精神和斗争艺术，切实增强随时准备打仗、打硬仗、打恶仗的使命感、责任感和紧迫感，坚决维护国家主权、安全和发展利益。

（作者为军事科学院原副院长、中将、首席专家、研究员）
（刊于《参考消息》2020年10月6日第12版）

"世界上没有任何军队足以击退中国人"
——外国人眼中的抗美援朝战争

文 / 王卫星

发生在20世纪50年代的抗美援朝战争，是中华人民共和国刚刚诞生1年，帝国主义侵略者强加给中国人民的，也是中国人民为了维护自身利益与地区和平而进行的一场正义战争。党中央和毛主席决定派出志愿军，同朝鲜人民和军队一道浴血奋战，赢得抗美援朝战争的伟大胜利。这场战争，直接或间接卷入的国家有20多个，最终正义战胜了邪恶，主权压倒了霸权，世界范围内的民族解放运动受到极大鼓舞。

回顾世界各国对抗美援朝战争的评价，对全面了解这场战争，客观认识人类社会发展演进的规律，继承发扬革命前辈"压倒一切敌人而决不屈服"的精神，藐视未来一切强敌的挑战，推进人类正义进步事业的前行，具有重大现实意义和深远历史意义。

"不该与中国打的一场战争"

70年前，美国政府严重低估中国维护国家核心利益、出兵援助朝鲜的战略决心，武装干涉朝鲜内战，且不顾中国政府一再警告，悍然越过三八线，同时将军舰开进台湾海峡，阻挠中国统一。中国被迫调整战略重心，应朝鲜党和政府请求，毅然作出"抗美援朝，保家卫国"的战略决策，与以美军为首的所谓"联合国军"作战并取得光荣胜利。面对这样一个结局，美国国内有识之士在战后反思中不得不承认，朝鲜战争是"不该与中国打的一场战争"。

当时，美国军政当局在对中国意图猜测不明或一厢情愿妄断的情况下，几经讨论，还是作出了突破三八线、武装占领全朝鲜的错误决定。据记载，1951年5月15日，时任美参谋长联席会议主席奥马尔·布雷德利在出席解除麦克阿瑟职务听证会时说："赤色中国不是一个足以寻求霸权的强盛国家。但是，如果把战争扩大到共产党中国，坦率地讲，参谋长联席会议认为，这一战略将使我们在错误的地方、错误的时间、同错误的敌人打一场错误的战争。"① 布雷德利还直言不讳地说:"进攻共产党中国并不是一个能起决定作用的行动,不能保证朝鲜战争的结束,也不会使中国屈服。"②

但是,这次听证会并未打消美国盲动势力的战争冒险冲动。在接下来2年多时间的战争中,布雷德利的观点并没有冷却美国的战争狂热,却为战争的结局所验证。

抗美援朝战争,是在交战双方力量极其悬殊条件下进行的一场现代化战争。这场战争对中美两国都有非同寻常的历史意义。对中国来说,这是中华民族的一场百年耻辱一朝得雪的雪耻之战。然而,"对许多美国人而言,朝鲜战争始终是历史中的一个黑洞"③。约瑟夫·格登在《朝鲜战争——未透露的内情》一书中说:"许多美国史学研究者也认同,朝鲜战争是美国第一次没有凯旋的战争。"④ "联合国军"第三任总司令马克·克拉克在回忆录中写道:"我成了历史上第一位在没有胜利的停战协定上签字的美国司令官,我感到一种失望和痛苦。"⑤ 时任美国国务卿迪安·艾奇逊说:"无论从政治角度还是军事角度来讲,如果让全世界最高明的专家找出一处这场糟糕的战争最不应该发生的地方,那么他们一定会异口同声地说,这个地方就是朝鲜。"

美国军队永远的疮疤

朝鲜战争是东西方世界陷入冷战后的第一次大规模武装冲突,是西方"自由世界"与社会主义阵营之间的第一场摸底性军事对决。但在美国,朝鲜战争却是一场"被遗忘的战争"。

---

① 军事科学院军事历史研究所:《抗美援朝战争史(修订版)》下卷,军事科学出版社2011年版,第10页。
② 克莱·布莱尔整理:《将军百战归——布雷德利自传》,廉怡之译,军事译文出版社1985年版,第837页。
③ 大卫·哈伯斯塔姆:《最寒冷的冬天——美国人眼中的朝鲜战争》,王祖宁、刘寅龙译,重庆出版社2010年版,第559页。
④ 约瑟夫·格登:《朝鲜战争——未透露的内情》,于滨等译,解放军出版社1990年版,第1—2页。
⑤ 马克·克拉克:《从多瑙河到鸭绿江》,文士龙译,台湾黎明出版公司1956年版,第1页。

美国著名战地记者大卫·哈伯斯塔姆在《最寒冷的冬天——美国人眼中的朝鲜战争》一书中写道:"对于曾在那里战斗过的美国人和其他人来说,很多人一直把这段往事深深地埋藏于心,他们从来不向家人和老友提及这段残酷的经历,只把自己当作幸存者。刚从朝鲜回国时,他们都不愿意听到与这场战争有关的任何事情。"①

如果说经历战争的人选择遗忘是因为战事残酷、不堪回首,那么撰写历史的人讳莫如深,则是因为这场战争"灭了美国的威风,长了中国的志气"。

对美国来讲,正如一位美国将军所说,"朝鲜战争是完完全全的军事失败。一个世界公认最强大国家的陆海空三军联合立体作战,却没能打过一个贫穷国家装备原始的陆军。这是我们美国军队和国家永远的耻辱和疮疤"。美国著名作家约翰·托兰在《漫长的战斗》一书中有言:"这场战争是以一片啜泣声,而不是以一种快感结束的——它是近40年来在美国历史上唯一没有被国家树碑立传的重大战争。"

抗美援朝时期,中国人民志愿军运输部队克服一切困难,为前方运送各种物资。图为1952年6月运输部队的战士们在检查车辆(新华社发)

---

① 大卫·哈伯斯塔姆:《最寒冷的冬天——美国人眼中的朝鲜战争》,王祖宁、刘寅龙译,重庆出版社2010年版,第566页。

对中国来说，抗美援朝战争胜利的意义不仅体现在战场上，更在于其长远的战略影响。基辛格在《论中国》一书中写道："从广泛意义上说，朝鲜战争对中国而言不只是平局。它确立了新生的中华人民共和国作为军事强国和亚洲革命中心的地位。它建立了中国作为一个令人敬畏的对手的军事威信，在以后的几十年中，这一威信始终不坠。"[1] 美国学者罗伯特·奥斯古德在《有限战争》一书中写道："朝鲜灾难造成的影响远远超过了麦克阿瑟在朝鲜战场的失败，不仅联合国统一朝鲜的希望破灭了，而且当中国变成第一个在重要战役中取得打败西方军队胜利的国家时，似乎一夜之间，中国便跃进为世界强国之列。"对于中国人民志愿军这个"特殊"的对手，麦克阿瑟的评价意味深长，"美军是和一个新的强国战斗"。美国不得不承认，中国在这场战争中显示了坚强有力的领导和巨大的力量，"它再也不是第二次世界大战时那个软弱无能的国家了"，中国在这场战争中"赢得了声誉"，"提高了地位"。[2]

中国军队作战能力非凡出众

一部分人对这场战争有一个认识的误区，即志愿军战绩卓著靠的只是"人海战术"和勇敢精神。但事实绝不限于此。

罗伯特·F.多尔在《美国陆军》一书中写道："西方国家的媒体想象中国士兵冲进战场，并肩作战，以大规模的'人海战术'发动进攻。事实恰恰相反！中国军队确实是很少利用重炮和装甲车，而且他们也确实是依赖大量的人发起进攻，但他们都是善战的勇士。进入战斗后，积极主动，也善于用脑。"美国著名军事评论家约瑟夫·戈登感慨："中国军队纪律之严格和忍耐力之高，无论用什么标准来衡量，中国军队的作战能力都是非凡出众的。"

中国人民志愿军在战场上坚持"你打你的，我打我的，你打原子弹，我打手榴弹"，把建军以来逐步形成的灵活机动战略战术传统发挥

---

[1] 亨利·基辛格：《论中国》，胡利平、林华译，中信出版社2015年版，第139页。
[2] 沃尔特·G.赫姆斯：《朝鲜战争中的美国陆军（第一卷）：停战谈判的帐篷和战斗前线》，国防大学出版社1988年版，第565页。

得淋漓尽致，展现了大智大勇。这是中国军队面对强敌、危局和各种阻力压力，总能"杀出一条血路"的重要原因所在。

日本陆战史研究普及会主编的《朝鲜战争》一书写道："中国军队进入朝鲜北部，规定了严密的措施和严肃的纪律。例如，行军只限于夜间徒步，而且必须在日出之前完成隐蔽和掩蔽工作，做完饭，消除行车痕迹。"近20万大军，就这样"在美空军和其他情报网没有察觉的情况下，陆续越过了鸭绿江"。①

事实上，战争期间的美军和战后编写的陆军官方战史都认为，志愿军"有着高度的组织纪律性"，有"吃苦耐劳精神"，并且"智勇双全"。美国海军陆战队的官方战史坦承："这是一支第一流的军队。"难怪1997年，西点军校的一名美军中校指着上甘岭战役的沙盘，问来访的中国国防大学教授："我们知道你们只有2个连的兵力守卫，但是不明白为什么我们7个营就是攻不下来？"个中原因，绝不是志愿军"人数多""不怕死"所能解释的。

英国皇家大学战略学研究会认为："一支以骡马化为主的中共精锐部队，与机械化、技术装备精良的以美国为首的'联合国军'作战，其特色举世无双，在世界战争史上堪称一绝。"今天，朝鲜战争"这些资料已成为美国军队学习和研究战争的重要资源，是美国军队正式教育和训练中不可或缺的重要内容"。

对中国军队的无知是美军通病

美国前总统胡佛曾说："'联合国军'在朝鲜被中国打败了，现在世界上没有任何军队足以击退中国人。"胡佛的话很有代表性，一定程度上也是朝鲜战争后各国对中国军队的认知和评价。

抗美援朝战争的胜利，靠的是这场战争的正义性质，靠的是举国人民的一致支持，也靠的是军政一体、上下同心。沃尔特·G.赫姆斯在《朝鲜战争中的美国陆军（第一卷）：停战谈判的帐篷和战斗前线》一书中写道："美国也不得不承认，中国在这场战争中显示了坚强有力

---

① 日本陆战史研究普及会主编：《朝鲜战争》，国防大学出版社2000年版，第630页。

的领导和巨大的力量，它再也不是第二次世界大战时的那个软弱无能的国家了。"克拉克在回忆录中写道："共产党在朝鲜战争中的领导，是一种军事与政治智慧的巧妙混合体。它不仅能够维持一个大家认为是'乌合之众的农民军队'在战场上对抗一个现代的军事强权，而且它也能够在面临逆势与退却的时候，把部队锻炼成一个有训练、有装备和有团结力的战斗体。"①

北约北欧军队总司令、英国人法勒·霍利克上将说："我当了一辈子步兵，同德国步兵、中国步兵打过仗，也看过美国步兵、苏联部队打仗，但最优秀的我认为还是中国步兵。"

国民党军与共产党领导下的志愿军更是不可同日而语。一名美军将军回忆说："当时美国沉湎于'二战'胜利后的喜悦，对当时的中国军队完全没有意识到，蒋介石统领下的一群'鸭子'，在毛泽东的统帅之下竟成了一群'狮子'。"最典型的例子是，在朝鲜战场，以3个步兵连成建制全歼英国皇家坦克营、打过汉江攻取汉城（今韩国首尔）的志愿军50军，曾是被蒋介石骂为"60熊"的国民党60军，起义后就在朝鲜战场上变成了"50凶"（毛泽东语）。西点军校一名将军说："美国人从朝鲜战争的失利得知，中国已不是过去的中国，中国军队也不再是过去的中国军队了。对中国军队的无知和轻视是美军上下的通病。我们必须以极其审慎的态度来重新研究中国、重视中国。绝不能再犯轻敌冒进的错误。"

被第二次世界大战著名将领马歇尔、艾森豪威尔和巴顿奉为"精神导师"的美国军事家福克斯·康纳曾提出一个著名的"三不"战争准则，即"第一，除非不得不战，永远不要开战；第二，永远不要单独作战；第三，永远不要长期作战"。朝鲜战争之后，应该再加上一条，那就是"永远不要与中国开战"。

对此，毛泽东曾意味深长地说："帝国主义侵略者应当懂得，现在中国人民已经组织起来了，是惹不得的。如果惹翻了，是不好办的。"②历史已经证明，在朝鲜战场上，美国是中国的手下败将；今后，

---

① 马克·克拉克：《从多瑙河到鸭绿江》，文士龙译，台湾黎明出版公司1956年版，第1页。
②《毛泽东军事文集》第六卷，军事科学出版社1993年版，第355页。

无论何时何地，美国胆敢挑起对中国的战争，他们仍将是我们的手下败将！

　　回顾是为了总结历史经验教训，纪念是为了更好地奋勇前行。对挑起和扩大朝鲜战争的美国来说，最应该吸取的教训是不要与中国为敌，最应该治疗的顽症是选择性遗忘，最应该跳出的怪圈是无来由自信，最应该打破的执念是霸权的永续。对保卫和平、反抗侵略的中国来说，我们最应该铭记的是捍卫和平的无数前辈，最应该珍视的是山河无恙、家国安宁，最应该昂然挺起的是敢打必胜的血性铁骨，最应该万世赓续的是伟大的抗美援朝精神。

（作者为全国政协委员、军事科学院原副政委、少将、首席专家、研究员）

（刊于《参考消息》2020年11月6日第11版）

抗美援朝战争是一场伟大的战争

文 / 齐德学

"伟大的抗美援朝、保家卫国战争",这是中共中央《关于建国以来党的若干历史问题的决议》中对抗美援朝战争的结论性表述。确实,抗美援朝战争无论从哪个角度说,都是一场伟大的战争,是中华人民共和国历史上,也是近代以来中华民族历史上最值得骄傲、最值得大书特书的一场伟大的战争。

抗美援朝出兵决策是英明的

抗美援朝战争不是中国人民要打的,而是美国当局强加给中国人民的一场战争。

1950年6月25日朝鲜内战一爆发,美国当局从其称霸全球和在全球遏制共产主义的战略出发,立即进行武装干涉,支援南朝鲜军作战,同时派其海军第7舰队侵入台湾海峡,侵占中国领土台湾,干涉中国内政。8月27日起,美国侵略朝鲜的空军飞机不断侵入中国东北边境领空轰炸扫射,杀死杀伤中国百姓,破坏中国人民财产。美军仁川登陆成功后,美国当局不顾中国政府明确严厉的警告,命令美军地面部队于10月7日大举越过三八线向中朝边境进攻,朝鲜处境危急,中国大陆的安全受到严重威胁。朝鲜劳动党中央和朝鲜民主主义人民共和国政府请求中国直接出兵援助其作战。

此时中华人民共和国刚刚成立一周年,几十年的战争创伤未及治愈,国家一穷二白,处于千疮百孔、百废待兴的状态,中国的政治秩序、经济秩序、社会生活秩序都未走上正轨。

中国出兵援助朝鲜是与美国军队作战。中国无论经济力量还是军队武器装备,与美国都无法相比。

美国工业发达,技术先进,是资本主义世界的头号强国。美国军队是世界上最现代化的军队。美国具有强大的海军和空军,还有原子弹,从朝鲜战争一开始就将海空军投入了作战。此时投入朝鲜的作战

中国人民志愿军总司令彭德怀（左一）在朝鲜前线主持作战会议，部署作战计划　（新华社发）

飞机已有1100余架，海军舰船近300艘。而中国人民解放军的海军和空军还在组建过程中，没有形成战斗力。地面部队，美军一个师的装备即大大强于解放军一个军的装备。

比较强大的苏联尚惧怕美国三分，中国这种状况出兵与美国军队作战，能打赢吗？中国的经济力量能支持与美国进行一场战争吗？一旦引火上身，中国将更加困难。是否出兵援朝，毛泽东也是思之再三。

正是中国面临的困难太多太大，毛泽东于10月2日下午、4日下午、5日下午，先后主持召开中共中央书记处会议和中共中央政治局扩大会议，研究出兵援朝问题。直到5日下午的政治局扩大会议上，形成了一致认识，作出了组成中国人民志愿军抗美援朝、保家卫国的重大战略决策。

胡乔木回忆毛泽东时说："我在毛主席身边工作二十多年，记得有两件事是毛主席很难下决心的。一件是1950年派志愿军入朝作战，再一件是1946年我们准备同国民党彻底决裂。"①

中共中央决策出兵时，也科学地分析了中美两国的优劣条件，认为美国虽强也有弱点，中国虽弱也有有利条件，美军不是不可以打，中国出兵参战不是完全没有胜利的希望。特别是出兵决策作出后，为争取战争的胜利、避免最不利局面的出现，中共中央、中央人民政府和中央军委进行了全面的部署和准备。

正是这个英明伟大的战略决策，让志愿军出现在朝鲜战场，特别是第二次战役将以美国为首的"联合国军"打得落花流水，一举将其从鸭绿江边打回到三八线，震惊了全世界。彭德怀后来曾说："这个决心不容易下，这不仅要有非凡的胆略和魄力，最主要的是具有对复杂事物的卓越洞察力和判断力。历史进程证明了毛主席的英明正确。"②

抗美援朝战争胜利是伟大的

衡量战争胜负的标准，就是看是否实现了预期的战略目标。中共中央为抗美援朝战争确定的基本战略目标是：迫使美国知难而退，打到三八线地区，通过谈判解决问题。战争的结果，完全实现了这个预期的战略目标，取得了这场战争的胜利。

美国在朝鲜战争中使用了除原子弹以外的所有当时最现代化的武器，包括细菌武器和化学武器，使用其占优势的空中力量对志愿军和人民军后方进行毁灭性的轰炸，在某些地区的投弹密度达到了世界战争史上空前的最高水平。而志愿军没有海军参战，战争后期只有少量空军掩护后方运输，没有能力对美军后方进行轰炸打击。美军在战场上是陆海空三军联合的立体的全方位作战，志愿军只是陆军在少量坦克和炮兵支援下的单一地面作战。

就是这样，武器装备只有"叫花子"水平的中国人民志愿军，打败了武器装备"龙王"水平的美国军队，打败的是世界资本主义头号强国的军队，这不是一般的胜利，而是非常了不起的伟大胜利。

抗美援朝战争不但完全实现了预期的战略目标，而且在战争消耗

---

① 《胡乔木回忆毛泽东》，人民出版社1994年版，第92页。
② 逄先知、李捷：《毛泽东与抗美援朝》，中央文献出版社2010年版，第31页。

和人员伤亡上,"联合国军"方面也远远大于志愿军方面。美国在战争中的战费支出是400亿美元（有的说800多亿美元），消耗作战物资7300余万吨。而中国支出战费62.5亿元人民币（相当于25亿美元），消耗作战物资560余万吨。

自1950年6月25日至1953年7月27日，在三年零一个月的朝鲜战争中，朝中方面公布的战绩，朝鲜人民军和中国人民志愿军共毙伤俘敌军109万余人。美国官方公布美军伤亡失踪和被俘共14.2万余人；韩国国防部公布南朝鲜军伤亡、失踪和被俘共98.84万余人。美国和韩国官方公布的各自损失数的总和为113万余人，大于中国人民志愿军和朝鲜人民军公布的歼敌数，且不包括英、法等其他国家军队的损失。同一时期，朝鲜人民军和中国人民志愿军共伤亡、失踪和被俘62.8万余人。志愿军和人民军的人员伤亡与"联合国军"的人员伤亡对比为1∶1.7。另美国在华盛顿特区建成的"韩战老兵纪念碑"中，刻在碑上的美国和"联合国军"伤、亡、失踪、被俘总计2429370人。

美国人在评论这场战争时，只是说成功地阻止了共产主义的进攻，其海空军优势的威力得到了充分发挥，除此，美国官方没有一个人认为美国在这场战争中取得了军事胜利。讲到这场战争时，多是用"受挫失利""苦涩""损失""没有获得胜利"等字眼。美国西点军校的一名教官说：对美国军人来说，如果说朝鲜战争打成了平手，那是自欺欺人。中美两军的战斗接触是在中朝边境地区展开的，单从地理上讲，始于鸭绿江而终于三八线，胜负之势是不言自明的，没有必要歪曲和掩盖。对美国军人来说，朝鲜战争是完完全全的军事失败，一个世界公认最强大的国家的陆海空三军联合立体作战，却没能打过一个贫穷国家装备原始的陆军，而且输得很惨。这是美国军队和美国国家永远的耻辱与疮疤。战后相当长一段时间，美国人不愿提起这场战争，称朝鲜战争是"被遗忘的战争"。

无论从哪个角度说，抗美援朝战争都取得了伟大的胜利。

抗美援朝战争意义是深远的

中国人民在这场战争中付出了重大牺牲和代价，但是中国人民取得了这场战争的伟大胜利,达到了抗美援朝、保家卫国的目的,支援朝鲜人民保卫了朝鲜民主主义人民共和国,稳定了朝鲜的局势,保卫了中国大陆的安全,维护了亚洲及世界的和平,对中国,对朝鲜,对东方,乃至对于整个世界,都具有十分重要的深远意义。

这场战争打出了新中国的国威、军威,打出了中华人民共和国在世界上真正的大国地位。1840年以来的近代中国,除抗日战争取得反法西斯侵略的胜利外,只有遭受帝国主义列强侵略和掠夺的挨打受欺史,只有任人宰割、割地赔款的屈辱史。中华人民共和国成立,中国人民站起来了。但无论当时的资本主义阵营还是社会主义阵营,都没有正视已经站起来的中国人民。是抗美援朝战争的胜利,极大地震动了美国,极大地震动了全世界,整个世界都不得不对中国刮目相看了。中国人民志愿军在朝鲜战场上打出了中国人民军队的国际威望,打出了中华人民共和国的国际威望,改变了中国在国际上软弱可欺的形象,一扫中国近代以来历史上的耻辱,中国人民真正扬眉吐气了,中国真正屹立于世界民族之林了。

这场战争打出了中华人民共和国人民民主政权的巩固,稳定了社会秩序。中共中央决策出兵抗美援朝的同时,即以最大的决心,采取断然措施,加速剿匪、土地改革和镇压反革命的步伐,为支援战争,也为恢复国内建设提供稳固的社会基础。至1953年底,已先后基本肃清了反革命,剿灭了匪患,完成了除部分少数民族地区外的新解放区全部土地改革,从而巩固了新生的人民民主政权,安定了社会秩序,并且和平解放西藏,中国大陆真正实现了统一。中国政治秩序、经济秩序、社会生活秩序都走上了正轨。

这场战争打出了中国人民的自尊和自信,打出了中国人民极大的爱国热情。从晚清到民国,中国政府软弱无能,中国人民一盘散沙,国家没有尊严,人民没有自尊和自信。抗美援朝战争,志愿军在战场上打败美国军队,国内开展抗美援朝运动,振奋、唤醒了中国人民,提高了中国人民的政治觉悟,极大地增强了中国人民的自尊心和自信心,极大地激发了中国人民的爱国热情。中国人民真正凝聚在中国共产党的领导之下,由一盘散沙聚拢成了有力的拳头。

这场战争打出了国家建设发展的长期和平环境。抗美援朝战争虽付出了巨大的物力消耗，但由于极大地激发了中国人民的爱国热情和生产建设积极性，从而按时完成了原定的国民经济恢复计划，取得了新中国经济建设第一个具有战略意义的重大胜利。更为重要的是，将以美国为首的"联合国军"从鸭绿江边打回到三八线，使中国取得了进行和平建设的环境，至今中国已赢得了70年和平建设时间。

这场战争打破了美国不可战胜的神话，打疼了不可一世的美国军队和美国当局，极大地教训了美国霸权主义。第二次世界大战后，美国一跃成为资本主义最强国，到处称霸，但在朝鲜战场上却吃了败仗，碰得头破血流。这场战争是美国自独立战争以来历史上第一次没有胜利班师的战争。这对中国具有"恐美病"的人是极大的教育，对亚洲和世界人民反对帝国主义及殖民主义的民族解放斗争是极大的鼓舞。美国当局从朝鲜战争中深刻认识到，中国人说话是算数的，中国人民是有力量的。

这场战争打出了伟大的抗美援朝精神。这就是祖国和人民利益高于一切、为了祖国和民族的尊严而奋不顾身的爱国主义精神，英勇顽强、舍生忘死的革命英雄主义精神，不畏艰难困苦、始终保持高昂士气的革命乐观主义精神，为完成祖国和人民赋予的使命慷慨奉献自己一切的革命忠诚精神，为了人类和平与正义事业而奋斗的国际主义精神。抗美援朝精神是一种非常宝贵的民族精神，体现了中华民族的传统美德，在中国后来的社会主义建设和改革中发挥了巨大的作用，直至现在仍广为传颂。

（作者为军事科学院原军事历史研究部副部长、少将）

（刊于《参考消息》2020年9月14日第11版）

抗美援朝：惊天动地的立国之战

文 / 肖裕声

70年前，中国人民志愿军雄赳赳、气昂昂，跨过鸭绿江，高举保卫和平、反抗侵略的正义旗帜，同朝鲜人民和军队一道，历经两年零九个月舍生忘死的浴血奋战，赢得了抗美援朝战争的伟大胜利。毋庸置疑，这是一场惊天动地的立国之战，无论在世界战争史上还是中华文明进程中，都留下了浓墨重彩的一笔。

这场带有国际性的正义战胜邪恶、主权战胜霸权、民族独立战胜干涉主义的大规模现代化局部战争，对亚太战略格局和世界和平与安全产生了极为深远的影响。战争硝烟渐已远去，战争影响仍在持续，回顾和思考这场新中国的立国之战，对认清并应对当今世界形势和我国周边局势具有十分重要的现实意义。

这一仗打出了军威、国威

这一仗打出了军威和国威，奠定了新中国在亚洲和国际事务中的重要地位。

中华人民共和国成立伊始，面对的是长期战争造成的千疮百孔的烂摊子和各方面极为严重的困难。在国家安全受到威胁、领土主权受到侵犯和朝鲜民主主义人民共和国处境危急请求中国出动军队进行支援的情况下，以毛泽东为核心的中共中央毅然作出"抗美援朝，保家卫国"的战略决策，组成中国人民志愿军，同朝鲜人民军一起，与世界上最强大的资本主义国家的军队——美军作战，充分体现了中国人民反抗侵略的决心和力量，充分体现了中华民族的正气凛然。

抗美援朝战争的胜利，是在敌我力量悬殊的条件下艰难取得的，中国人民志愿军将士以劣势装备进行殊死搏斗，他们冒着零下30多摄氏度的严寒，在白雪皑皑的崇山峻岭中纵横驰骋、前仆后继。无数勇士身负重伤后从血泊中爬起来冲向敌人，甚至用自己的身体挡住敌人的枪口，即使战斗到只剩一人一枪，也坚守阵地，顽强地同敌人血战到底。在反击敌人的"空中绞杀"中,他们冒着密集的轰炸和严密的封锁,建成了打不断、炸不烂的钢铁运输线;在"空中拼刺刀"的勇猛战斗中,他们搏击长空,创造了世界空战史上的奇迹。他们中涌现出杨根思、黄继光、邱少云等30多万名英雄功臣和近6000个功臣集体。他们不愧为中华民族的英雄儿女,不愧为祖国安全和世界和平的坚强卫士,无愧于"最可爱的人"的光荣称号。

中国人民志愿军在朝鲜战场上打出了中国人民军队的国际威望,打出了新中国的国际威望。抗美援朝战争的胜利,一扫中国近代历史上的屈辱,使中国人民真正扬眉吐气,使中国真正屹立于世界民族之林。正如毛泽东所说:"现在中国人民已经组织起来了,是惹不得的。如果惹翻了,是不好办的。"

美国人沃尔特·G.赫姆斯在《朝鲜战争中的美国陆军(第一卷):停战谈判的帐篷和战斗前线》一书中这样评述:"从中国人在整个朝鲜战争期间所显示出来的强大攻势和防御能力中,美国及其盟国已经清楚地看出,共产党中国已成为一个可怕的敌人,它再也不是第二次世界大战时的那个软弱无能的国家了。由于共产党中国有取之不尽的人力资源和坚强有力的领导,因此它也在朝鲜战场上赢得了自己的声誉,而且看来会成为远东与西太平洋地区共产党的领袖。"[①] 可以说,是抗美援朝战争改变了中国在国际上的形象,奠定了中国在世界上的大国地位,进一步确立了中国共产党在亿万中国人民心中坚强的核心领导地位。中国各族人民坚信,跟着党走就有希望,听党指挥就能胜利。

"没有任何部队能击退中国人"

这一仗击破了美军不可战胜的神话,结束了西方殖民者依靠大炮就可以霸占一个国家的历史。

朝鲜战争爆发之初,美帝国主义气焰十分嚣张。它根本不把中国和朝鲜放在眼里,对于中国政府的一再警告置若罔闻,认为中国出兵援朝"不足为患",断言其侵朝战争"是赢定了",并且"能够在圣诞

---

① 转引自齐德学、丁伟、舒健:《跨过鸭绿江:出兵朝鲜的认识、决策和意义》,《军事历史》2015年第5期。

节结束战争"。美国军队动用了除核武器以外的所有新式武器，还动用了其陆军的三分之一、空军的五分之一和海军的大部分兵力投入战争，采取陆海空军协同的联合作战、特种混合支队的作战、绞杀战、细菌战等，花样繁多，战况惨烈。但结果是，中国人民志愿军和朝鲜人民军消灭了"联合国军"109万余人，美军损失830亿美元和7300万吨物资，而且从鸭绿江边被赶回到三八线以南，遭遇空前的惨重失败。

这场战争是美国自独立战争以来历史上第一次没有胜利班师的战争。这一仗，美军碰得头破血流，遭遇惨重失败，美国朝野上下无不为之震动。美国前总统胡佛曾沮丧地说："美国在朝鲜被共产党中国打败了，世界上没有任何部队足以击退中国人。"美国任命的"联合国军"总司令克拉克在停战协定上签字后说："我是美国历史上第一个在没有取得胜利的停战协定上签字的将军。"[①] 美国前国防部长马歇尔在谈到侵朝战争时说："神话已经破灭，美国原来并不是像人们所想象的那样一个强国。"[②]

朝鲜战争后，中国人民志愿军司令员彭德怀向世界发出雄壮的声音："西方殖民者几百年来只要在东方一个海岸线上架起几尊大炮就可霸占一个国家的时代是一去不复返了！"毛泽东这样评价："这一次，我们摸了一下美国军队的底。对美国军队，如果不接触它，就会怕它。我们跟它打了三十三个月，把它的底摸熟了。美帝国主义并不可怕，就是那么一回事。"[③] 这对中国有"恐美病"的人是极大的教育，对亚洲和世界人民反对帝国主义及殖民主义的民族解放斗争也是极大的鼓舞。这是中国人民敢于斗争、敢于反侵略作战的宝贵的历史文化财富，我们应理直气壮地宣传，大讲特讲。

铸就伟大的抗美援朝精神

这一仗铸就了伟大的抗美援朝精神，彰显了中国人民和中华民族的革命精神。

---

① 谭旌樵主编：《抗美援朝战争》，中国社会科学出版社1990年版，第329页。
② 转引自《世界知识》1953年第16期，第7页。
③《毛泽东军事文集》第六卷，军事科学出版社1993年版，第355页。

抗美援朝战争不仅奏响了一曲曲可歌可泣的英雄之歌，而且锻造出伟大的抗美援朝精神，即祖国和人民利益高于一切、为了祖国和民族的尊严奋不顾身的爱国主义精神，英勇顽强、舍生忘死的革命英雄主义精神，不畏艰难困苦、始终保持高昂士气的革命乐观主义精神，为完成祖国和人民赋予的使命慷慨奉献自己一切的革命忠诚精神，以及为了人类和平与正义事业而奋斗的国际主义精神。这是中国共产党人和人民军队崇高风范的生动写照，是中华民族传统美德和民族品格的集中展示，是以爱国主义为核心的民族精神的具体体现。

抗美援朝战争中，中国人民志愿军正是靠着向死而生的英勇决绝，才形成了压倒一切的英雄气概。据统计，与敌人同归于尽的杨根思式英雄有44名，用身体堵敌人枪眼的黄继光式烈士有6名，舍身炸毁敌人火力点的董存瑞式烈士有9名，为救朝鲜妇女儿童而牺牲的罗盛教式烈士有6名。他们身上展现出为了国家和民族、为了党和人民随时准备牺牲一切的革命英雄主义精神铸就的中华民族魂。经过两年零九个月的浴血奋战，中国人民志愿军创造出人类战争史上的奇迹，用鲜血和生命赢得了历史性的伟大胜利，捍卫了新中国的安全和尊严，十几万

中国人民志愿军和朝鲜人民军并肩追击敌人（新华社发）

英雄儿女长眠在朝鲜半岛的土地上。如此巨大的牺牲，如此重大的胜利，得益于中国人民不畏强敌、敢于斗争、敢于胜利、上下一致、同心协力、团结对敌，汇聚了中华民族反抗外来侵略的决心和力量，形成了中华民族的强大凝聚力。

毛泽东曾说，"我们中华民族有同自己的敌人血战到底的气概，有自力更生基础上光复旧物的决心，有自立于世界民族之林的能力"[①]，"这个军队具有一往无前的精神，它要压倒一切敌人，而决不被敌人所屈服"[②]。抗美援朝精神就是"明知山有虎，偏向虎山行"，就是"越是艰险越向前"，真正体现了中华民族血战到底的气概，彰显了以毛泽东思想为指导的人民军队一往无前的精神。

没有这场立国之战，就没有中华人民共和国建立以来数十年的和平环境和强势崛起。中国共产党人、中国人民志愿军、中华民族在抗美援朝战争中凝聚成的抗美援朝精神并没有随着战争的胜利和志愿军的凯旋归国而结束，它像中国革命的其他精神一样深深地镌刻在中国革命史、中国人民解放军史、中华人民共和国史上，不仅在对外战争中，而且在国内实践中影响、渗透、凝聚和创造出许多新的精神。

抗美援朝战争是个"大学校"

这一仗锤炼了经过严酷战争洗礼的人民军队，锻造了拖不垮、打不烂的钢铁长城。

这场战争是一场现代条件下的局部战争，是中国人民解放军历史上现代化程度最高和依靠劣势装备战胜优势装备强敌最为典型的一场战争。我军先后参战的部队有步兵27个军又1个师，直接参加过第一线作战的为25个军又1个师；地面炮兵10个师又18个团；高射炮兵5个师又10余个团和60个独立营；装甲兵坦克3个师；空军歼击机航空兵10个师又1个团，轰炸机航空兵3个大队……先后经受锻炼的志愿军部队多达290万人。毛泽东称抗美援朝战争是个"大学校"，他说："我们中国人民志愿军的陆军、空军、海军，步兵、炮兵、工兵、坦克

---

① 《毛泽东选集》第一卷，人民出版社1991年版，第161页。
② 金春明等主编：《毛泽东思想基本问题》，中共中央党校出版社2002年版，第165页。

兵、铁道兵、防空兵、通信兵，还有卫生部队、后勤部队等等，取得了对美国侵略军队实际作战的经验。我们在那里实行大演习，这个演习比办军事学校好。"①

抗美援朝战争极大地锻炼和提高了中国军队的战斗力，在后来中国人民解放军训练和保卫国防作战及援外作战中发挥了重要作用，对于研究打赢现代高技术条件下的局部战争也具有重要的借鉴价值。面对装备高度现代化的"联合国军"，以毛泽东为首的中共中央、中央军委和以彭德怀为首的志愿军统帅部，创造性地运用马克思主义战争指导路线，运用灵活机动的战略战术，把毛泽东军事思想提高到一个新的水平。

毛泽东强调，志愿军作战，应在稳当可靠的基础上，争取一切可能的胜利。志愿军广大指战员扬我之长、补我之短、避敌之长、击敌之短，对付强敌的进攻，充分利用出兵的突然性，发挥我之夜战、近战和运动战的擅长，并配以部分的游击战和阵地战，在运动中大量歼灭敌人。当战争转入相持局面时，我适时采取"持久作战、积极防御"的指导方针，创造了许多有效战法，如坑道作战和不远离阵地的进攻战、阵前潜伏作战，以及"零敲牛皮糖"、打小歼灭战的原则，积小胜为大胜，由打小歼灭战逐步过渡到打大歼灭战，适时组织部队轮番作战，以休整部队，充分发挥我军兵力雄厚的优势，等等。

志愿军将士坚持从战争中学习战争，在血与火的洗礼中迅速改善了装备、提高了技术水平，推动了我军由单一兵种作战过渡到现代诸军兵种联合作战，创造了依靠劣势装备打赢现代战争的一系列新经验、新战术、新战法，同时，还在战争中培养出一大批适应现代战争需要的军事人才，促使我国军事思想和军事科学技术向现代化方向迈进，使我军建设进入一个新的发展阶段。

（作者为军事科学院原世界军事研究部副部长、少将）
（刊于《参考消息》2020年9月21日第11版）

---

① 《毛泽东军事文集》第六卷，军事科学出版社1993年版，第355页。

抗美援朝出兵决策背后的考量

文 / 黄迎旭

出兵决策，是抗美援朝战略决策的首要决策，有了这个决策，才有以后的一系列决策。2020年是中国人民志愿军抗美援朝出国作战70周年，有必要对中国出兵援朝决策过程进一步厘清，以正视听。

"不能置之不理"

中国出兵抗美援朝，是维护自己的利益，还是替他人火中取栗，这是一个必须严肃对待的问题，实在有必要说清楚。

毛泽东是力主出兵的，他是怎么思考这个问题的？根据现有材料，可以梳理出以毛泽东为核心的中共中央领导集体决策出兵所依据的理由，从中可以看出他们所坚持的原则、立场。毛泽东把这些理由概括为六个字："不能置之不理"[1]。

如果置之不理，美国会得寸进尺，我们将非常被动。朝鲜和中国是唇亡齿寒的关系。美国如果在朝鲜得手，随时可以找借口侵略我们。美国从朝鲜一把刀插在我们头上，从台湾一把刀插在我们腰上，从越南一把刀插在我们脚上，如果天下有变，它可以从这三个方面进攻，我们整天要过提心吊胆的日子。中国出兵援朝是不让美国的如意算盘得逞。

如果置之不理，放任美国压到鸭绿江边，将严重牵制我们的经济建设。解放初期，东北有中国半数的重工业，而东北工业的半数在南部，如果美军占领朝鲜全境，东北南部就处于其直接武力威胁之下，不仅我们驻东北部队被吸住了，而且整个东北不能安心搞建设，难以发挥带动国家工业全局的作用，而这对于工业基础薄弱的新中国来说是致命的威胁。所以毛泽东说：现在美帝国主义的侵略矛头直指我国的东北，假如它真把朝鲜搞垮了，纵不过鸭绿江，我们的东北也时常

---

[1] 中共中央文献研究室编：《毛泽东年谱（1949—1976）》第1卷，中央文献出版社2013年版，第230页。

在它的威胁中过日子，要进行和平建设也有困难。^①中国出兵援朝，是塑造国家建设所必需的和平环境。

如果置之不理，我们的国际环境会严重恶化。美国占领全朝鲜，打破第二次世界大战后世界格局的战略平衡，气焰将更加嚣张，国际上的亲美派会更加活跃，许多国家会跟着跑，我们的国际空间将被极度压缩。毛泽东很看重这一点。他在1950年10月2日拟给斯大林的电报中说："因为如果让整个朝鲜被美国人占去了，朝鲜革命力量受到根本的失败，则美国侵略者将更为猖獗，于整个东方都是不利的。"[②]我们进行和平建设所需要的国际环境，必须靠自己来争取，只能果断出兵打掉美国的气焰，才能有效阻止国际力量对比向不利于我们的方向倾斜。可以说，出兵援朝是在我们的和平手段都失效的情况下，为塑造有利国际环境的必要之举。

这里有必要讨论一下中国对以苏联为首的社会主义东方阵营履行国际主义义务的问题。中国革命胜利使雅尔塔体系发生了有利于东方阵营的倾斜，迫使美国把力量退缩到西太平洋的所谓"第一岛链"，依托日美同盟控制欧亚大陆东端。中国共产党领导集体充分估计到美国等西方国家对新中国的敌视，不对它们抱任何幻想，而决心站在以苏联为首的社会主义东方阵营一边。我国把社会主义阵营的巩固和强大看作自己实现发展和安全的重要外部条件，任何破坏与削弱社会主义阵营的巩固和强大的事情都会殃及中国，更何况美国侵朝是发生在自己家大门口的事情，其危害之大可想而知。这也就是说，中国履行对东方阵营的义务和责任，归根到底还是维护自己的利益。中国把出兵援朝的目的定为"保家卫国"，是恰如其分的，是得到全中国人民认可的。

不打无把握之仗

当中国决策出兵援朝之时，美国是世界头号强国，挟第二次世界

---

① 中共中央文献研究室编：《毛泽东年谱（1949—1976）》第1卷，中央文献出版社2013年版，第230页。
② 《毛泽东军事文集》第六卷，人民出版社1996年版，第97页。

1958年10月26日，列车驶过鸭绿江畔的凯旋门，中国人民志愿军战士回到祖国怀抱（新华社发）

大战胜利者之威，气势正盛。中国经过百年战乱，积贫积弱，百废待兴。两相比较，综合实力相差甚远，特别是军力不在一个层级上。按照常人眼光，中国根本没有胜算可能。美国也是这样认为的，因而断定中国不会出兵。然而，中国领导人却作出了出兵决策，决心与美国在朝鲜战场上一决高低。

不打无把握之仗，这是毛泽东军事思想的基本原则。中国领导人既然决心出兵，必然计算了胜负。毛泽东曾分析中国出兵的可能结果：中国到朝鲜与美军作战，一是要解决问题，即准备在朝鲜境内歼灭和驱逐美国军队及其他国家军队；二是要准备美国与中国进入战争状态，准备美国使用其空军轰炸中国许多大城市及工业基地,使用其海军攻击中国沿海地带。这两个问题中,首要问题是中国军队能否在朝鲜境内歼灭美国军队,只要做到这一点,尽管第二个问题的严重性依然存在,但形势对东方阵营和中国就会是有利的。最不利的情况是,中国军队在朝鲜境内不能大量歼灭美国军队,两军相持成为僵局,而美国又已和中国公开进入战争状态,使中国已经开始的经济建设计划归于失败,并引起民族资产阶级及其他一部分人民不满。显然,毛泽东充分估计到中国军队所处的不利境地以及最坏结果,但他仍认为中国军队有胜算的把握,而且把握还比较大。

第一,对自己的军队有信心。1970年10月10日毛泽东对来访的金日成说:"过去我曾经同跟着你们军队到过南朝鲜的中国新闻记者谈过话。我问他,究竟美国的炮火和空军杀伤力哪个大?据他说,主要杀伤力还不是空军,还是陆军。我说这样就好办了,因为我们没有空军,有的只是陆军。"[①] 抗美援朝的主战场是陆地战场,作战主要靠陆军,制空权、制海权重要,但不是决定性的,决定性的是地面作战。毛泽东对自己的陆军充满信心,认为陆军同陆军较量,美军不享有绝对优势,志愿军并不处于下风。

第二,有办法破解美军优势。集中优势兵力,是我军传统战法,在国内战争中屡试不爽,毛泽东坚信用这个战法对付高度机械化的美军也是可行的。也就是说,志愿军在战场上用规模优势,再加上灵活的战略战术,可以抵消自己的装备劣势。实战证明,一下子全歼美军一个军做不到,但是用优势兵力消灭它一个营、一个连还是做得到的。

第三,有充足的预备力量可用。中国与朝鲜接壤,战场紧靠国土,便于发挥自己的战争潜力。中国地域广阔,人口众多,特别是兵员储备充足,可以源源不断地向朝鲜战场输送兵力,这是中国的优势,而美国军队远离本土,即使依托日本,也要跨越大海。后来的实战证明,中国部署在二线、三线的预备队及时入朝,以及在阵地防御作战阶段实行的"轮番作战",保证了志愿军的战场主动权。

再强调一点,中国领导人决策出兵,是建立在知己知彼基础之上

---

① 中共中央文献研究室、中国人民解放军军事科学院编:《建国以来毛泽东军事文稿》下卷,军事科学出版社2010年版,第372页。

的，而不是莽撞行事。朝鲜战争一爆发，中国统帅部就开始密切关注战局情况，跟进研究，预断战场变化，掌握美军动态，同时了解它的作战特点。因此，在作出兵决策之前，中国统帅部对美军的优劣就已经有比较全面的了解，并且把自己的优劣方面加了上去，形成了清晰的作战思想。毛泽东在部署第一次战役时，针对麦克阿瑟对中国出兵一无所知、分兵冒进、急于结束战争的特点，要求志愿军隐蔽开进，并及时调整作战方针，由预设地域防御转入运动进攻，抓住"联合国军"这个弱点打，等等，取得了第一次战役的胜利。这些都表明，中国统帅部对美军情况吃得比较透，对战场情况也吃得比较透，做到了心中有数。

同时，中国领导人也做好出现最坏情况的准备。毛泽东说："对战争打起来的时候，不是小打而是大打，不是短打而是长打，不是普通的打而是打原子弹，我们要有充分准备。"①

被迫调整战略重心

讨论抗美援朝出兵，必然涉及台湾问题，而如何认识这个问题，涉及抗美援朝出兵的价值判断，即是不是得不偿失。

首先要明确的一点是，美国不是因为中国出兵援朝而侵占中国台湾的。如果深入分析当时的中美关系，以及美国的中国及远东政策，就可以清楚地看到，不论中国出兵与否，美国都会把着台湾不放，阻止我们解放台湾。

美国在1943年11月的开罗会议上同意台湾归还中国，其直接目的是"鼓励"中国坚持抗日，长远目的则是"培养"中国亲美。这实际上意味着美国是把台湾看作自己从日本人手里夺过来的战利品，如何处置要由它说了算。1950年4月麦卡锡主义在美国开始大行其道，美国国会、军方以及国务院中援助台湾蒋介石集团的声音开始居上位。5、6月份，时任国务院顾问的杜勒斯提交报告，从美苏地缘战略竞争和意识形态较量的层面强调控制台湾的必要性。时任助理国务卿腊斯

---

① 中共中央文献研究室、中国人民解放军军事科学院编：《建国以来毛泽东军事文稿》下卷，军事科学出版社2010年版，第202页。

克在两份报告中都强调,鉴于中苏已结盟,必须使台湾当局"中立化",防止台湾成为苏联在太平洋的海军基地。时任远东盟军总司令麦克阿瑟也一改把台湾划在美国西太平洋防线以外的主张,先后向华盛顿递交两份备忘录,强调台湾对于美国全球战略的价值,将之比喻为"不沉没的航空母舰和潜艇基地",表示决不能让它落入共产党手中,并明确提出:"台湾的最终命运……取决于美国。"①

这说明在朝鲜战争爆发之前,美国决策层已经就插手台湾达成广泛共识,而且理由及利弊也想得很充分:台湾是美国的战利品,美国想给谁就给谁,中国大陆既然站到苏联一边,美国也就收回"归还台湾"的承诺;要防止共产主义扩散,必须加强西太平洋防线,而台湾是这条防线上的重要一环;台湾对于美国的军事价值巨大,一旦发生战争,美国控制住台湾,就"锁闭"了共产主义国家的海上交通线,阻止它们从东亚和东南亚获取战略物资。朝鲜战争爆发后,美国总统杜鲁门立即下令"第7舰队进入台湾海峡",侵占中国台湾,是蓄谋已久的行动。

美国在介入朝鲜战争的同时,封锁台湾海峡。这样做对于中国大陆而言,一方面使解放台湾的困难增大,原计划不可再执行;另一方面,来自朝鲜半岛的威胁陡增。两相比较,蒋介石集团已是苟延残喘,解放台湾是早晚问题,而朝鲜半岛则是燃起了熊熊大火,火烧到了门楣,孰轻孰重,任何人都可以掂量出来。需要强调的是,美国同时在朝鲜半岛、台湾海峡两个方向采取行动,并且增兵菲律宾和派军队进入越南,让中国不能不对美国在朝鲜半岛的行动作这样的判断:其剑锋所指,绝不仅仅是朝鲜北方政权,而且还有刚刚诞生的新中国。

美国自己把自己摆到了中国"头号敌人"的位置上,而它是世界上头号强国,从而迫使中国调整战略重心和战略方向,去应对美国带来的更重大、更严峻的威胁。不论美国有没有把中国卷入战争的主观企图,实际效果就是迫使中国不得不对朝鲜半岛局势作出反应。中国如果此时示弱,对朝鲜半岛局势置之不理,任美国侵占全朝鲜,不仅东北不安全,台湾也必然不保,乃至全局也会岌岌可危。

历史证明,中国出兵援朝,把美国从鸭绿江边打回到三八线,不

---

① 苏格:《美国对华政策与台湾问题》,世界知识出版社2010年版,第146页。

仅稳定了朝鲜半岛乃至东北亚局势，而且树立了言必信、行必果的战略威信，赢得了至今仍在享受的巨大和平红利，特别是让美国得到了切实教训，意识到威胁和挑战中国不能不三思而行。正如毛泽东所说，"参战利益极大，不参战损害极大"[①]。这个关于出兵援朝的价值判断，是恰如其分的。

（作者为军事科学院原毛泽东军事思想研究所所长、少将）

（刊于《参考消息》2020年10月12日第11版）

[①] 中共中央文献研究室、中国人民解放军军事科学院编：《建国以来毛泽东军事文稿》下卷，军事科学出版社2010年版，第235页。

抗美援朝战争为中国的国防现代化奠基

文 / 徐 焰

70年前的1950年10月上旬和中旬，讨论出兵朝鲜的会议在中南海连天召开，那个震惊世界的艰难决策几经反复最终拍板，随后半个月内就有了30万志愿军"雄赳赳、气昂昂，跨过鸭绿江"。抗美援朝战争可谓新中国的立国之战，这一仗不仅打出了中国的世界军事强国地位，而且通过引进苏联的装备和技术，使过去"小米加步枪"的人民军队走向现代化，同时中国还通过得到"156项"重大援助为工业化奠基。今天的人们仍能感受到这一仗给我国带来的重大政治、经济和军事利益。

"一穷二白"仍敢于同美较量

1992年，俄罗斯将苏联有关朝鲜战争的档案解密并出售复印件给美国。通过研究这批内容非常详尽的档案可以看到，毛泽东、周恩来同斯大林商谈最多的问题就是武器装备供应，甚至连飞行员需要的手枪、子弹这样的小事都在要求援助的电文之内。刚建立的新中国实在是太穷、太落后，入朝部队与强敌在装备上存在悬殊的"代差"，中共中央却敢于出兵朝鲜同美国较量，多少年来人们谈及此事总在感叹其超人的胆略和气魄！

第二次世界大战后，美国拥有全球最强大的海军和空军，拥有3.1万架飞机，陆军机械化水平又最高，起初还垄断了核武器。此时的中国连一辆汽车、一架飞机都不能生产，过去靠战场缴获来解决装备问题，入朝之前全军武器是来自十几个国家的"万国牌"老旧装备，空军只有150架飞机，海军更为弱小。美国军政头目在朝鲜战争爆发后只关心苏联是否出兵，对中国则不放在眼里。朝鲜内战爆发后仅两天，美国不仅出兵朝鲜，还派第7舰队进入台湾阻止中国统一，同时以军事顾问进驻越南援助法军。按照毛泽东的形容，这是以"三把刀"从朝鲜、中国台湾和越南三个方向插来。中国面对自己的领土被侵占和邻

在上甘岭战役中，中国人民志愿军高射炮部队在夜间猛烈射击敌机（新华社发）

邦危难，如果不敢应战就会更受欺负，只能毅然同美国较量，才能"打得一拳开，免得百拳来"。

从三个战略方向的作战条件考虑，中共中央认为最有利于发挥中国陆军优势、最有利于后勤供应和最便于得到苏联支援的战场是在朝鲜。1950年10月，毛泽东下定出兵入朝的决心，又提出应得到苏联的援助，并专门派周恩来和林彪去见斯大林，洽谈苏军为中国入朝部队提供空军并供应武器的事宜。苏联担心引发本国对美战争，只同意空军在鸭绿江作战而不肯深入朝鲜。毛泽东、周恩来争取武器免费和租借也未成，斯大林只同意以出厂价五折的原则出售装备，还可算作信用贷款（即凭信任而不需要抵押）。按照彭德怀的观点，苏联属于"半洗手"，不过中国有了武器来源也可以打。

从10月19日开始，志愿军大部队开始入朝，此时从苏联采购的装备尚未运到，只好继续使用杂七杂八的旧武器。国内因缺少相应的弹药，便采取"打扫仓库底子"的方式搜集不同口径的子弹、炮弹并分类送到前线。志愿军不仅没有海空掩护，也没有坦克、重炮，只依靠步兵武器和中小口径炮，并以徒步运动方式，同高度机械化的强敌交战。部队靠着英勇顽强和近战夜战，大胆实施穿插迂回，一再突破美军及其仆从军的防线，使其败退到三八线以南。毛泽东总结出美军的特点是"钢多气少"，志愿军靠着"气"多即战斗意志的优势就解决了"能不能打"的难题。

"边打边建"实战锻炼各兵种

志愿军入朝表现了出色的战斗能力，让美军感到大出意料，一时难以有效招架。经过前三次战役，志愿军就从鸭绿江打到三七线，1951年1月还占领了汉城（今韩国首尔）。不过这一阶段运动战的实践也证明，志愿军因装备太差，难以达成团以上规模的歼灭战，尤其是在夜间包围敌军后"啃不动"，就无法挡住其天亮后突围。到了第四次、第五次战役期间，美军摸清了志愿军的弱点并有了应对方法，到1951年春天又夺回汉城并反扑到三八线。此时志愿军如果不加强前线火力，就难以挡住敌军的地面进攻，不增强以空军为主的防空力量也无法保卫后方。

在现代大规模战争中，部队靠坚强的斗志能在一定时期内弥补装备落后的缺陷，想取得持久作战的胜利又离不开装备和技术的改善。至1951年春夏之交，中国入朝部队大部分更换了苏联武器，虽然其大半是第二次世界大战中用过的旧品，却实现了制式的标准化，能及时保障弹药供应和零配件补充，军队过去"小米加步枪"的面貌变成整齐配套的各种枪械加大炮。

抗美援朝期间，苏联向中国提供了3000多架各种飞机，其中米格–15战斗机与美军性能最好的F–86处于同一技术水平。苏制坦克和火炮虽不及美军装备精良，数量也有差距，却也能对等交锋。进入阵地战后，志愿军的火炮增加到1.5万门，代替步兵枪械成为杀敌的主要武器。后来据美军自身统计，在朝鲜战场上的伤亡约32%是枪弹造成的，62%是炮火造成的，这说明新中国的军队已由枪战为主变为以炮战为主，这是军队迈向世界型现代化战争的重要标志。

军队的装备可以通过外购迅速解决，培养有效掌握武器的作战人员却需要相当长时间。抗美援朝期间，国内开办了许多军校进行速成教育，如十几所航校都对飞行学员展开了突击性训练。世界上训练喷气式飞机驾驶员的惯例是需要训练300个小时以上才能进行战斗飞行，新中国的飞行员因急需参战，只好采取师傅带徒弟式的训练方法，由苏联和国内的教员带飞50至60个小时即行参战。坦克兵训练更是用"一对一教"的办法，由苏联调来10个现役坦克团，中方以10个团对应接收运来的这批500余辆坦克和自行火炮（包括T-34坦克、JS-2坦克以及S-100自行火炮）。因时间紧迫，苏军各个坦克乘员采取手把手教的方式，语言不通就用手势比画。中国坦克驾驶员仅驾车四五个小时，炮手也仅发射过二三十发炮弹，刚刚达到开得动、打得响就入朝，靠实战来锻炼作战技能。

通过朝鲜战场进行当时世界上现代化水平最高的实战锻炼，新中国军队的现代化建设从很低的起点上起步有了飞速发展。毛泽东对此曾高兴地说过："现在空军也有了，高射炮、大炮、坦克都有了。抗美援朝战争是个大学校，我们在那里实行大演习，这个演习比办军事学校好。"[①] 经过这场战争，中国陆军有光荣传统的步兵学会了打现代化战争，又打出了一个强大的炮兵，装甲兵、工程兵、通信兵也有了飞跃发展。中国空军的作战飞机数量和质量，已仅次于美、苏而跃居世界空军第三位。

在中国人民解放军的历史上，抗美援朝战争期间是部队装备技术进步最快的阶段之一。这种跨越性发展既是中国军民自己奋斗的结果，又是大力引进和运用国外先进军事科技成果所产生的效应，当时的口号就是"勇敢加技术等于战斗力"。

极大促进现代军工业建设

朝鲜战场上的交战双方经过激烈交锋，以志愿军兵力为主体的中朝部队在地面战中占据着优势，美军却拥有海空军优势，最后形成战

---

① 《毛泽东军事文集》第六卷，军事科学出版社1993年版，第316页。

线上势均力敌的僵持。美国不得不寻求妥协,至1953年7月27日以"联合国军"名义同中朝军队达成了停战协定。自1950年6月25日开始的朝鲜战争从三八线开始又回到这条线附近结束,可以称为平局。中国自1950年10月25日开始的抗美援朝战争却是一个伟大的胜利,从军事态势看是从鸭绿江边打到了三八线,并完成了保家卫国和援救邻邦的战略任务。

抗美援朝战争的丰富实践,为新中国的军队打开了一个观看世界先进军事技术的窗口。周恩来曾指出:"毛主席曾经说过,学习有几方面:向老师那里学习,这就是向马列主义和苏联学习;向群众学习;还有一条,我们要向敌人学习。所以,朝鲜战争就是我们一个很好的学习机会。"① 在停战协定上签字时,"联合国军"总司令、美军的克拉克上将便叹息说:"我们的失败在于敌人仍然没有被击败,并且甚至比以前更为强大及更具有威胁性。我说更为强大的意思,是指共产主义的亚洲陆军已学会如何打近代的陆地战争。"② 1953年志愿军发动的夏季攻势,能在攻击方向形成一定时间的局部地面火力优势,并组织了步兵、炮兵、坦克兵和工兵的协同作战,得以突破金城一线的敌军坚固防御阵地,在停战前夕向世界显示了中方的力量是越战越强的。

通过抗美援朝战争的实践,中国军队的广大干部也深刻感受到过去可以用"小米加步枪"打天下,解放后要有效对付有世界先进水平的强敌,必须进行国防现代化建设。旧中国在军事上落后挨打,除政治腐败外还因为经济落后,深层次的原因又在于文化和科技水平落后。抗美援朝战争期间,军委领导人就提出了军队建设要实行"三化",除正规化、现代化外还要系统学文化,改变原来全军众多出身农村根据地的指战员都是半文盲或文盲的状态。在20世纪50年代初期,全军掀起了大办院校的热潮,各种学校最多时超过200所,在短时间内培训了30多万名干部。通过自身努力和苏联专家的帮助,以哈尔滨军事工程学院为代表的一系列高水平的军事院校在短时间内建立起来,开始培

---

① 《周恩来军事文选》第四卷,人民出版社1997年版,第297页。
② 马克·克拉克:《从多瑙河到鸭绿江》,文士龙译,台湾黎明文化出版公司1956年版,第1页。

养能掌握现代化装备的军事人才。

军队的武器装备水平，是以国家工业化和科技水平为基础的，抗美援朝战争的实践，使新中国更注重要将自己由落后农业国变成工业国，战争未结束就在1953年开始了第一个五年计划的建设。战争期间国内通过"边打边建"，有效地恢复和发展了国民经济，每年的经济平均增长率高达15%。志愿军入朝参战的直接战费为62亿元人民币，1953年停战时的年国民收入却已由三年前的426亿元增至709亿元。

衡量一场战争的成败，关键是看其收益和付出。新中国站在"第一线"出兵朝鲜，使自身的国际政治地位得到很大提高，并赢得了苏联敬重而获得了"156项"重大建设工程的援助。1958年7月22日，毛泽东在同苏联驻华大使尤金谈话时就说过："苏联人从什么时候开始相信中国人的呢？从打朝鲜战争开始的。从那个时候起，两国开始合拢了，才有156项。"① 著名的"156项"援助，是重工业、能源工业、交通运输业全面配套，相当于苏联将自己全套工业体系的一个缩小版支援了中国，并派1万多名专家以"手把手教"的方式传授，还无偿提供了配套的技术资料。在这一全面援建项目中，国防企业又占了44项，包括陆海空三军的主战装备制造厂，奠定了中国现代兵工业的基础。1957年10月，中苏还达成了国防新技术协定，规定苏联对华提供导弹、核弹的生产设备和技术。这一协定后来虽被中断，前期的执行进程仍为"两弹"事业创造了重要前提。

在20世纪50年代，中国靠自身努力和苏联援助，能在短时间内就建立起配套的基础工业和国防工业基础，还开始了"两弹"研制，这在世界现代历史上创造了成本最低和规模、速度空前的纪录。如果新中国不出兵朝鲜，从苏联获得那些回报是不可想象的。历史雄辩地证明，在中华崛起的历史进程中，抗美援朝战争的胜利成为伟大民族复兴的重要支撑点，这场战争留下的奋斗精神至今仍激励着国人在实现民族复兴的进程中砥砺前行。

（作者为国防大学退休返聘二级教授、专业技术少将）

（刊于《参考消息》2020年10月19日第11版）

---

① 《毛泽东文集》第七卷，人民出版社1996年版，第387页。

立国之战：民族复兴路上的不朽丰碑

文/舒 健

抗美援朝战争是中国乃至世界历史上的重大事件。2020年，恰逢中国人民志愿军入朝作战70周年。时至今日，中国的面貌、东北亚的局势乃至国际政治经济格局已经发生了翻天覆地的变化。然而，抗美援朝战争的重要价值不仅没有随时光的流逝而消减，反而经过岁月长河的洗礼和积淀，愈加清晰而厚重。

人民军队立起来了

提起抗美援朝战争，我们很容易想起彭德怀的名言："它雄辩地证明：西方侵略者几百年来只要在东方一个海岸上架起几尊大炮就可以霸占一个国家的时代是一去不复返了。"但是我们还需要知道，这句话是紧跟在这样一段话后面："在三年激战之后，资本主义世界最大工业强国的第一流军队被限制在他们原来发动侵略的地方，不仅不能越雷池一步，而且陷入日益不利的困境。这是一个具有重大国际意义的教训。"[①] 它说明旧时代落幕和新时代开启，最直接的原因是中国武装力量打败了号称"天下无敌"的美军。

朝鲜战争爆发后，美国人对中国军队的认识，还停留在抗日战争时期对国民党军队的印象上。1950年10月15日，美国总统杜鲁门和麦克阿瑟等人在太平洋上的威克岛开会。杜鲁门问中国干涉的可能性有多大时，麦克阿瑟认为由于种种原因，中国不可能介入朝鲜战争，战争将很快结束。他向杜鲁门表示："如果中国人试图进兵平壤，将会有一场最大的屠杀。"[②] 尽管美国一些人逐渐认识到中国干涉的可能性在增大，但大多数决策者认为中国军队没有能力也没有决心与美军公开对决。

[①] 彭德怀传记编写组编：《彭德怀军事文选》，中央文献出版社1988年版，第445页。
[②] 陶文钊主编：《美国对华政策文件集》（第一卷）（下），世界知识出版社2003年版，第493页。

抗美援朝战争的胜利，让美国对于新中国的战争力量和战争意志有了全新认识。美国军事历史学家沃尔特·赫姆斯说："从中国人在整个朝鲜战争期间所显示出来的强大攻势和防御能力中，美国及其盟国已经清楚地看出，共产党中国已成为一个可怕的对手。"① 从此以后，没有一个国家再敢像鸦片战争以来100多年的时间里一样，随便就打中国的主意了。人民军队不仅将红线稳定在朝鲜半岛的三八线上，而且深深地划在美国历代决策者的脑海里。

如果仅将抗美援朝战争放在近代百年历史中来审视，还不能完全把握其胜利的伟大意义。因为在数千年人类历史上，无论中华民族在汉唐时期取得何等辉煌的军事胜利，那都是区域性质的，是亚洲级别的。但抗美援朝战争不一样，这是中国军队与世界上最强大的对手作战，是世界级的。抗美援朝战争的胜利，不仅从根本上改变了100多年来中国在国际上落后挨打的地位，而且使中国军队终于傲立于世界强军之林。

安全屏障立起来了

自古以来，中国就是一个边患多元的国家。如何应对好各个战略方向的威胁，是历代中央政府都关注的重大战略问题。

朝鲜战争爆发后，如果中国对美国在朝鲜的侵略坐视不理、袖手旁观，那么一旦美国侵占了整个朝鲜，又陈兵中国东南沿海，同时支持法国在印度支那重新恢复殖民统治，新中国就将处于被三面包围、极为不利的战略态势，很难有一个稳定而和平的周边安全环境。因此，朝鲜战争爆发后，中国领导人从地缘战略高度，既看到了这场战争对中国安全的挑战，又看到了可能带来的机遇，即"打得一拳开，免得百拳来"。

可以设想，如果没有在朝鲜半岛把这一拳打开，中国周边任何一个地方出现战争威胁，都将使中国处于极为不利的被动局面。在以后的中国历史上，中国虽然与邻国发生过军事冲突和边境反击作战，但

---

① 沃尔特·G.赫姆斯：《朝鲜战争中的美国陆军（第一卷）：停战谈判的帐篷和战斗前线》，国防大学出版社1988年版，第565页。

始终没有出现两线作战的局面,这不能不说是抗美援朝战争的伟大胜利所致。

抗美援朝战争在消除中国多面受敌不利局面的同时,还打出了中国军事安全广阔的战略纵深。

1950年10月5日,彭德怀在中共中央政治局讨论出兵朝鲜问题的会议上指出:出兵援朝是必要的,打烂了,等于解放战争晚胜利几年,如美军摆在鸭绿江岸和台湾,它要发动侵略战争,随时都可以找到借口。当时美国将军就叫嚣:中国的边界不在鸭绿江,而在山海关。当时出兵抗美援朝,中国领导人的主要目标是巩固东北边防,改善防御态势,增大中国在东北亚方向的战略防御纵深。

1958年10月27日,安东市(今辽宁省丹东市)各界人民举行集会,庆祝中国人民志愿军胜利回国(新华社发)

但值得注意的是，从宏观历史和地缘战略视角来审视，这场战争胜利的价值可能远远超出了新中国领导人的预想。

在中国周边地带中，朝鲜半岛是对中国军事安全影响至为重要的地方。其关键之处不仅在于中朝两国唇齿相依，也不仅在于其屏障东北，更在于朝鲜半岛是大国利益的交汇点。在亚太地缘政治舞台上，朝鲜属于一个战略要冲，它位于苏、日、美、中几个大国之间。朝鲜一旦爆发危机，苏、美、中包括日本很可能迎头相撞，剑拔弩张，直至爆发大规模战争。

朝鲜战争是以美国为首的帝国主义阵营与以苏联为首的社会主义阵营抗争的重点转移到亚洲，并在朝鲜形成焦点诱发的。朝鲜战争爆发后，假如中国坐视不管、无所作为，尔后的朝鲜半岛不可能出现大国力量的真空。但是，不管是美国或者苏联势力处于支配地位，还是美苏两股力量处于胶着状态，都将给中国造成沉重不堪的压力。抗美援朝战争的胜利，打退了一个帝国主义，请走了一个霸权主义，还震慑了一个军国主义，拉近了一个社会主义，遏制了美国"全球战略"在亚洲的扩张，使世界军事热点从欧亚大陆东部转向欧亚大陆西部，缔造了一个较为和平的东北亚环境。

社会主义制度立起来了

何谓中华民族伟大复兴？不管我们如何诠释其内涵，能否在政治制度上呈现先进性和优越性，都是其中一个极为重要的内容。所谓中国历史上的那些盛世，不仅在于当时中国的经济、文化有多繁荣，版图有多辽阔，军队有多强大，而且在于中国的政治制度成为他国效仿的榜样。

抗美援朝战争爆发时，中华人民共和国才诞生不到一年，社会主义制度正在完善之中。整个国家千疮百孔、百废待兴，面临着恢复国民经济、整顿社会秩序、肃清大陆残敌、解放西藏和台湾等一系列严峻任务。同时，经历了百年战乱的中国需要休养生息，饱受苦难的中国人民需要重建家园，共产党人正在豪情满怀地描绘新中国的美好蓝图。总之，新中国没有加入这场战争的准备。

但是，事实证明，当中国在进行一场关乎历史命运的决战之际，国内建设发展也在有条不紊地进行。整个国家政治、经济、军事、文化建设不仅没有因战争硝烟而受到影响，抗美援朝战争反而推动了国内建设，国内建设也保障了抗美援朝战争，创造了现代化战争史上的奇观。

一方面，从经济建设来看，抗美援朝战争的花费与当时中国的国民经济总量相比，其总量并不算太高。抗美援朝战争的开销只占同期财政支出的十分之一。1951年底，国内工农业总产值比上年增长19%，国家财政出现10.9亿元的节余。中国经济快速发展，获得了每年15%的增长率。至1952年底，国内经济建设凯歌高奏，不仅有力地保障了志愿军在朝鲜战场的作战需要，而且全面顺利地完成了国民经济的恢复工作，工农业生产均达到或超过了历史最高水平。正因为如此，毛泽东在1953年2月宣布："美帝国主义愿意打多少年，我们也就准备跟它打多少年，一直打到美帝国主义愿意罢手的时候为止。"① 另一方面，当时中国在第一线，苏联在第二线，苏联及社会主义国家也给予了相当大的物质上的回报。"一五"期间，苏联援助中国156个重点工程，东欧国家援助中国108个大型工程，这些项目奠定了中国国民经济发展尤其是工业化的基础。

战争不仅没有将中国打垮、拖垮，反而使中国事业蒸蒸日上，极大彰显了中国共产党的先进性、社会主义制度的优越性。战争胜利一扫人们心中的阴霾，打掉了反动派的幻想，吸引了中间派这股力量。1951年2月28日，中共中央在关于进一步加强统一战线工作的指示中指出："特别是最近几个月来抗美援朝、土地改革和镇压反革命的三大运动，不仅使广大劳动人民和青年学生更加觉悟和更加坚决地站起来了，而且使广大工商业者和中上层知识分子以及各种宗教信徒，也日益增多地参加到人民民主统一战线中来了。"② 美国人也不得不承认，中国在朝鲜战场的胜利，"提高了毛泽东政权的威望，并为之赢得了军

---

① 中共中央文献研究室编：《毛泽东年谱（1949—1976）》第二卷，中央文献出版社2013年版，第22页。
② 中央档案馆、中共中央文献研究室编：《中共中央文件选集（一九四九年十月～一九六六年五月）》第五册，人民出版社2013年版，第228页。

事强国的地位"。

中国人民也通过这场战争,进一步看到一个对民族尊严、国家主权负责任的党,一个敢于斗争和善于斗争的党,一个有丰富政治经验的成熟的党,党在人民心中的威望空前提高。抗美援朝战争的伟大胜利,不仅在国内巩固了中国共产党的执政地位,而且在世界上奠定了中国的大国地位。

自尊自信立起来了

朝鲜战争爆发后,尽管中国政府一再严正警告美国政府不要扩大战争,不要驱兵在朝鲜越过三八线,但美国当局始终将之视为虚声恫吓,其根本原因并不在于情报判断的失误,而在于美国当权者从骨子里就看不起中国人。他们认为中国根本不会出兵援助朝鲜,绝对不敢与美国进行较量。当然,无数华夏儿女也在思考:中国是否能够将战争消弭在境外?中华民族是否又会陷入被动挨打的局面?

在弱肉强食的西方价值体系里,暴力(战争)是一个国家或民族获得自尊自信最原始、终极的方式。在抗美援朝战争中,美军没有料到,在他们眼中低劣的、死气沉沉的中国人,可以演出如此神奇的战争活剧。志愿军入朝作战仅十多天,就将几十万所谓"联合国军"打得丢盔弃甲。美国的乔纳森·波拉克在《朝鲜战争和中美关系》中写道:"参加朝鲜战争使中国面对巨大的挑战和危机,然而回顾历史,北京顶住了变化和危险,成为更成熟、更受人尊重的国家。"[①]

从此,世界也才真正相信"中国人从此站立起来了"不是一句空话。尽管有人称赞,有人反对,有人漫骂,但没有人再敢瞧不起中国,中国也不再是那个任人欺凌的国家。

抗美援朝战争的胜利不仅从根本上洗刷了百余年来中华民族受侵略的屈辱历史,让中国人民重拾失落已久的尊严和荣耀,而且开创了中华民族以崭新的姿态屹立于世界民族之林的历史新篇章。因此,抗美援朝战争不仅是新中国的立国之战,还是中华民族的入世之战,它

---

① 乔纳森·波拉克:《朝鲜战争和中美关系》,载于袁明、哈里·哈丁主编:《中美关系史上沉重的一页》,北京大学出版社1989年版,第311页。

当之无愧地成为中华民族走向复兴、走向世界的重要支撑点。

今天我们纪念中国人民志愿军入朝作战，就是希望我们坐拥着和平的年岁，不要忘记那些为了中华民族的尊严和荣耀而奋斗和牺牲的先辈，不要忘记我们距离人见人欺、受压迫受屈辱的时代，才仅仅过去了70多年。

（作者为国防大学国家安全学院教授、大校）
（刊于《参考消息》2020年9月28日第11版）

抗美援朝战争中大国较量的启示

文 / 田义伟

发生在20世纪50年代初的抗美援朝战争,是中国人民保卫和平、反抗侵略的正义之战。在这场战争中,新中国与美国互为主要对手,进行了一场军事、政治、经济、外交的全面较量,中国人民在中华人民共和国成立伊始各方面严重困难的情况下,赢得了胜利和尊严。回望历史,我们可以从中得到启示,获取前行的力量。

朝鲜人民欢送中国人民志愿军回国的热烈场面(吕厚民 摄)

坚守底线　敢于斗争

1950年6月25日早晨，位于朝鲜半岛南北中央的三八线上，长期小规模的武装冲突和摩擦发生质变，朝鲜大规模内战全面爆发。

美国当局公然违反联合国宪章"不得干预本质上属于任何国家内部管辖之事件"的规定，立即派出武装部队，干涉朝鲜内战，在中华人民共和国未恢复合法席位、苏联缺席的情况下，操纵联合国安理会通过组成侵朝"联合国军"的非法决议，同时派出海军部队侵入台湾海峡。此时，中华人民共和国成立还未满一年。

1950年10月初，美军越过三八线，向中朝边境快速推进，中国的安全受到严重威胁。

根据朝鲜劳动党、朝鲜政府的请求和中国人民的意愿，党中央和毛泽东高瞻远瞩，科学分析参战的利弊，毅然作出"抗美援朝，保家卫国"的重大战略决策。10月8日，毛泽东以中国人民革命军事委员会主席名义发布命令，"着将东北边防军改为中国人民志愿军，迅即向朝鲜境内出动，协同朝鲜同志向侵略者作战并争取光荣的胜利"。毛泽东强调："总之，我们认为应当参战，必须参战，参战利益极大，不参战损害极大。"①

中国人民在美国处于顶峰之际，敢于迎接它的挑战，这种大无畏的英雄气概和胆略，在当时"恐美病"流行的世界是绝无仅有的。事实证明，中共中央的出兵决策是完全正确的，集中体现了中国人民不畏强暴、敢于斗争的意志和决心。

灵活机动　迎击软肋

1950年10月19日，中国人民志愿军在司令员兼政治委员彭德怀率领下，分别从丹东、长甸河口、集安跨过鸭绿江，向朝鲜境内开进，开始了中国人民伟大的抗美援朝战争。

---

① 《毛泽东文集》第六卷，人民出版社1999年版，第104页。

面对敌我装备的极度悬殊和美军越过三八线后的形势，毛泽东与彭德怀在志愿军出动前的10月13日、14日研究确定，志愿军入朝后，先打防御战再打反攻战。可当志愿军于10月19日开始入朝后，朝鲜战场形势已发生重大变化。

　　战争指导因势而变。毛泽东和彭德怀多次往来电报分析形势，决定改变原定战役计划以运动战方式歼灭敌人，"在稳当可靠的基础上争取一切可能的胜利"。同时，中共中央和志愿军总部判断，以美军为首的"联合国军"对志愿军的出动没有任何察觉。麦克阿瑟根本没把中国放在眼里，不相信中国真的敢于抵抗。他部署了"圣诞节前凯旋攻势"，断言"在圣诞节前让部队班师回家"。毛泽东当时说，麦克阿瑟越狂妄、自负、好大喜功，越对我们有利。

　　随后，志愿军迅速把握战场特点，及时抓住敌人判断失误和不适应我军之夜战、近战及包围迂回作战等弱点，发挥我军长处，迅速在局部地区集中优势兵力，连续行军、作战13个昼夜，把疯狂进攻的敌人从鸭绿江边一直打退到清川江以南，歼敌1.5万余人。志愿军粉碎了麦克阿瑟感恩节占领全朝鲜、结束朝鲜战争的狂妄企图，取得了初战胜利。

　　灵活机动的战略战术是我军制胜的法宝，是抗美援朝战争中中国人民以劣势装备战胜世界头号军事强国的有力武器。历史证明，与强敌较量，必须避其锋芒，击其软肋，因势而变，借力打力，最大限度地发挥我之长处，以快速聚集的局部优势打击和消耗敌人，直至取得胜利。

主动布局　　扭转战势

　　志愿军入朝第一次战役的胜利，并未使整个战场形势发生大的变化，志愿军在朝鲜仍未站稳脚跟。以美军为首的"联合国军"还未被重创到被动防御的地步，随时都会对志愿军实施大规模进攻。

　　1950年11月4日，毛泽东和彭德怀分别在后方和前方，同时意识到美方可能实施的强大反攻，并互致电报商议应对策略。彭德怀和志愿军总部领导研究的作战方案显示，志愿军准备主动布设战场，将主力撤至第一次战役后比较熟悉的地区休整和构筑反击阵地,诱敌深入,伏击围歼。这一战略考虑,是毛泽东对志愿军入朝前确定在德川、宁远公路线以南地区建立防线思想的发展,目的是根本扭转朝鲜战局,掌握战略主动。

美军占领平壤后,美国朝野上下都沉浸在朝鲜战争即将"胜利"的喜悦之中,这时"美国人的耳朵只能听胜利之声"[①]。"联合国军"遭到志愿军第一次战役突然迅速打击时,他们均不愿意承认志愿军参战这一事实,认为出现在朝鲜的中国人很可能是一些零星的志愿人员。

美国军政当局在对中国志愿军参战兵力意图猜测不明的情况下,几经讨论还是作出了武装占领全朝鲜的错误决定。美国参谋长会议主席布雷德利后来在回忆录中说:从11月2日至9日的重要日子里,"我们翻阅了材料,坐下来仔细思考,但不幸的是我们却作出了荒谬绝伦的结论和决策"[②]。11月24日,麦克阿瑟下令发动"总攻势",并公开向新闻界宣布他的总攻计划,表示立即就可实现军事占领全朝鲜的目标了。然而,令他没想到的是,志愿军已悄悄把他的部队团团包围。

11月25日黄昏,西线志愿军部队突然对敌发起反击,先是瞄准美第8集团军的薄弱环节,集中力量包围歼灭其进攻右翼战斗力较弱的南朝鲜第2军团两个师,打开战役缺口,尔后集中第38军、第42军两个军,多路向美第8集团军侧后实施迂回,切断了美第9军南撤的退路,将其主力三面包围于以价川、军隅里为中心的清川江南北地区。麦克阿瑟搞不清这么多志愿军部队从哪里来,"联合国军"被打得晕头转向,使他歼灭志愿军打到鸭绿江边的计划瞬间破灭,转而焦急地指挥部队逃出志愿军包围。

第二次战役彻底粉碎了麦克阿瑟妄图结束朝鲜战争在圣诞节回国的"最后"攻势,将疯狂冒进的敌人一直打退到三八线以南,收复了平壤,歼灭敌人3.6万余人。布雷德利在其回忆录中写道:从10月31日至12月底,"这60天是我职业军人生涯经历最严峻的考验时刻……

---

① 詹姆斯·F.施纳贝尔:《朝鲜战争中的美国陆军(第二卷):战争爆发前后》,国防大学出版社1990年版,第250页。
② 克莱·布莱尔整理:《将军百战归——布雷德利自传》,廉怡之译,军事译文出版社1985年版,第773页。

朝鲜战争出乎预料地一下子从胜利变成了丢脸的失败——我军历史上最可耻的一次失败"。麦克阿瑟确定"必须由进攻转入防御"①。

"联合国军"的失败，从根本上看是美国军政当局决策的失败，是他们自视国力和军事强大，盲目用武力压服中国的自取其辱。中国人民之所以能扭转战势，不畏强敌，在自己熟悉的战区主动布设战场，以高超的战略战术迷惑敌人，引诱敌人进入我预设战场围歼之的大战略，是赢得胜利的关键。历史证明，与强敌较量不能一味地被动应付，必须在深入研究把握敌我特点规律的基础上，主动设局，"请君入瓮"，聚优歼敌。

藐视傲慢　以打促谈

至1951年6月，经过五次战役的较量，敌我双方战场力量已趋于均势，战线稳定在三八线南北地区，战争形成相持局面。

美国军政当局发现，至1951年5月，美国已为这场战争付出10万余人的伤亡和直接战费100多亿美元，却换来了一个非常困难的局面。为缓解美国内和盟国之间的矛盾，维护美国的重点利益——欧洲利益，5月16日，美国国家安全委员会开会通过了有关朝鲜问题的政策备忘录，确定美国在朝鲜的终极目标是在三八线地区建立一条有利防线，寻求缔结停战协定。

党中央和毛泽东决定实行边打边谈的方针，政治斗争和军事斗争双管齐下：一方面准备同美国方面举行谈判，争取以三八线为界实现停战撤军；另一方面对谈判成功不抱幻想，在军事上必须作长期持久打算，并以坚决的军事打击粉碎"联合国军"的任何进攻，以配合停战谈判的顺利进行。

8月18日开始，"联合国军"为配合军事分界线谈判，同时对我开始了空中攻势和地面攻势。1951年夏秋季防御战役，志愿军和朝鲜人民军共毙伤俘"联合国军"15.7万余人，志愿军伤亡3.3万余人。"联合国军"付出重大伤亡代价仅占领土地646平方千米，远远没有达到谈

---

① 克莱·布莱尔整理：《将军百战归——布雷德利自传》，廉怡之译，军事译文出版社1985年版，第754页。

判中要求志愿军和朝鲜人民军退出1.2万平方千米的目的。因此,"联合国军"不得不回到谈判桌上谈判。

11月23日,朝中代表提出军事分界线方案后,双方依据朝中方案达成了"以双方现有实际接触线为军事分界线,双方各后撤2公里以建立军事停战期间的非军事区"的协议。① 1952年10月8日,美方单方面宣布停战谈判无限期休会。

1952年末,德怀特·艾森豪威尔当选美国总统后,美国当局酝酿进行大规模军事冒险。为防备"联合国军"在朝鲜北方实施登陆进攻,志愿军和朝鲜人民军进行了大规模反登陆准备,在朝鲜东西海岸正面战线,挖掘坑道8090条720余千米,挖堑壕、交通壕3100千米,并构筑了反空降和反坦克阵地,完全改变了朝鲜东西海岸阵地工事脆弱的局面。这促使美国当局和"联合国军"放弃大规模登陆冒险企图,转而于1953年4月26日恢复由其单方面中断半年之久的停战谈判。

6月8日,谈判双方首席代表正式签订了关于战俘遣返问题的协议。至6月18日,停战前的各项准备工作均已完成。可就在18日这一天,南朝鲜李承晚集团以"就地释放"为名,强行扣留被俘的朝鲜人民军人员,破坏停战协定,引起强烈国际反响。

6月20日,朝中代表团要求谈判休会,表示对李承晚破坏行为的抗议。同时,从6月24日至7月27日,志愿军部队和朝鲜人民军对南朝鲜军防守的正面25千米阵地发起攻击,歼敌7.8万余人,收复阵地192.6平方千米,严厉惩罚了李承晚集团,加深了美方内部矛盾。接下来,艾森豪威尔向李承晚施压,"联合国军"第三任总司令马克·克拉克认输。1953年7月27日、28日,克拉克、金日成和彭德怀先后于汶山、平壤和开城在停战协定上签字,朝鲜停战实现。至此,历时两年零一个月的停战谈判画上句号,历时两年零九个月的中国人民抗美援朝战争胜利结束。

克拉克在其回忆录中写道:"我成了历史上签订没有胜利的停战条约的第一位美国陆军司令官,我感到一种失望和痛苦。我想我的前任,

---

① 齐德学:《改写历史决定未来的较量》,长征出版社2013年版,第200页。

麦克阿瑟和李奇微两位将军一定具有同感。"①

　　战场上得不到的东西，在谈判桌上也得不到。边打边谈，以打促谈，使美国感到，战争拖延下去对自己只会带来更多损失。他们不得不在板门店同朝中方面正式签订军事停战协定。历史证明，与强敌较量不能有丝毫侥幸，必须丢掉幻想，以给敌人造成难以承受的损失逼其走向和谈。

（作者为军事科学院评估论证研究中心政治协理员、大校）
（刊于《参考消息》2020年10月5日第5版）

---

① 马克·克拉克：《从多瑙河到鸭绿江》，文士龙译，台湾黎明文化出版公司1956年版，第1页。

抗美援朝开启中国强国道路

文 / 袁　野

中国特色强国道路是继中国特色革命道路和中国特色建设道路的进一步发展。今天，中华民族从"站起来""富起来"走向"强起来"，正在遭受前所未有的严峻挑战，其中最为严峻的外部挑战来自世界第一强国美国。如何处理好对美关系，事关中华民族伟大复兴中国梦能否实现这一重大历史课题。在这个问题上，抗美援朝的历史经验极为重要。抗美援朝是中华人民共和国成立之初，中国共产党领导的新生政权和美帝国主义的第一场大规模直接碰撞，历时不长却深刻触及双方实质利益、国家意志和真实能力的底线，从中折射出的历史经验尤为值得思考借鉴。

以斗争求缓和

无产阶级政权如何在强国战略中面对敌对的世界霸主，新中国"以斗争求缓和"的战略思想极具特色且被历史证明成功。

1. 在思想上阐明斗争必要

中美之间在意识形态、社会制度和国家利益等方面存在结构性矛盾，因此斗争不可避免。就朝鲜战争而言，美国坚决介入有三个内在动因。一是反华，"美帝国主义者侵略朝鲜的目的，主要不是为了朝鲜本身，而是为了要侵略中国，如日本帝国主义者过去所做过的那样"[1]。二是反共，美国政府曾公开指责朝鲜战争是苏联策划下共产党人向全世界进攻的信号。三是立威，美国曾公开表示朝鲜战争是"对美国在自由世界领导地位"的一种明白无误的挑战，是"柏林事件更大规模的重演"[2]。

---

[1]《各民主党派联合宣言　誓以全力拥护全国人民的正义要求，拥护全国人民在志愿基础上　为着抗美援朝保家卫国的神圣任务而奋斗》，《人民日报》1950年11月6日第1版。
[2] 胡礼忠、金光耀、顾关林：《从〈望厦条约〉到克林顿访华》，福建人民出版社1996年版，第310页。

1958年，中国人民志愿军全部撤离朝鲜。归国前，中朝两国部队官兵举行告别联欢（新华社发）

可见，无论是美国反华、反共还是霸权立威，都是美帝国主义反动性的必然结果，都与新中国有着根本冲突。因此，这件事必须管。

2. 在斗争意志上极为坚决

与苏联把缓和对美关系的希望寄托在同美国达成一致协议不同，新中国更重视斗争。毛泽东对于战争的态度一向是两点：一是不要，二是不怕。中国革命几十年斗争经验告诉我们，压迫者绝不会对被压迫者存有一丝同情和主动妥协，对压迫者怕也没有用，不怕反倒有利，斗争是获得自由解放的唯一手段，对待世界第一强国美帝国主义更是如此。我们不仅要在思想认识上明确斗争必要性，而且在行动上要坚决果敢，必要时甚至要敢于破釜沉舟。

正是在这种气概下，新中国才能排除万难赢得胜利，并给敌人以真正和长久的震慑。此后毛泽东也经常利用美国人惯用的"战争边缘政策"，在适当时机下"给美国人一点颜色看"[1]。

---

[1] 吴冷西：《十年论战——1956—1966中苏关系回忆录》（上），中央文献出版社1999年版，第189页。

3. 在斗争方法上注重策略

在斗争意志上的坚决果敢不意味着不讲策略。中国共产党在对美斗争中始终注重把握边界、节奏、尺度，以推动事态朝有利于我的方向发展。比如我们在斗争中始终明确我们党的对美战略目标不是破裂，而是缓和。抗美援朝结束后，毛泽东利用各种外交场合，主动向美国表示和解之意，表示"为了和平建设的利益，我们愿意和世界上一切国家，包括美国在内，建立友好关系。我们相信，这一点，总有一天会要做到的"①。

避免对中美关系不抱希望，也要避免对中美关系期望过高，我们在斗争中从来不忘"以革命的两手对付反革命的两手"。在抗美援朝期间，我方一方面与国际社会保持沟通，特派伍修权出席联合国安理会会议，阐述中国对朝鲜战争和台湾问题的立场；另一方面不理会美国的"和平"试探，集中精力争夺战场上的主动。正是通过以斗争求缓和的战略，中国才能在强敌环伺的恶劣国际环境中实现生存和发展。

以持久求平等

强国战略不仅要注重方法，还要注重步骤和节奏。新中国从唯物主义认识论出发，开辟出"以持久求平等"的强国战略。

1. 在追求与强国对等中走向强大

以斗争求缓和，缓和的关键标志是中美建交。中美建交不难，难的是双方在建交条件上达成一致。中华人民共和国提出的建交条件是任何一个真正意义上的主权国家的基本要求，然而，这在美国看来则是不可思议的。美国沿袭其百年来对中国的帝国主义思维，将中华人民共和国看作以往历届靠依附强国才能维持统治的买办政府。对此，中国共产党态度鲜明，那便是"不平等、毋宁战"。这是中国共产党多年来与各类反动势力作斗争的宝贵经验。抗美援朝恰恰就是这种坚定立场在中华人民共和国成立后以国家为主体的第一次激烈表态，并第

---

① 中共中央文献研究室编：《毛泽东年谱（1949—1976）》第二卷，中央文献出版社2013年版，第611页。

一次在军事领域与世界第一强国打成平手，这极大树立了中国人民抵御强国、追赶强国甚至终将赶超强国的信念。以抗美援朝为起点，中华人民共和国在求平等的进程中一步步走向全面强大。

2. 在承认敌强我弱下明确持久战略

抗美援朝是中美在军事领域的首次交手，结果势均力敌，然而，要与世界第一强国实现全面对等，以新中国的综合实力还任重道远。因此，持久战再次被启用。可以说持久战一向是以弱对强的根本战略，其根本要义是以小规模的持久斗争来一步一步消耗强大敌人直至胜利。这恰恰应和了新中国的对美关系目标。毛泽东曾精辟地指出："对付美国人是要有一点办法的，要有两条，一条不行。第一是坚决斗争，每天都要叫，这是你的办法。第二是不要急。"①

以抗美援朝为起点，新中国打消了短期内能够使美国彻底刮目相看并予以真正承认的认识，更加明确了持久斗争的基本战略。抗美援朝后，毛泽东对即将到来的中美大使级会谈极为重视。从中方会谈的决策和指导方针，到后来每一阶段的谈判部署、具体方案，乃至重要发言稿、声明稿等，都是经他最后审定的。此后的谈判旷日持久，延续了整整15年，成为现代国际关系史上持续时间最长的一次双边外交谈判。

3. 在持久斗争中握有平等话语权

以持久斗争取得对美平等建交，需要回答和解决的一个重要问题，就是中美建交失败或迟滞的责任在谁。这关系到国际斗争的政治主动性等问题，至关重要。中华人民共和国在中美建交问题上向来注重争取主动地位，主要通过三个方面的举措：一是强调我方建交条件的平等原则②；二是强调中美建交难题绝不是简单的美国拒绝我们，而是我们拒绝美国的无理要求；三是强调建交失败的责任在美国。然而这三点强调如果没有实际行动作为依托，难免被认为是自说自话或政治宣传。抗美援朝及其此后两次炮击金门恰恰将我方的表态落到实处，正是因为我们敢于与帝国主义硬碰硬、撕破脸，我们的决心和耐心才使人信服。

---

① Heraugegeben Von Heimat Maitin, *Mao Zedong TaXie*, Germany'Carl Hanser Verlag, 1979, pp.401–402.
② 柯柏年：《新民主主义的外交政策》，《学习》第一卷，1950年5月1日。

以主动求进取

对美斗争不仅"每天都要叫",还应"不要急",那么在一个相当长的斗争阶段中,应该怎样叫,怎样斗呢?从抗美援朝及与之密切相关的后续斗争中,我们总结出三方面经验。

1. 以保持接触为平等造声势

新中国争取以持久斗争实现中美平等,重要方法之一是处理好避免紧张与营造紧张之间的辩证关系,即避免紧张必须通过营造紧张来实现,核心要义是保持接触。毛泽东认为中美关系之结在于台湾,一旦美蒋成功将台湾问题合法化、固定化、国家化,将使我悬置在极为不利的境地,长久下去将极大压迫我反压迫空间,有利于美国"解决欧洲"后回过头来在东方"坐享其成",届时新中国难免不会为此决一死战。

抗美援朝即是打破中美隔绝的第一次"激烈接触"。此后毛泽东继续主动筹谋,力争在台海问题上变被动为主动,将本来是美国手中的台湾牌变为自己的牌。1954年和1958年两次炮击金门,都是以保持接触为手段,目标实为探清局势、牵动对手,使美国不得不从欧洲事务中分出相当精力高度重视中国问题,造成中美关系平等态势。

2. 以呼吁和平为最大公约数

除集中精力保持对美接触外,如何在美苏两大阵营敌对的世界格局下最大限度地团结世界人民,是新中国强国战略的重要内容。对此,新中国坚定举起和平旗帜。之所以选择以和平为抓手,原因有三。一是反战比反共更有号召力。美国介入朝鲜战争的动员口号是反共,这在广大中间地带国家不得人心,导致帝国主义阵营内部出现严重分歧。新中国出兵的动员口号是"保家卫国",包含强烈的自卫反战意味。二是反战统合了世界上最广泛国家和民众的根本愿望。抗美援朝恰恰是兼顾反战和反帝双重使命的典型斗争。三是美国明显不敢反战,这就与全世界人民构成对立。周恩来曾指出:"我们要跟一切愿意和平的人合作,来孤立那些好战分子,就是孤立美国当局,主要还是那里头急于要打仗的那一派。""在国际上,我们就是执行这个方针,只要在和平这个问题上能够团结起来,就和他拉关系,来保卫我们的国家,保卫社会主义。"①

抗美援朝恰恰给了不愿和平的美国一个严重教训,中国希望美国能够接受教训,以平等的态度对待中国。通过积极的外交努力和苏联等国斡旋,终于促成了1954年4月举行的日内瓦国际会议,讨论朝鲜问题和印度支那遗留问题,以谋求缓和朝鲜半岛和印度支那半岛局势。当年7月7日,毛泽东在中央政治局扩大会议上指出:"在日内瓦,我们抓住了和平这个口号,就是我们要和平。而美国人就不抓这个东西,它就是要打,这样,它就没有道理了。现在要和平的人多了,我们要跟一切愿意和平的人合作,来孤立那些好战分子,就是孤立美国当局。"②此后,新中国正是在"团结一切愿意和平的力量、孤立和分化美国"的战略方针指导下,打破孤立,走向强大。

3. 以增强国力为根本推动器

无论是保持对美接触还是以呼吁和平统战国际力量,都不能从根本上令美国对我刮目相看,真正的平等是建立在综合实力的势均力敌之上。抗美援朝的胜利让新中国倍感扬眉吐气,然而,此后美国在我核心利益上仍毫无让步。即便此后新中国继续在国际上提出"和平共处五项原则"获得世界舆论赞赏、发起炮击金门等一系列主动作为,美国在我核心利益关切上仍然毫无让步。

毛泽东决心将工作重心放在国家建设上,表示"同美国闹成僵局二十年,对我们有利","不与美国政府发展关系……关起门来,自力更生地建设社会主义"③。很快,我们党提出"赶英超美"战略。尽管"赶英超美"遭遇挫折,但新中国以提高实力作为与强国斗争的根本砝码,这一思路极具启发。

(作者为国防大学国家安全学院副教授、大校)
(刊于《参考消息》2020年10月20日第11版)

---

① 王炳南:《中美会谈九年回顾》,世界知识出版社1985年版,第5—6页。
②《毛泽东文集》第六卷,人民出版社1996年版,第332—335页。
③ 国际战略研究基金会编:《环球同此凉热——一代领袖们的国际战略思想》,中央文献出版社1993年版,第266—267页。

"谜一样的东方精神"

——志愿军的战斗精神永不过时

文 / 刘子君　王　雷

70年前，中国人民志愿军奔赴抗美援朝战场，与世界上最强的军队展开了一场殊死搏斗。志愿军指战员不畏强敌，克服武器装备优劣悬殊带来的极大困难，把"一不怕苦、二不怕死的战斗精神"发挥到极致，将敌人打回谈判桌上，打出了让对手百思不得其解的"谜一样的东方精神"。

在抗美援朝战争中，志愿军面对强大的作战对象、陌生的作战环境和严酷的作战条件，锤炼出勇敢战斗、不怕牺牲、不怕疲劳和连续作战的革命精神，上下同心、坚守阵地、决不后退半步的上甘岭精神，在任何艰难困苦面前都绝不低头，敢于拼搏、勇于牺牲的"打不烂、炸不断的钢铁运输线"精神，敢于亮剑、勇于胜利、无畏生死的"空中拼刺刀"精神。

像原木般一排排涌上来

中国人民志愿军进入朝鲜时，正值以美国为首的"联合国军"大举北犯，妄图在感恩节前攻陷朝鲜。气焰嚣张的敌人分兵冒进，如入无人之境，战场局势危在旦夕。美国第8集团军司令沃尔顿·沃克对朝鲜战局极为乐观，并向记者说："万事如意，非常之好。"

面对武装到牙齿并掌握绝对制空权的"联合国军"，装备落后、补给困难的志愿军将士毫无惧色，居然主动发起连续进攻作战，用"铁脚板"与车轮赛跑，靠血肉之躯与飞机坦克拉锯。

云山战斗中第39军116师3个团从东、西、北3个方向先后攻入云山城内，与美军展开了短兵相接的肉搏战。志愿军与美军的第一次交锋，以美军骑兵第1师的"坦克乘员和步兵在慌乱中四散奔逃"而告终。

断言"中国人没有参战"的麦克阿瑟又将二线兵力全部压上，于

11月24日发起"圣诞节前结束战争总攻势"。彭德怀则决心以攻对攻,集中兵力,实施双层战役迂回,向敌展开强大攻势。

在东线战场,第9兵团围歼美陆战第1师2个团。为了与敌人抢时间,战士们连防寒服装都来不及换,就穿着薄薄的棉衣和解放鞋,匆忙从国内奔赴自然条件异常恶劣的朝鲜北部长津湖地区,埋伏在冰天雪地的预设阵地,以坚忍的毅力静待战机开启。

1950年11月27日夜,在冰雪中埋伏了6天的第9兵团第20、第27军的8个师突然向长津湖地区的美军发起猛烈攻击。在零下30多摄氏度的气温里,志愿军战士披着白布从树林里冲出来,由于裤腿被冻住无法弯曲,他们跑得很慢,在美军眼中就像是"原木在移动"。美军的坦克、火炮和机枪一齐射向他们,他们像原木一样一排排倒下去,后面的又像原木般一排排涌上来。美国军事史学家蒙特罗斯后来记述道:"陆战队的坦克、大炮、迫击炮和机枪大显身手,但是中国人仍然源源而来,他们视死如归的精神令陆战队肃然起敬。"①

志愿军某集团军坦克部队在战前宣誓(新华社发)

---

① 约瑟夫·古尔登:《朝鲜战争——未曾透露的真相》(下),于滨、谈锋、蒋伟明译,北京联合出版公司2014年版,第64页。

美军陆战第1师作战处处长鲍泽上校在回忆录中写道："长津湖的冰天雪地和中国军队的狠命打击是每一个陆战队员心中永远挥之不去的噩梦。"

在西线战场，志愿军第38军113师全体官兵忍受极度疲劳，在崇山峻岭中连续攻击前进14小时，平均每小时前进5千米，先后打垮南朝鲜第7师、土耳其旅、美25师、美骑1师、英28旅各一部，先敌5分钟抢占三所里，切断了敌军的退路。松骨峰前，向南突围与向北增援之敌相隔不到1千米，却始终不能前进一步。这一仗，中国人民志愿军第38军创造了步兵进攻作战速度和顽强性的极限，获得"万岁军"的赞誉。

创造世界阵地防御战奇迹

上甘岭战役是抗美援朝战争阵地防御战的一个里程碑，标志着志愿军完全掌握了正面战线的主动权。这场战役曾被美国媒体评论为"朝鲜战争中的'凡尔登'"。

1952年10月14日，美国为扭转战场上的被动局面，谋求在谈判中的有利地位，在第8集团军司令范佛里特亲自指挥下，对志愿军第15军45师防守的597.9高地和537.7高地北山发起猛烈进攻，著名的上甘岭战役由此打响。

敌我双方在3.7平方千米的两个高地上，先后投入10万余兵力，进行了43昼夜的反复争夺，战斗空前激烈。秦基伟将军曾回忆道："表面工事被摧毁了，草木被打光了，坑道被打短了，山头的岩石被打成了半米多深的粉末。上甘岭的上空，差不多每天都是昏天黑地，硝烟缭绕，如此炮火密度，古今中外罕见。"① 志愿军指战员就是在如此严酷的条件下，凭着"人在阵地在，誓与阵地共存亡"的信念，顽强坚守、巍然屹立在阵地上，铸就了中国军队的精神高地。

担负597.9高地2号阵地反击任务的是第135团7连。战斗中，2排排长孙占元双腿负重伤，战友们要把他抬下去却遭到严厉拒绝，他强

---

① 秦基伟：《秦基伟回忆录》，解放军出版社2009年版，第346页。

忍剧痛，架起机枪继续战斗，接连打退敌人两次冲击，毙伤敌80余人。敌军发起第三次攻击，在战友相继伤亡、弹药告罄、敌军蜂拥上阵地的情况下，孙占元从敌人尸体上解下手雷，滚入敌群，拉响手雷与敌同归于尽。

在"联合国军"的狂轰滥炸下，志愿军被迫转入坑道作战，这是比阵地战更艰苦、更困难的作战：强烈的冲击波撞击着坑道、震撼着人体，不少人磕破了舌头、嘴唇；坑道内弹药、粮食、药品等物资越来越匮乏，阳光、水甚至空气，都稀缺到使人难以生存的地步。在一滴酒精、一卷绷带都没有的时候，伤员们只好任凭伤口发炎腐烂，为了不影响战友的情绪，他们强忍疼痛，一声不吭，很多伤员都用牙齿紧咬着床单，有的至死嘴里的床单都无法拿下来。

坚守上甘岭主峰的志愿军第134团第3营8连，在断粮缺水的绝境中坚守坑道作战14昼夜，3次打光3次重建，最终以伤亡254人的代价歼敌1700余人，被打出381个弹孔的战旗始终飘扬在上甘岭主峰，创造了世界阵地防御战史上的奇迹。

填弹坑速度比拼轰炸速度

1951年7月10日，朝鲜停战谈判开始。为迫使朝中方面就范，"联合国军"总司令李奇微下令："在此谈判期间，应采取行动以充分发挥空中威力的全部能力，取得最大的效果，来惩罚在朝鲜任何地方的敌人。"

随后，"联合国军"空军制定了"空中绞杀战"计划，企图用90天时间全部摧毁朝鲜北部的铁路系统，妄图破坏志愿军前后方联系，"窒息"志愿军前线部队。

据美军统计，截止到朝鲜停战协议签字，共炸毁桥梁1153座，炸坏3049座，铁路切断28621段，炸毁机车963辆，炸毁车辆82920辆。在这样严酷的情况下，打破美军封锁，保证物资补给，成为志愿军坚持胜利作战的重大战略问题。

志愿军将士在防空火力薄弱、技术装备和物资器材极端缺乏的条件下，以大无畏的勇气和顽强的战斗精神，在最严酷的空中威胁之下，进行了一场艰苦卓绝的反"绞杀战"斗争,建立了一条"打不烂、炸不断的钢铁运输线"。

美军日日轰炸,志愿军铁道兵部队夜夜抢修。2.5万人的铁道兵团,高喊着"人在铁路在,人在大桥在""誓死要与铁路、大桥共存亡""不惜一切代价,保证铁路畅通无阻"的口号,奋战"317",打通"29"。铁道兵1师的1个连,连续奋战76昼夜,抗击美军轰炸26次,全连伤亡99人,只剩下40人,仍然坚持完成了任务。

负责筑路抢修的工兵团、兵团直属队和各军、师等部战士,在反"绞杀战"的关键时刻,由于缺少营养和过度疲劳,很多患上了夜盲症。为了避开敌人的飞机,道路抢修大多在夜间进行,而且还不能使用照明用具,为了解决这个问题,战士们就结成互助组,两两配合完成任务。美国人感叹:"中国军队抢修部队填补弹坑的速度可以和F-86飞行员的轰炸速度匹敌。"①

在志愿军各部队齐心协力的奋战下,仅在反"绞杀战"期间,就修复了铁路20024处次、延长878千米,修复桥梁2086座次、延长79.7千米,修复隧道151座次;整修公路31条,新辟公路7条,共计全长2450千米(其中新修公路290千米),修建桥梁、涵洞1206座。在开城谈判会议室里,敌军将领非常惊讶地看到志愿军已经穿上新棉衣。

第8集团军司令范弗里特后来惊叹:"虽然联军的空军和海军尽了一切力量企图阻断共产党的供应,然而共产党以令人难以置信的顽强毅力,把物资送到前线,创造了惊人的奇迹。"②

"空中拼刺刀"的殊死搏斗

1950年12月21日,年轻的中国人民空军坚决听从党的号令,组成志愿军空军,奔向硝烟弥漫的朝鲜战场。

---

① 王湘穗、乔良:《割裂世纪的战争——朝鲜1950—1953》,国防大学出版社、长江文艺出版社2016年版,第133页;Robert Frank Futrell, *The United States Air Force in Korea, 1950–1953*, Office of Air Force History, US Air Force, 1983, p.447.
② 洪学智:《抗美援朝战争回忆》,解放军文艺出版社1990年版,第233页。

当时，志愿军空军作战飞机不足200架，飞行员的飞行时间很短，在喷气式飞机上的平均训练时间还不足20小时。从指挥员到飞行员，没有一个有过空战的经历，而对手却是拥有15个空军联队，1200多架作战飞机，一半以上飞行员参加过第二次世界大战、飞行时间多在1000小时以上的世界头号空中强敌。

实力相差如此悬殊，面对蜂群般遮蔽朝鲜上空的敌机，志愿军空军以"空中拼刺刀"的精神，以有我无敌的英雄气概，与敌展开殊死搏斗。

1951年1月21日，26岁的空4师28大队大队长李汉奉命率6架飞机升空作战。这个代号为81041部队第28大队的战斗团体，仅有10名飞行员，最小的副大队长李宪刚年仅18岁。

这是一支刚刚完成高空中队编队和单双机攻击等训练课目，甚至空中动作量一大，编队都会散开的队伍。但李汉说："我们这些飞行员，大都来自陆军的优秀战士，有着人民子弟兵英勇作战，不怕牺牲的大无畏精神。"首次交锋，李汉击伤敌机1架，旗开得胜。空军首长发来贺电，此次空战"证明年轻的中国人民空军是能够作战的，是有战斗力的"。

此后，第28大队10天出战3次，击落击伤敌机3架，他们实现了出征前的誓言，以自己的英勇行动打破了美国空军不可战胜的神话。这也成为志愿军空军以后继续取得更大胜利的开端。

1952年2月10日，空12团3大队大队长张积慧在僚机的配合下，将被誉为"特别勇敢善战"的"空中英雄"、美国空军"喷气机王牌飞行员"的戴维斯击毙。戴维斯有着3000多小时飞行经历，参战266次，被誉为"空中的职业杀手""美国空军的骄傲"，而击落他的张积慧刚刚过完25岁生日。

空军司令员刘亚楼曾指出，初战时，虽然我们技术很差，毫无空战经验，但是共产党领导的军队具有英勇无畏的政治品质和陆军的战斗经验，所以经过短期突击训练，就能和帝国主义第一流空军飞行员对抗，而且能够击落敌人，这是很了不起的！

在抗美援朝作战中，中国人民志愿军空军取得了击落敌机330架、击伤95架的骄人战绩。美国远东空军司令官斯特梅莱耶将军不得不哀叹，中国空军正在以他无法想象的速度迅速强大，成为他们在朝鲜上空强有力的对手，美军的空中优势无可挽回地受到来自中国方面强有力的挑战。

无论时代如何发展，战争形态如何变化，人始终是战争制胜的决定性因素，勇于亮剑的血性永远不会过时。

(作者为军事科学院军队政治工作研究院解放军党史军史研究中心研究员、上校)

(刊于《参考消息》2020年10月9日第12版)

为什么战旗美如画

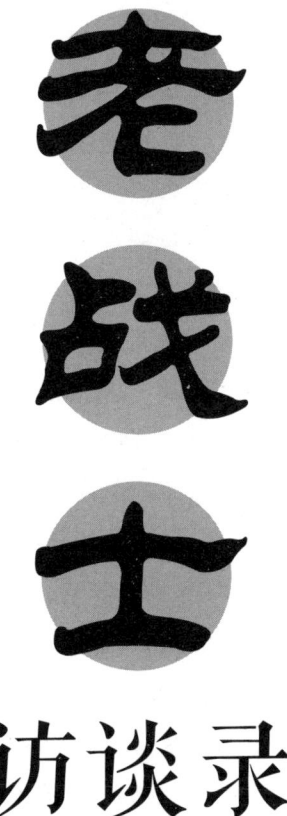

访谈录

人民战士驱虎豹，舍生忘死保和平。

73年前，中国人民志愿军雄赳赳，气昂昂，跨过鸭绿江，同朝鲜人民和军队一道，历经两年零九个月舍生忘死的浴血奋战，赢得了抗美援朝战争的伟大胜利。

抗美援朝战争，打出了新中国的国威和人民军队军威，谱写出一曲曲气壮山河的英雄赞歌，涌现出杨根思、黄继光、邱少云等30多万名英雄功臣和近6000个功臣集体。他们不愧为中华民族的英雄儿女，不愧为祖国安全和世界和平的坚强卫士，无愧于"最可爱的人"的光荣称号。

时光流逝，精神永存。2020年，为纪念中国人民志愿军抗美援朝出国作战70周年，参考消息报社和新华社辽宁分社联合推出"致敬最可爱的人"大型融媒体报道，与读者一起重温激情燃烧的岁月，重回炮火连天的战场。

其中"老兵访谈录"报道得到了中共辽宁省委老干部局、辽宁省退役军人事务厅以及丹东抗美援朝纪念馆、沈阳抗美援朝烈士陵园等有关部门的大力支持，采访了70位抗美援朝老战士和烈士亲属。老战士们都已步入耄耋之年，年龄最大的已近百岁，他们有参加过上甘岭战役的战斗英雄，有血战汉江南岸的"白云山团"副政委，有鏖战长空的英雄飞行员……通过他们的讲述，我们读到的是中国军人的军魂与血性，看到的是中华民族的脊梁与骄傲。他们永远是"最可爱的人"！

1951年7月,吕品于丹东留影(受访者供图)

【人物简介】

吕品,1924年5月生于江苏苏州,曾任辽宁省军区政治部主任。1939年4月入伍,同年9月加入中国共产党,参加了抗日战争、解放战争和抗美援朝战争。曾参加中华人民共和国成立5周年庆典、中国人民抗日战争暨世界反法西斯战争胜利70周年纪念活动及盛大阅兵仪式、中华人民共和国成立70周年庆典的大阅兵。

在抗美援朝战争期间,吕品历任志愿军第50军149师政治部宣传科长,149师447团副政委兼政治处主任、政委等职,参加了第一、二、三、四次战役,获抗美援朝和平万岁纪念章、抗美援朝纪念章、抗美援朝二级自由独立勋章、抗美援朝三级国旗勋章。在第四次战役中,447团进行了11个昼夜的白云山阻击战,坚守汉江防线50多天,获得"白云山团"荣誉称号,被授予"白云山团"团旗。

血洒白云山，火海中的生死较量
——记志愿军老战士吕品

文 /《参考消息》记者　徐　扬　赵洪南

96岁的吕品，不知道多少次在梦里回到那个地方。

11个昼夜，从天到地全是火海。滚滚硝烟中，战友们的脸庞有些模糊，但他们的名字一个个他都能喊出来……

先后参加过抗日战争、解放战争、抗美援朝战争，吕品身经百战。在他心里，白云山阻击战是最为惨烈的战斗，也是最为光荣的战斗。

最惨烈的一战——"这就是火海战术"

满头银发，精神矍铄，双眼炯炯有神，说起话来声音洪亮高亢，刚过完96岁生日的吕品，给记者拿出了一件珍藏多年的胸标。胸标的正面印着"中国人民志愿军"，背面清晰可见"吕品"二字。

70年前，吕品在447团任副政委兼政治处主任。这支后来被命名为"白云山团"的英雄部队，1950年10月入朝作战，1951年1月在汉江南岸打响了白云山阻击战。

白云山，位于汉江南岸，是汉江防线的咽喉要地，左翼为光教山，右翼为帽落山，互为依托，可以控制从水原通往汉城（今韩国首尔）的铁路以及两条公路。敌人气势汹汹扑来，遭遇志愿军的英勇阻击。

"炮弹炸翻了土地，我们说不准你侵犯；大火烧红了山岩，我们说不准你进前。英雄昂立在山巅，英雄的鲜血光辉灿烂……"这首由刘白羽作词、郑律成作曲的《歌唱白云山》，吕品至今仍能哼唱。

在白云山阻击战中，447团与敌激战11个昼夜，取得了毙、伤、俘美军1400余人的辉煌战绩，胜利完成了阻击任务，为主力部队争取了宝贵时间。

"与阵地共存亡——这是我们团最响亮的口号！"吕品说，"全团防御战线正面迎敌9千米，纵深6千米，面对的是敌人的王牌部队美军25师——这是一场硬仗。"

"阵地丢了再夺回来。我当时听到师长反复下的一个命令：'夺回来！夺回来！夺回来！'"老人瞪大了双眼，背挺得很直，"敌人用火海战术，妄图让我军退却。"

这是一场力量悬殊的生死较量：志愿军没有制空权，敌人的飞机像乌鸦一样一群一群飞过来狂轰滥炸，山上的树干都被烧焦了；地面上我们一挺高射机枪都没有，一门高射火炮也没有，没有任何对空的火器，敌人成吨成吨地倾泻着重磅炸弹、凝固汽油弹。

"这就是火海战术。"老人说，先是飞机轰炸，接着炮火覆盖，后来是坦克冲击。"汽油弹爆炸后，飞溅到身上，扑都扑不灭。"

敌军仗着机械化装备，每天发动数十次冲锋，妄图夺取白云山。而447团就像一颗钉子，死死地铆在白云山上。

战士倒下了，班长倒下了，排长、连长……鲜血与牺牲，每时每刻都在发生。"知道什么是粉身碎骨吗？"吕品声音开始颤抖起来，"我们5连副连长代学友，被敌机的重磅炸弹炸死了，战士们想去找他的尸体，但连拳头大的肉都找不到了……"

那年冬天特别冷，汉江都冻住了。天寒地冻，战事紧张，没办法掩埋战友的遗体。"挖不动地，只能把战友埋在雪里，堆起一个个'雪坟'。"

在吕品的记忆里，安葬得最好的是何常龄烈士。在白云山阻击战争夺兄弟峰的战斗中，19岁的何常龄中弹牺牲。几名战友在白云山下找到一个菜窖，铺上了几层草垫子，用白布裹住何常龄的遗体，盖上了两件大衣，就这样将他葬在了异国他乡，也没有留下墓碑。

"对不起他们啊。"老人眼含泪水，声音嘶哑，"为了胜利，牺牲的战友们会原谅我们的……"

69年前新华社发自汉江前线的一篇电讯稿记录了这场阻击战的一个片段：某团2营营长孙德功、教导员杨明率领全营指战员坚守军浦场东南白云山突出阵地与美国侵略军反复冲杀，激战四昼夜，该营每日冒着敌机轮番轰炸扫射和敌人炮火的轰击，仍坚决地守住阵地。

"现在国家繁荣昌盛,人民生活一天比一天好,战友们,你们安息吧!"老人含着泪,抚摸着心爱的志愿军胸标说。

一辈子的遗憾——"高喜有,我对不住他"

吕品几乎每年都到沈阳抗美援朝烈士陵园去看看,却再也没有去过三八线以南看一看白云山。"如果有机会,我想去看看长眠在那里的战友。"

老人有着惊人的记忆力。时间、地点、姓名,一丝一毫都不差,这些早已像烙印一样刻在了他的心里。其中,一个普通战士的名字,他一辈子也忘不了。

2020年7月,吕品在沈阳家中(杨青 摄)

"高喜有,我对不住他!"老人说出这个名字,手微微颤抖着。

"高兴的高,喜欢的喜,有用的有。"吕品一字一顿地说,"他叫高喜有,中等身材,一个年轻的战士。"

高喜有是"东远里阻击英雄班"的战士,也是东远里一战唯一幸存下来的勇士。

敌人妄图拿下白云山，东远里首当其冲。1951年1月29日，美军先后出动8架飞机开始对东远里狂轰滥炸，又派出步兵在炮火掩护下向我阵地发起进攻。这片小小的开阔地，很快成为一片焦土。

3营7连2班在排长韩家桢带领下坚守阵地，从上午打到黄昏，抗击了敌人坦克伴随步兵连续4次猛烈攻击。在打退敌人的第三次冲击后，排长韩家桢等六人壮烈牺牲，只剩下高喜有一人。韩家桢中弹倒地后对高喜有说："剩下你一个也要把阵地守住！"

高喜有打光了所有的子弹，坚守不退。夜色降临，敌人停止了进攻，志愿军东远里阵地依然屹立。

"高喜有是这个排的独苗啊，我应该把他留下来的，不该又把他送上了战场。"吕品一辈子都在悔恨把高喜有又派上反击白云寺的战场。

这一去，高喜有就没有从阵地上下来。

反击白云寺的战斗极其残酷。3营7连冒着敌军飞机轮番轰炸扫射，冲向被敌军占领的阵地。在这场战斗中，21岁的指导员宋时运头部负伤，血流满面，他冲在最前面，胸部、腹部同时中弹，牺牲时双手仍握着机枪，枪口指向敌人的方向。

高喜有也在这场战斗中牺牲了。"人在阵地在，我们的'东远里英雄'用鲜血和生命执行了命令，没有辜负祖国和人民的重托。"吕品说。

抗美援朝战争胜利后，吕品几乎每年都到沈阳抗美援朝烈士陵园扫墓，尽管那里并没有高喜有、宋时运这些战友的坟茔。前几年，陵园修建了一面英名墙，上面刻有19万多名抗美援朝烈士的姓名。吕品扶着墙走啊走，一个一个名字地找，但没有找到"高喜有"。

直到今天，吕品家里还珍藏着一块当年缴获的美军降落伞的布。吕品说："这块降落伞布是宋时运牺牲前送给我的。这么多年过去了，我搬了几次家，但这块降落伞布始终都跟着我。摸摸这块布，就像是看见他们一样。"

无上的光荣——经过天安门就热血沸腾

2020年是中国人民志愿军抗美援朝出国作战70周年。八一建军节前夕,远在四川的老战友还和吕品鸿雁传书,回忆那段不能忘却的岁月。"他眼睛都快看不见了,但心里记得牢。"吕品说。

70年弹指一挥间。当年并肩作战的许多战友长眠于异国他乡的山峦丛林之中,幸存的战友到今天最小的都已是80多岁的老人了,但老兵们还经常相约聚会,回忆往昔的峥嵘岁月。

10年前,吕品和战友们把有关447团在朝鲜战场的资料和大家写的回忆录汇编成《白云山战歌》一书,作为永久的记忆留给后人。"抗美援朝打出了国威和军威,也打出了和平,伟大的抗美援朝精神要代代相传。"

军乐激昂,战旗高扬。在2019年中华人民共和国成立70周年庆祝大会上,战旗方队里"白云山团"战旗在天安门广场迎风飘扬。吕品乘坐礼宾车,随"致敬"方阵参加庆典,经过天安门时,老人顿时热血沸腾,泪流满面。"历史没有忘记白云山阻击战,祖国和人民没有忘记那些保家卫国的烈士。"

老人喜欢翻看以前的照片。家里的客厅墙上挂着一张发黄的照片,吕品指着其中一位英俊的军官笑眯眯地说,这是1954年志愿军参加国庆观礼代表回国前拍的合影。"第二排右数第七个,这个人是我。"

1954年中华人民共和国成立5周年庆典,志愿军组成了一个归国观礼代表团,吕品作为代表回国参加了观礼。这是吕品第一次参加国庆大典,时隔多年,记忆有些模糊了。"但我仍记得在天安门广场的欢呼声中,那面鲜红的'白云山团'旗帜。"吕品说,"为什么战旗美如画,是英雄的鲜血染红了它!"

如今,当年那面由志愿军第50军司令部、政治部颁给447团的"白云山团"团旗已被珍藏于中国人民革命军事博物馆,供人瞻仰。

"抗美援朝,保家卫国,战友们的血没有白流。"老人有些激动地说,中国人民不惧鬼、不信邪、不怕压,敢于战胜一切来犯之敌。

采访结束时,同为志愿军战士的老伴李慎娥打着拍子,吕品放声唱起了电影《上甘岭》的主题曲。"一条大河波浪宽,风吹稻花香两岸。我家就在岸上住,听惯了艄公的号子,看惯了船上的白帆……"

(刊于《参考消息》2020年9月7日第11版)

韩远泉1956年拍摄的肖像照（受访者供图）

【人物简介】

韩远泉，1933年3月生于四川省射洪县（今射洪市），出身贫农。1951年3月报名参加中国人民志愿军，所属部队为中国人民志愿军第15军29师87团担架连。1952年在朝鲜战争前线加入中国新民主主义青年团（现中国共产主义青年团）。1956年加入中国共产党。1957年12月复员回到四川地方工作。

冒着炮火将邱少云遗体抬下战场

——记志愿军老战士韩远泉

文 /《参考消息》记者　崔师豪

距离邱少云牺牲已经68年,原中国人民志愿军第15军29师87团担架连老战士韩远泉回想起当年和战友一起抬着邱少云烈士遗体下战场的情景,仍禁不住泪流满面。

敌机"见人就冲下来扫射"

"我14岁开始当学徒,那时每天只能吃一顿饭,日子太艰难了。1949年解放后我别提多高兴了。"韩远泉说,家乡四川射洪的解放让他意识到只有跟着共产党才能过上好日子。

1951年3月,韩远泉报名参加中国人民志愿军。坐着"闷罐火

韩远泉近期生活照(受访者供图)

车",一个土生土长的南方小伙儿被送到了中国最北边的省份——黑龙江省,那是他们集训的地方。"集训时老兵教我们新兵如何打枪、如何进坑道找掩护。我从来没有经历过那么冷的天气,当时有几个和我一样来自四川的老乡都比较动摇,产生了退出的想法。"韩远泉给大家打气说:"我们这点儿苦和在前线战斗的战士们比起来算不了什么。我们是响应党的号召来参军的,没有共产党就没有新中国!"

在集训了2个月后,韩远泉跟着部队于1951年5月跨过鸭绿江,当时他年仅18岁。背着七八十斤重的生活用品、武器弹药,还未正式上战场的韩远泉在路上不断遭受敌军轰炸。"当时我们是步行到朝鲜,走了11个昼夜,背着那么重的行李的同时还要提防敌军的轰炸,确实很艰苦。"

进入朝鲜战场,为了避开敌军的轰炸,志愿军战士们白天睡觉晚上行军。战士们走到哪里就住到哪里,挖个坑,铺上防雨布就能当床。"行军很累,赶上下雨多的季节,有时一吹响休息号,战友们就直接躺倒在泥水里睡觉。"

韩远泉回忆,有一次,当战友们饥肠辘辘地刚烧好水准备煮点儿野菜吃时,敌机突然飞来狂轰滥炸,"当场就炸死炸伤几人。敌机轰炸一天是常有的事,见人就冲下来扫射,晚上还会扔照明弹、炸弹,到处都是火光"。等一切安顿下来后再吃上饭,韩远泉已经又饿了一天多。

担架连战士们的主要职责是抢救伤员、运送弹药、照顾坑道内伤员们的起居。"躲在坑道里也不绝对安全,有位17岁的战士在坑道内直接被美军飞机轰炸产生的冲击波给震死。有时后勤供应跟不上,伤员们没水、没粮、没药。我们只能眼睁睁看着战友活活死去。"韩远泉哽咽地说道。

一个月用废上千把钢凿

1950年10月中国人民志愿军入朝作战后,与朝鲜人民军并肩战斗,将号称世界上最强大的美军及其纠集的"联合国军"和南朝鲜军,从鸭绿江边打退到三八线以南。五次战役过后,1951年6月起,战争进行到第二阶段，阵地战变成了志愿军的主要作战形式。在此期间，敌我双方呈现出军事行动与停战谈判同时进行、边打边谈的局面。

志愿军为坚守阵地、保存自己、消灭敌人，1951年9月，在粉碎敌人夏秋季攻势中，修建了大量的坑道工事。经过多月的艰苦劳动，正面战场上构筑了总长200千米的坑道，东西海岸也构筑了大量的坑道工事，韩远泉所在的担架连也贡献出了一份力量。

"战友们一手拿枪，一手拿锹，修筑防御工事。我们挖的战壕是用圆木和石料构筑的，非常坚固，普通的枪炮破坏不掉它们。这都是战友们用双手干出来的。"韩远泉说，一个连队一个月常常用废上千把钢凿，十字镐被磨成了锤子一样的铁块。将士们挥舞着铁锹，手破了也顾不上休息，每人的手掌上都结了一层厚厚的血茧。

1951年9月，朝鲜暴发了40年未遇的大洪灾，河水普遍上涨，洪水冲垮了物资仓库，志愿军后勤集散地三登里一片汪洋。"我们当时的驻地山高沟深，在低洼的地方就连高高的电线杆都沉到了水底，许多战友被洪水冲走，粮食也都泡水了。"韩远泉说，即便粮食泡水，战士们也得吃，因为当时许多朝鲜老百姓甚至连粮食都没得吃，战士们就更不敢浪费。

公路、铁路、桥梁被洪水冲断，路基垮塌，志愿军后勤供应进入了最困难的时期。

韩远泉回忆："当时我们连驻在铁原东北的一个山沟里，两天多没有吃东西，连里召开诉苦大会后，组织我们上山拾柴火，找野菜充饥，甚至连路边马粪里泡涨了的黄豆都被饿极了的战友扒出来吃了。"在如此艰苦的条件下，前线的战斗仍在继续。

带着烈士遗体穿越封锁线

在第15军与第38军的接合部——铁原东北约10千米处的391高地，驻扎着南朝鲜军第9师的一个加强连。此地山势险要、工事坚固、易守难攻，是敌军安在志愿军前沿阵地的一个"钉子"。拔掉这个"钉子"，不仅可以改善志愿军第15军的防御态势，而且可以对敌军形成威胁。

1952年10月11日夜，第15军29师87团3营的500余人作为潜伏部队，潜伏在距敌军只有60米的草丛里，邱少云就在其中。从志愿军前沿阵地到391高地，中间有3000米的开阔地，为缩短冲击距离，达成战斗突然性，他们要在草丛中隐蔽潜伏，待战斗打响后迅速抢占391高地。

潜伏了一夜，战士们多少感到有些寒冷。天色渐亮，12日10时，5名敌军进入潜伏区，与我方交火，我方击毙3名敌军。随后，敌军对我军潜伏区进行轰炸、扫射。弹药将枯草引燃，火焰很快烧到邱少云的身上，点燃了他的衣物，烈火焚身。为了不暴露埋伏的战友们，他忍着剧痛在冻土上手抓脚蹬，任由大火将他吞噬。据战友回忆，在邱少云身上的大火烧了几个小时才渐渐熄灭，空气中充满了焦煳的气味。

下午6时左右，在我军炮兵的火力支援下，各突击分队发起冲击。经过30分钟的激烈战斗，我军攻占了391高地，全歼守敌第9师51团8连及1个火器排，毙伤敌150余名，俘敌23名。

担架连的连长命令韩远泉、涂正友、姜心根三人上阵地去把牺牲和负伤的战士抬下战场。一行三人走到了距敌军前沿阵地约3米处时，眼前的情景让韩远泉永生难忘。映入眼帘的是一具烧焦了的遗体。遗体下面，是四条长、宽约15厘米，深约3厘米的土槽。韩远泉说："这四条土槽是邱少云在全身着火后，在冻土上手抓脚蹬所留下的。他的鞋子被烧没了，衣服和身体被烧得糊在一起，枪支弹药被压在身下，大约是胸口那里。"

"当时我们还不晓得他的名字，后来经过同他一个部队的战友指认，我们才晓得他叫邱少云。遗体被烧得仅有70厘米左右，邱少云战友讲他身高可是有一米七啊。看到这幅景象，我们几个都禁不住泪流满面，那感觉真是……"说到这里，韩远泉再也控制不住自己的情绪，哭了出来，此时此刻的他，仿佛还是那个68年前在战场上看到战友遗体的19岁战士。

为了将烈士的遗体转移，韩远泉一行必须穿过敌军的重重封锁线。经过开阔地时，他们三人遇到了猛烈的攻击，地上被炸出一个又一个弹坑，他们低头前进，时不时地跳进弹坑，躲避枪林弹雨。

此时用担架抬着邱少云烈士的遗体进行转移已不现实，"我们三人就轮流护着战友的遗体匍匐前进，另两人一人拿担架、一人拿弹药"。转移过程中，三人穿越了3000多米的开阔地，韩远泉和涂正友负伤。"我肩部负伤，衣服磨破了，鞋子也被打烂了。后来我从敌人尸体上扒下来一双鞋子穿上。"到达目的地，他们将邱少云烈士的遗体掩埋在了一处长满松林的山坡上。

"当时牺牲的战友们统一都埋在那里。我们找了两块白布，将邱少云烈士的遗体裹起来。"韩远泉一行人折了一根松树枝，将它和烈士遗体一同埋葬。

在随后到来的上甘岭战役中，韩远泉所在的连队116人牺牲102人，其余14人全部负伤。此后，第15军29师87团担架连被追加集体二等功一次。韩远泉本人三次负伤，"头、肩、腿这些负伤的地方现在时不时还会痛"。

如今87岁的韩远泉口齿依旧清楚，思路依然清晰，追忆起往事，胸中热血仍汹涌澎湃。不止韩远泉一人，这些千千万万志愿军老战士的故事将同在烈火中永生的邱少云一样，在祖国大地上流传。

（刊于《参考消息》2020年9月8日第11版）

1952年,那启明与自己的05号米格-15战斗机合影,机身上3颗五角星代表其击落了3架敌机(受访者供图)

【人物简介】

那启明,1929年1月生于辽宁省凤城县蓝旗乡蓝旗村。1951年2月,调入空军某部第34团担任飞行员。抗美援朝战争期间,共击落3架敌机,也是该部入朝作战以来击落敌机第一人,共荣立二等功两次、三等功一次,荣获朝鲜民主主义人民共和国军功章一枚、朝鲜民主主义人民共和国三级国旗勋章一枚。

1953年中华人民共和国成立4周年阅兵式上,那启明作为受阅部队成员驾机接受检阅。自1956年起,历任空军战斗飞行学校参谋长、政委,空军第三军政治部副主任等职,1983年离休。

空中激战，分秒之间决胜负
——记志愿军老战士那启明

文 /《参考消息》记者　吴子钰

"抗美援朝，保家卫国。打仗的时候，我们的野战机场离鸭绿江不到30千米。"回忆起自己参与抗美援朝战争的经历，志愿军老战士那启明感慨颇多。

91岁的那启明说起话来慢慢悠悠。但只要一谈到自己翱翔蓝天的日子，老人的语气就变得活泼而轻快，仿佛一下子年轻了不少。

抗美援朝战争期间，那启明执行过无数次飞行任务，创造了击落3架敌机的优秀战绩。回顾当年惊险的空战经历，老人语气平淡从容："空战和地面战可不一样，找准时机折到敌人后面，抓住空档开火，就把敌人的飞机打下来了，也就几秒的工夫。"

"这下能在天上跟敌人战斗了"

1950年初，当时还在华北军区某部622团担任文化干事的那启明和战友们一同接到了上级关于挑选飞行员培养对象的通知。"当时大家那个兴奋呀，都说这下能在天上跟敌人战斗了。有的同志一高兴，还把手臂伸开，'呼呼呼'地在屋里跑了两圈。"

经过严格的层层选拔，那启明在1950年5月被调到位于哈尔滨的解放军第一航空学校学习驾驶轰炸机。自此，这位从来没接触过飞机的年轻战士正式开始了自己的飞行生涯。

和当时大多数解放军官兵一样，飞机对那启明来说既熟悉又陌生。说熟悉，是因为解放战争时期，那启明曾在作战时见过不少国民党的飞机在空中耀武扬威；说陌生，是因为飞机这种先进的作战装备对用惯了"小米加步枪"的官兵们而言，实在是又复杂又神秘。

最开始，那启明学开的是轰炸机。"当时我们的训练课目很单一，就是起飞、降落和特技飞行。"那启明回忆说，"第一次上初级教练机学习飞行,在空中遇到气流,感觉真是天旋地转。"

对于从未接触过飞机的战士们而言,飞行训练中的危险不容小觑,那启明对此印象深刻。"有一次,我们学员逐个练习特技飞行课目时,第二个上场训练的学员出现了失误。我排在第五个,当时也为自己捏了一把汗。"

虽然如此,年轻的那启明却没有畏难情绪。"我们被选中训练当飞行员的同志,训练时多多少少都会担心,担心的不是自己面临的危险,而是怕自己飞不好,拖累了集体,辜负了组织的重视。"

克服了最初的困难,那启明在飞行训练中不断进步。应朝鲜战场急需战斗机飞行员的形势需要,那启明和同学们一起,根据空军党委要求,被调到济南航校改学驾驶战斗机。3个月后,那启明顺利毕业,于1951年2月被分配到空军某部第34团担任飞行员。

"到34团之后,因为没有同级的教练机,我们一上来就飞米格–15战斗机。"对于战前紧锣密鼓的训练,老人记忆犹新。"战前训练的时候,我刚做过鼻部手术,鼻子上还有伤,团长问我'敢不敢单飞',我说敢。"

苏联在1949年生产的米格–15歼击机,中国空军曾用这种飞机在抗美援朝中作战(新华社发)

凭借着一股不畏难、不服输的劲头，那启明在战前训练中表现出色。由于成绩优异、训练期间做到了"零事故"，那启明还荣获了二等功。

"刚到航校学飞行时，我之前所在部队一位和我关系不错的通信员曾经写信给我，勉励我好好练技术，日后在抗美援朝时能在空中和地面部队协同作战，现在看来真是有先见之明。"老人笑着说。

"全师第一个打下飞机的人"

作为所在部队第一位击落敌机的飞行员，那启明在驻地一下成了众人皆知的名人。对于那场让他出名的空战，老人记忆犹新。

"那天我们从鸭绿江口飞到大同江，地面指挥传来消息，要我们注意搜索敌机。但是敌机在什么方向、高度多少，这些信息都没有。"然而没过多久，飞行到平壤上空时，眼尖的那启明立刻发现了两架翼尖带"小包"的美国F-84战斗机。

"F-84最大的特点就是机翼尖端的副油箱，特别显眼。"那启明一边报告，一边带领僚机追击。

"离敌机约有1千米，我就开了第一炮，但是离得太远，我就眼睁睁看着炮弹掉了下去。"第一次攻击未果，那启明拉近距离，又开一炮。这次，炮弹直接击中了一架敌机的左翼副油箱，随着一团火球升起，敌机顷刻间从半空中掉了下去。另一架敌机见势不妙，立即逃窜飞走。

初出茅庐的飞行员第一次与敌方的战斗机交战，不害怕吗？对于这个问题，那启明的回答十分干脆："当时我们交战的原则叫作'消灭敌人、保全自己'。以这个原则为出发点，大家在交战的时候都一门心思想着如何机动、何时开火才能把敌机打下来，也就不去想怕不怕了。"

回到位于丹东大孤山的驻地后，那启明的战绩很快就流传开来。"从部队宿舍，到驻地百姓，甚至是当地中学的学生，都知道我打下来一架飞机。"那启明说。

"有一天我和战友走在驻地附近的街上，碰到当地的一位中学老师,见面就祝贺我。"闲聊中那启明发现,这位老师居然是父亲以前的学生。"当时我想到部队不准家属随意前来探视的纪律,和他道别前还特意嘱咐他不要把我打下飞机的事情告诉我父亲。"结果,这位老师与那启明分别后抑制不住激动的心情,当天就向那启明的父亲"走漏了消息"。

"第二天,父亲就上部队来看我了。领导知道后,不但不责怪,反而跟我父亲说,'你儿子是好样的,是全师第一个打下飞机的人'。"回想起这些时刻,那启明十分自豪。

跳伞后幸遇朝鲜老乡营救

空战中,胜负往往在一瞬间决定。这也就意味着飞行员时刻要为各种各样的突发事件做准备。朝鲜战场上,那启明就经历过一场惊心动魄的"冒险"。

"1952年8月20日是我们34团第一次参加与美国空军的大机群作战。我们刚从清川江上空接到返航命令,敌机就从后边追上来了。"缠斗中,那启明的飞机被一发炮弹击中,座舱里顿时浓烟滚滚。

"我立刻意识到肯定是飞机的燃油系统被击中了,不跳伞的话必死无疑。"那启明说。危急时刻,那启明果断跳伞求生。

跳伞逃生对于飞行员而言,往往是一场豪赌。空中的天气情况难以捉摸,地面战场上的军情更是瞬息万变。如果跳伞的飞行员不慎落入敌占区或无人区,那么后果不堪设想。但当时,那启明并没有想那么多。

"跳伞后我落在了一个山沟里,走了大约一里地,就看到前面有个农家院。"农家院里住着一户朝鲜百姓,那启明连说带比画,总算让对方明白了自己的身份。令他备感欣慰的是,虽然听不懂汉语,但热情的朝鲜百姓不仅帮他取回了挂在树上的降落伞,还留他过了一夜。

"第二天早晨,一位朝鲜妇女牵了一头牛来。前一天帮助过我的一位青年把降落伞绑在牛背上,领着我走了一上午,到了附近的镇上,把我托付给了一位朝鲜人民军少尉。下午空军指挥所派车来,把我接到了龟城。"在龟城休整一段时间后，那启明最终得以安全返回基地。

"当时多亏了朝鲜老乡，我才能安全脱险。"对那启明而言，当年的经历无疑是朝鲜人民与志愿军战士之间深厚情谊的最好体现。

缅怀血洒长空的僚机战友

整个抗美援朝战争期间，那启明所在团20名飞行员击落敌机46架，仅有一人牺牲。这一名牺牲的战友让那启明铭记至今。

"他叫刘忠胜，是江苏人，从我参加抗美援朝以来就一直担任我的僚机。"老人深情地回忆道。

作为僚机，刘忠胜负责在那启明执行飞行任务时掩护其侧翼，也因此屡屡成为那启明与敌激战的第一见证者。1952年6月20日，那启明第一次击落敌机时，刘忠胜就在场。

"当时我把敌人的飞机打下来，他就在无线电里喊：'打掉了！打掉了！'"老人至今忘不了当时好友的兴奋之情。

一同出生入死的非凡经历在那启明和刘忠胜之间培养出了高度的信任，更让二人结下了深厚的友谊。"我被迫跳伞那次，刘忠胜恰好因为有事没能和我一起出任务。回到指挥部后，他知道了我被美机击中的事情，半开玩笑地跟我说：'要是我在，敌人的飞机打不到你。'这就是长机和僚机之间形成的默契。"那启明说。

回想起战友牺牲那天的情景，那启明的语气里满是遗憾。"1953年1月15日的那场大机群作战，我们中队还没爬升到预定高度就遇上四架敌机，展开了战斗。当时我看到刘忠胜的飞机被一架敌机咬住了尾巴。我向美机拦阻射击后，就和他分开了。"激烈的空战结束后，那启明和友机返回机场，但左等右等，却没有等来刘忠胜。之后他才了解到，刘忠胜已经在当天的战斗中牺牲了。

"那天刚好是我生日，本来还想着能打下几架敌机庆祝庆祝，没想到却发生了这种事。"回忆起当时的情景，老人无比难过。

抗美援朝战争结束后，那启明与刘忠胜的儿子取得了联系。"那之后，每次到丹东，我都会去看他，回忆他父亲和我当年一起作战的日子，算是一种慰藉。"

2019年，那启明参加中华人民共和国成立70周年阅兵（受访者供图）

1953年国庆阅兵式，在战场上立下赫赫战功的那启明作为受阅部队的成员驾机飞过天安门广场。66年后的2019年，作为"致敬"方阵的一员，那启明坐着礼宾车，再一次出现在国庆阅兵的队伍里。"当年我是开着飞机接受毛泽东主席检阅，去年是坐着车接受习近平总书记检阅，值得纪念！"

从1950年第一次开飞机算起，那启明将自己的大半辈子奉献给了祖国的空军建设事业。现如今，年过九旬的那启明目睹我国空军的发展，心里说不出的高兴："咱们国家现在有了航母，战斗机也有了歼-20，空军的发展真是太快了！"

（刊于《参考消息》2020年9月9日第11版）

青年李相玉（右）和母亲（受访者供图）

【人物简介】

李相玉，1932年生，辽宁省法库县人。1945年9月参加东北民主联军。1946年被分配到东北民主联军第3纵队（后改编为第40军），1950年随第40军参加了抗美援朝战争。志愿军凯旋后到北京第一坦克学校学习，后任坦克部队指导员、教导员。现为铁岭市作家协会会员、铁岭市历史协会理事、铁岭市关工委老干部报告团报告员。出版有《张闻天通信员的故事》等10余本书。

最难忘的是一枚救命战友的胸章
——记志愿军老战士李相玉

文 /《参考消息》记者　王　莹

第一批进入朝鲜战场，停战后帮助当地修复基础设施后再回国……全程经历抗美援朝战争的老战士李相玉，在烽火中淬炼出不凡人生。

记者走进辽宁省铁岭市银州区一个略有些陈旧的居民小区，只见88岁的李相玉迎在楼前。高龄的他已有些腿脚不便和视力问题，但1.8米的个头，依然挺拔的身材，仍透露出军人气质。

1932年出生在沈阳法库县的李相玉，13岁参军，21岁入党，曾任张闻天通讯员、韩先楚警卫员，经历过解放战争、抗美援朝战争，青少年时期都在枪林弹雨中度过。

两水洞首战告捷

李相玉5岁时，父亲上山打猎，被日本兵抓走后去世。12岁时，家贫吃不上饭，他逃荒到了离黑龙江省佳木斯市20千米的一个小村子，靠给地主家放牛为生。13岁，还没有步枪高的他加入了东北民主联军。

跟随东北民主联军第3纵队（后改编为第40军），从四保临江、解放锦州，到辽西会战、包围北平……李相玉和战友们从东北打到河北，再一路南下经过河南、湖北、湖南、广东、广西，一直到解放海南岛。还沉浸在解放海南岛的喜悦中，第40军就接到上级命令，改道返回东北安东（今辽宁省丹东市）。

"战争（爆发）过去70年了，但对当年参战的志愿军来说却永远忘不了。"讲述起抗美援朝战争，李相玉短暂地停顿了一下，似乎在斟酌从何处讲起。

志愿军跨过鸭绿江后的第一仗是在哪天打的？在什么地点由哪一支部队打的呢？李相玉是见证者。

"抗美援朝第一仗是由志愿军第40军118师打的,在温井与两水洞之间的公路上,采取拦头、截尾、折腰的做法,只用1个小时就把南朝鲜1个营消灭了。"李相玉介绍说,这场仗由118师师长邓岳指挥。10月25日,队伍埋伏在两水洞两侧的山上和路沟里,等敌人到预定地点后,志愿军战士们突然从两边冲出,一排排手榴弹在敌人的汽车上爆炸,有些敌人跳下车来抵抗,有的兵都吓傻了,猫在石头后面躲避,不到1个小时,敌人都被解决了。

"一个遗憾是,敌人的几十辆汽车都着了火,我们的战士不会驾驶汽车,没法把这些战利品留下来。"

以此为开端,志愿军边开进边歼敌,13天内共消灭敌人15000人,赢得了入朝作战的首场胜利,并将"联合国军"打回到清江川以南地区。

"黄军毯救了我一命"

抗美援朝战场上,志愿军为了战胜敌人、保存自己,在大山中遍地挖防空洞,作为战斗间隙藏身之处。

"美国飞机太多了,早上天一亮,四架飞机就接连飞过来,一顿狂轰滥炸。等另外四架来接班了,这四架才飞走,一天飞机不断。"李相玉说,在朝鲜的1000多天里,自己住防空洞有800多天,是防空洞保护了自己的生命安全。

"蹲防空洞也挺有意思,洞和洞相隔1米多远,除了睡觉之外,大家也总是隔着距离唠嗑、讲故事、吹口琴、唱歌、热热闹闹。"

李相玉常给孙辈讲起防空洞的故事:"战争胜利了,防空洞是取得战斗胜利的重要因素。现在我们住的暖气楼,又干净又漂亮,千万不要忘记当年住的又潮又湿的防空洞。"

在物资匮乏的战争前线,一条军毯、一个茶缸都让战士们感受到祖国的温暖,让保卫祖国的决心更加坚定。"一次伏击战,我们一宿没睡,将30多个敌人一举歼灭,天亮回营后正好赶上发放慰问品。"李相玉说,慰问品每人一份,包括一条黄军毯、一包糖块、一个茶缸。茶缸正面写着"赠给最可爱的人",下面写着"中国人民赴朝慰问团赠",上面还绘有和平鸽图案。

李相玉舍不得盖这条黄军毯,铺在地下怕沾上草沫子,盖在身上怕防空洞漏雨弄湿了。他把军毯叠得四四方方放在枕头边上,越看越高兴,越看越温暖。

这条军毯救过李相玉的命。"一次夜间行军时,敌机打照明弹袭击我们,一块4厘米宽、12厘米长的弹片打在我的背包上,当时我只觉得背后挨了一下打,没有感觉到疼。到了宿营地,发现外边的被子已经被打了个大洞,如果没有毛毯挡着,后背也会被打个洞的,是黄军毯救了我一命。"

在朝鲜,李相玉还经历了细菌战。当时,李相玉和战友们正在掩体内休息,一架飞机飞到附近,从飞机上扔下多个大包,散落在雪地上。"我们以为是宣传品,上级规定,见到敌人宣传品用火烧。"等李相玉和战友们跑到跟前一看,几个大包里不是什么宣传品,而是苍蝇、蚊子、蟑螂、老鼠。"我们立刻报告了首长。首长指示,这是带细菌的有毒动物,赶快消灭掉,并指示卫生营官兵出动,捡些样品化验,又让我专门通知战地摄影干事王云阶去拍照,留下铁证。"

经过一个多小时的抽打,战士们把敌机扔下的有害动物都打死了。"但我们部队也有好几名同志受到了细菌的毒害。通信员吴天力在送信途中走到细菌所在区被感染。第二天他浑身红肿,腿肿得很粗。他在回国治疗的途中牺牲了。"

与离散战友"喜相逢"

多年征战,李相玉荣获了十多枚功勋章,他最难忘的是战友的一枚志愿军胸章。"胸章相当于每名志愿军指战员的身份证。"李相玉说,"这枚胸章长约2寸,宽约1寸,用红色粗线将两层白色帆布缝合而成,正面写有'中国人民志愿军',背面是姓名、职务及部队番号。"

"这枚胸章是我们排长、我的救命恩人周凤岐的。"1952年,在坚守一个高地的战斗中,李相玉和周凤岐并肩射击,突然从左侧蹿出三个敌人,周凤岐手疾眼快,射倒了敌人,却被正面射来的子弹打中了。"我爬到排长身边,他一睁眼就大喊一声'打敌人,不用管我'。他扯下自己的胸章跟我说,'胸章后面有我家地址,等停战后给我家去封信，就说我尽忠了'。"李相玉接过胸章，又投入战斗，战斗结束了，却没了周凤岐的下落。

战场上，这枚胸章成了李相玉最珍贵的收藏。他用从被击落的美军飞机降落伞上扯下来的红绸布，把胸章左一层右一层包了五六层，在贴身军衣上缝了个兜揣在里面，希望有一天能替战友回家乡看望父母。

在战场上，这样的"托付"每天都在发生。"我有五个妈妈。"李相玉告诉记者，一位是亲妈，四位是干妈，这四位都是战友们的妈妈，他们在战场上牺牲了，把父母托付给自己，自己当全力尽孝。

令李相玉惊喜的是，他从部队转业回铁岭市后，打听到周凤岐并没有牺牲。周凤岐被抢救下来后，被定为二等甲级残疾军人，也在铁岭工作。两位老战友又在铁岭"喜相逢"了。

在社区传承红色精神

1953年停战后，志愿军暂不回国，帮助朝鲜恢复建设。

李相玉所在的第40军负责修复丰山贮水池。志愿军出动了4万余人，又在国内请来技术人员、后勤人员等千余人，经过2个多月的苦战，终于按时完成了任务。在数万朝鲜人民洒泪欢送下，李相玉和战友们凯旋。

回国后的李相玉，到北京第一坦克学校学习了4年，到坦克部队开上了坦克。

1980年，李相玉把三代单传的孙子也送去参军入伍。"孙子穿上军装可精神了，让我想起自己当兵的年代。我之所以执意叫孙子当兵，是因为我认准了解放军是全心全意为人民服务的军队，把我从一个山沟里的放牛娃培养成党员和革命干部，全家过上幸福生活，对我恩重如山。"

离休后的李相玉也没闲着。"家人都说，你现在应该抱抱孙子、打扑克、下象棋，享受晚年生活了。但我觉得，一个共产党员，就是要'将革命进行到底'。"他找到街道，在社区书记岗位上一干就是7年，修建了小广场，成立了社区秧歌队，还建立了一家婚姻介绍所，所在社区年年被评为先进社区。

　　社区工作换年轻人后，闲不住的李相玉参加了铁岭市关心下一代工作委员会组织的各项工作，担任多所学校的校外辅导员。他给孩子们讲述解放战争、抗美援朝战争中的英雄事迹，还帮助学校把一些"网瘾"少年拽回课堂。

李相玉在家中翻阅个人剪报资料（王莹　摄）

　　经常讲英雄故事的李相玉想把这些英雄人物和战争胜利的事例写出来。离休后，他相继出版了《张闻天通信员的故事》《希望的田野》《龙山凯歌》等10余本书，还在《解放军报》《辽宁日报》等发表文章500余篇。"我是不能永远讲下去的，把这些红色故事记载下来，就是要告诉我们的子子孙孙，我们的胜利来之不易，应该好好珍惜。"

　　回首烽火岁月，李相玉感慨无限。"祖国越来越强大，大家的日子越过越幸福。恨自己不能再回到年轻时，再当一次兵报效祖国。"

（刊于《参考消息》2020年9月10日第11版）

1955年，孟昭身被授予少校军衔时留影（受访者供图）

【人物简介】

孟昭身，1927年生，山东金乡县孟堂村人。1942年2月参加八路军，在抗日战争中，机智勇敢，多次负伤。1952年参加抗美援朝战争，1955年被授予少校军衔，1981年任沈阳军区装甲兵副司令员，1987年离休。

"是英雄，是好汉，三八线上来检验"
——记志愿军老战士孟昭身

文 /《参考消息》记者　于也童

见到孟昭身的时候，他正坐在自家小院里乘凉。这位93岁的老人鼻梁上架着一副老花镜，身着橘黄色短袖衫，神采奕奕，看着比实际年龄年轻许多。

孟昭身说话仍带着山东口音。看看眼前这位和蔼可亲的老人家，很难想象他是一名历经抗日战争、解放战争、抗美援朝，五次负伤、九死一生的老战士。

孟昭身离休前任原沈阳军区装甲兵副司令员。比起在战争中获得的荣誉，他更愿意讲起在那段峥嵘岁月里所克服的苦与难。"我们的装备落后，抗美援朝战争打得艰苦，但还是打赢了，打出了新中国的国威和军威！"

搭乘运坦克列车赴朝

孟昭身生于1927年，年少的他目睹了日寇侵华给中国人民造成的苦难。15岁那年，孟昭身毅然参加了八路军。历经抗日战争、解放战争，1952年11月4日，出任志愿军第32师坦克团参谋长的孟昭身，搭乘运送坦克的列车开赴抗美援朝战场。

1952年11月5日凌晨，列车抵达预定地域——朝鲜西海岸肃川火车站东部一个临时搭建的站台。如何躲避敌人的攻击，把坦克顺利开到集结地，是孟昭身入朝后遇到的第一个难题。

坦克和牵引车行进时目标太大，为了避开敌人的飞机轰炸，只能白天隐蔽，夜间行军。"为了防止被敌军发现，我们把车灯都熄灭了，周围一片漆黑。但看不清路，容易出事故，军队就派战士在前面引路，战士把外面是黄色里面是白色的大衣反过来穿，这样一身白，驾驶员就能看见人了。一个引路的战士跑累了就换另一个。"孟昭身说。

除了天黑视线受阻，还有一件事也很棘手：美军飞机沿着公路撒了很多三角钉。战士们脚踩上去会受伤，汽车轮胎还会被扎破。清除这些三角钉着实耗费了不少时间。就这样一点一点缓慢前进，坦克团终于顺利到达集结地域。

孟昭身近照（于也童 摄）

美军阵地看得清清楚楚

按照部署，坦克团随后又顺利抵达了指定区域平康。平康在上甘岭以西约15千米处，是敌方向我军进攻的门户。进入阵地后，孟昭身和战友们惊讶地发现，志愿军阵地和美军阵地靠得很近，只有几百米的距离。

"仅凭肉眼就能看得一清二楚，但美军似乎知道我们装备差，又没有制空权，嚣张得很，白天就把坦克开到山头阵地上，美国大兵敢坐在坦克上晒太阳。我们都义愤填膺，心里憋着一股劲。"说到这里，孟

老战士访谈录 ‖ 99

昭身情绪激动，挺直了上身。

在朝鲜战场上，除了面对着"武装到牙齿"的敌人，志愿军战士还要和艰苦的生活条件作斗争。

"白天我们就待在防空洞里，吃喝拉撒都在里面，外面要有人站岗。防空洞都是临时构筑的，非常简陋，点的都是油灯，脚下都是水，上面支上木板，战士们就在水上活动、睡觉。"孟昭身说，很多战士因此患上了"夜盲眼"，一到晚上，眼前一片模糊，什么都看不清。

虽然条件艰苦，但战士们的战斗热情高涨。当时部队里流传着一句口号："是英雄，是好汉，三八线上来检验。"

"要给美军点儿颜色看看"

当时，战士们隐蔽的洞口均有伪装。然而，有一次午饭时，文工团的6名战士由于经验不足，在洞口前围着吃饭。排长一看，马上过去提醒他们要注意隐蔽，但话音未落，敌人的坦克炮就打过来了，"轰""轰"两声巨响，炮弹爆炸，当场牺牲了3个人。

"战士们都恨得牙痒痒，铆足了劲要给美军点儿颜色看看。"孟昭身说。

对待敌人的坦克，只能靠坦克。为了发挥好坦克的作用，部队经过研究确定了打法。"首先是选好位置，挖好掩体，让坦克进入掩体里伪装起来。美国兵虽然能听到'隆隆'的声音，但他们太狂妄了，不把中国坦克放在眼里，也想不到我们会主动攻击。"

坦克伪装起来后，一辆坦克锁定敌方三个目标，一个目标两发炮弹。"坦克是圆座的，伪装好后，在掩体里对进攻目标校正好方向和度数，按照统一的指挥进行射击，这个战斗方式的效果很好，重挫了美军的锐气。"

孟昭身说："总攻开始后，我们的大炮一起轰鸣，敌人纷纷躲进坑道、掩体。等我们的炮声一停，敌人以为没事了，又钻出来。这个时候我们埋伏的部队一声号令，就像猛虎下山一样，呼喊着冲上去，把敌人的阵地占领了。"

在这个区域，孟昭身和战士们一直坚持到1953年7月。

如今，孟昭身仍秉持着艰苦朴素的作风，一把椅子用了一辈子，家里卫生间用的还是拉线开关的灯。"我这一生经历了许多战争，很多战友永远留在了战场上，他们没有留下后代，和他们相比，我很知足、很幸福了。"

（刊于《参考消息》2020年9月11日第11版）

抗美援朝战争结束后郭平友拍照留念（受访者供图）

【人物简介】

郭平友，1926年7月生，祖籍河北省青龙满族自治县。1948年8月，加入中国人民解放军第四野战军48军142师426团，后作为志愿军暂编团战士参加抗美援朝出国作战，担任话务兵，于上甘岭战役中荣立三等功。战争结束后，解甲归田，成为一名农民。

亲历上甘岭战役，几天喝不到水
——记志愿军老战士郭平友

文 /《参考消息》记者　陈凡靖

"若有敌人再来犯，我还能杀他两个！"虽然已经过去70年，但提起自己在朝鲜战场上经历的烽火岁月，94岁的志愿军老战士郭平友豪情不减当年。

差一点儿整个右肩就完了

从长津湖之战、汉江战役、上甘岭战役，再到金城战役，郭平友历经战火淬炼，提及往事，战争的残酷如在眼前。

"那时我所在的部队是主力部队。当时正是冬天，那天天刚亮，我钻出猫耳洞，观察敌军动向，忽然一件东西擦着我的右肩砸在脚边，把我的棉衣袖筒划了一条大口子。我弯腰把那东西拾起来一看，原来是一片三寸多长的弹片，还烫手哩！我想，好险！算我命大。要是再往左一寸，我的整个右肩就完了。"这段历险老人百讲不厌。

上甘岭战役中，战士们不仅要面对敌人猛烈的炮火，还要面对后勤补给的困难，而坑道坚守最难的就是没水喝。

据老人介绍，有几天，由于敌军封锁得太严，后方送不上水来，坑道里的战友几天几夜喝不到水。为了沾沾湿气，同志们把衣服脱光了，光着身子，胸部紧紧贴着岩壁，沾一点儿湿气。

"我记得有一次，指挥所附近有一个小坑，里面有岩壁上渗下来的少量水，其中大量是小便和伤员身上流下的血，渴极了的时候，连长让同志们轮流喝一小口。"

老人回忆说，虽然那液体又腥又臭，一闻就恶心，但为了维持生命，保存战斗力，还得咬着牙喝下去。

"你们现在看的老电影《上甘岭》中，战士们出坑道打水被敌人机枪封锁扫射而牺牲，这些都不是虚构的，我亲身经历过。"老人表示，战场上条件艰苦，能坚持下来，凭的就是心中坚定的信念和必胜的信心。

郭平友近照（陈凡靖 摄）

牙掉了也不能让通信中断

通信是连接前线与指挥部的关键，对于部队指挥作战来说至关重要，而郭平友就是一名话务兵。

为保持通信线路畅通，郭平友先后七次冒着战火，顶着空中不时飞来的炮弹穿梭于战场之中维修线路。

老人说:"有时候,子弹就在我头顶飞过,但是也不能停啊。为了保家卫国,必须勇敢坚强。"

"已经记不得通信电线被切断多少次了,反正到了最后,线路长度过短无法接续。那怎么办呢?当时我想,无论如何也不能让通信中断啊!有一次,我就用牙齿咬住电线,让线路连接来维持通信畅通,一直到交战结束。"说到这里,老人的语气充满自豪。

据老人的儿子介绍,战争结束后,父亲一直跟他们讲,我们比别人弱,但是在战争中,除了赢,我们没有退路。别说一口牙了,他就是舍了命也不能让通信中断。

"战争结束后,我父亲牙齿松动,掉了三颗牙。当年的极寒天气,也让他落下了风湿关节炎的病根。"据老人的儿子说,父亲总是感慨,比起那些牺牲的战友,他能见到这么美好、强大的祖国,算是福气好的。

老人说,他出身贫寒,早年饱尝生活的艰辛与困苦,是共产党带领他翻身闹革命。因此,只要祖国有需要,只要是为了捍卫民族尊严,他没有什么舍不下的。

在哪里都是建设祖国

战争结束,英雄凯旋,老战士们终于可以稍稍享受一下胜利的喜悦。但这个时候,郭平友并没有选择留在他奉献了青春的部队,而是决定回家乡务农。

战友们劝他说:"你做什么事情都冲在前面,怎么现在梦想终于实现了,反而要退居二线了呢,在部队享受胜利的果实不好吗?"

但郭平友坚持,正是因为自己的梦想实现了,而且现在国家也已经走向和平,全国上下百废待兴,自己才要回到家乡务农,从最基础的地方为祖国贡献一己之力。

"我希望回归平常生活,而且我喜欢种地。"郭平友说,在哪里不是建设祖国呢?

老人的小儿子郭伟军说,很多人都评价自己的父亲是"事了拂衣去,深藏功与名",自己也觉得父亲放着好日子不过,这么多年依旧每天面朝黄土背朝天，有点儿"冒傻气"。但多年后，同样成为军人的他理解了父亲的选择。

一晃多年，曾经血气方刚的战士变成了耄耋老人。虽然芳华已逝，但英雄一腔为国为民的热血从未凉去。

年初，在听到新冠肺炎疫情形势严峻后，郭平友老人耍起了"小孩子脾气"，94岁高龄的他吵着要参与到防疫工作中。他说："我虽然年纪大了，但还可以在小区门口协助社区和政府排查外来人员，为国家尽自己的一份微薄之力。"

流逝的是时间，留下的是军人本色与一颗永不褪色的赤胆忠心。

（刊于《参考消息》2020年9月11日第11版）

在战斗间隙,程茂友为战友拉小提琴(受访者供图)

【人物简介】

程茂友,1930年1月生,河北人。1945年2月入伍,同年入党,1952年9月入朝,为志愿军暂编团战士,1955年2月回国。曾任辽宁省军区参谋长,1988年被授予少将军衔,1990年离休。参加过抗日战争、解放战争、抗美援朝战争。立大功一次,小功七次,三等功三次。荣获东北解放、华北解放、中南解放、抗美援朝纪念章、独立自由功勋章,抗日战争胜利60周年、70周年纪念章。2019年10月1日作为"致敬"方阵代表之一参加中华人民共和国成立70周年庆典。

"当年过鸭绿江，就没想过要回来"
——记志愿军老战士程茂友

文 /《参考消息》记者　李宇佳

会作诗、写得一手好字，又能玩微信、发表情包，年满九旬的他自称"幸存者"，是干休所里公认的"90后"。在记者眼前，嗓门大、底气足、身姿挺拔的程茂友仍然一身英气。

从1952年入朝作战到1955年回国前，在朝鲜的烽火硝烟中，程茂友和他的战友们奋不顾身，血洒疆场；回国至今，这位"幸存"的英雄珍视和平，热爱生活。

"说实在的，当年过鸭绿江，就没想过要回来。"老人说，每个过江的战士都是这种想法，抱着用生命保卫新生的中华人民共和国的决心，视死如归。

生死竞速每天都在发生

"805步，十几分钟就过去了！"对于走过鸭绿江桥的场景，程茂友记忆深刻。他半开玩笑地说："当时我好奇，一过那个桥的时候我就一步一步数。"

这805步过后，等待程茂友和他的战友们的是与死神并肩的战场。

"我们军是1952年6月接到入朝作战任务的，当时我们还在广东的深圳、汕头一带。9月份从樟木头那个小火车站出发，大概坐了7天7夜的火车才到安东（今辽宁省丹东市），9月19日晚正式进入朝鲜。"

一踏上朝鲜的土地，战争的惨烈就扑面而来。"到处都是残垣断壁，道路坑坑洼洼，路两旁炸弹坑一个连着一个。天上飞着的敌机发出'嗡嗡'声，时不时还扔下照明弹和炸弹。"

"要不是我们的司机有经验，可能我就牺牲了。"程茂友回忆说，有一次，他在夜间坐运输车回安东执行任务，车行到中途，遇到了敌机的轰炸。飞机把两颗汽油弹扔到公路上，大火瞬间升腾起来。"我们司机有经验,加大油门就冲过去了。"

然而,程茂友身后的车就没那么幸运了。紧随其后是一辆运送文工团团员的车,看到汽油弹在公路上烧起来,司机有些犹豫,放慢速度停了车。这一停,扔完汽油弹的飞机绕飞回来发现了他们,一个炸弹把汽车后边一个角都给炸没了,文工团团员伤亡了十六七个。

"十六七个啊!"程茂友加重语气说,"为了防空,我们的车行进时都不开灯。但是汽油弹炸过后,地面上有啥情况,飞机上就都看得很清楚了。"

在朝鲜战场上,这样的生死竞速每天都在发生。程茂友说,敌机每天出动数百甚至上千架次,前后方战场都充满危险,每次人员运输、每次补给输送都等于一次冲锋。"在朝鲜,战友们一见面就问:'你小子还没光荣呐?'要不就是:'你还没算伙食账呢?'"

"因为啥?因为在朝鲜,敌人的炮时时刻刻都在打,一般的师指挥所都在炮火控制之内,前后方到处都是敌人飞机大炮的封锁区,生死只在一瞬间。"回忆起当时的情形,程茂友感慨道。

"向061开炮!"

曾任"联合国军"司令的克拉克后来在回忆录中说:"我是美国历史上第一个在没有取得胜利的停战协定上签字的司令官。"

如果只是对比当时中美两国的实力,如果仅仅做简单的"数字相加",没有人会想到是这样的结果。

"当时美国是世界上经济第一富、军事第一强的超级大国,强大的钢铁生产能力、强大的空地协同作战能力、机械化的参战部队、充足的物资补给……"

"我们国家呢,中华人民共和国刚刚成立一年,一穷二白,武器装备是靠抗日战争和解放战争缴获来的'万国牌'的,又没有空军掩护,产钢量还低,外国人讥笑我们,中国人每人平均不到半斤钢,都不够打一把菜刀。"

弱与强似乎一目了然,但结果却是中国人民志愿军把敌人赶回三八线以南。"决定战争的绝不仅仅是这些数字。"程茂友说,上甘岭防

朝鲜停战后,程茂友(后排中)与战友拍照留念(受访者供图)

御战役,敌人对志愿军不足4平方千米的阵地发动进攻,投入6万兵力,飞机3000余架次,坦克170多辆,向阵地发射炮弹190万发,投掷炸弹5000多枚,历时43天,结果无功而返。

"这次战役后,我们对敌人发动了金城反击战,一举突破敌军4个师25千米正面防御工事,歼敌数万人。"程茂友说,这次战役不仅收复了百余平方千米的土地,还有力地配合了停战谈判。

壮军威、强国威,抗美援朝战争真正使中华民族立于世界民族之林。

"这样的胜利靠的是什么?靠的是军魂,是共产党人的信仰,是对人民、对祖国的忠诚,是一不怕苦二不怕死的革命精神!"说到这里,程茂友有些激动,"这种精神孕育了无数英雄。"

程茂友从胸前口袋中拿出一个小本子。那是一本黄色的工作手册,里面记满了战友们的英雄事迹。

"我们有一个班长,叫罗连成,在打掉敌人三个碉堡的时候已经两次负伤了,第三次负伤的时候肠子都流了出来。可是他看到战友的冲锋路上还有敌人的机枪从碉堡向外扫射,他就把肠子弄一弄塞进去,爬过去把碉堡炸了。"

"我们还有一个'王成',他叫谢国藩,是个报话员。在打退敌人七次冲击后,报话机坏了,步炮协同不了,团指挥所什么消息也不知道,无法进行指挥,只听到阵地上的枪炮声。危急时刻,谢国藩从敌人地堡中找到一台美国报话机,成功联系上了指挥所。在战斗到只剩最后两人的时候,敌人又一次攻了上来,他就在报话机里喊:'向061开炮!'"

"061是他所在阵地的代号,向061开炮就是向他开炮!炮声响了,敌人被消灭了。"程茂友慢慢回忆说,"他是河南人,小伙子个儿挺高,就是有点儿倔。"

像这样的英雄,在程茂友的身边有很多很多。"抗美援朝战争中被授予英雄称号的就有200多名。不只是和敌人面对面激战而牺牲的,还有高射炮兵、铁道兵、工兵、记者、参战的铁路工人、地方司机等,每天护卫着从鸭绿江到三八线的运输线,随时都可能献出自己宝贵的生命。"

"朝鲜每一个山沟里都有烈士的白骨,每年清明我都会作诗纪念他们。"程茂友说,"我只是一名幸存者,真正的英雄是牺牲的那些人,我沾了他们的光,享受着他们的荣誉。"

"亲爱的祖国,再会吧!"

在朝鲜战场的几年中,每年10月1日,程茂友都会通过电台收听国庆盛况。"那时不像现在这么发达,都是当地老式的收音机或者我们电台的收信机,大伙儿都趴在那里听。很激动,在国外听的感觉不一样,那时候在国外更感觉祖国亲。一到安东,看到鸭绿江,就感觉像回老家,特别亲!"

"亲爱的祖国,为了你的安全和朝鲜人民不受灾难,为亚洲及世界的和平,我们暂时和你告别了。亲爱的祖国,再会吧!"入朝当天,程茂友就在随身日记本里写下了上面这一段话。和其他入朝作战的年轻士兵一样,在程茂友的心里,祖国是最亲的、最神圣的。

"1949年10月1日,我们军正在湖南打衡宝战役,中华人民共和国成立的消息传来了,我们为新中国的成立打了一个大胜仗!"就此,程茂友和国庆结了缘。

1953年国庆,程茂友又在日记里写下这样一段话:"我想起去年国庆是在残酷的战斗环境下,但国庆过得也很好。今年比去年更不同了,我们的生活更加改善了,朝鲜已获停战。而我们想起更重要的是祖国4年来的伟大建设成就。我愿为祖国提高警惕,为和平解决朝鲜问题奋斗到底。"

2019年,程茂友作为老一辈军队英模代表,随着"致敬"方阵在天安门前参加国庆游行,向主席台庄重、长久地敬了一个军礼,圆了一个老战士70年的愿望。

"激动、感动、振奋,我找不出文字形容当时的心情。"程茂友有些动情地说,"特别是到天安门前,连看台上坐着的人都站起来了,我们激动得眼泪都掉下来了。我们这手,从天安门东一直举到西长安街,

2019年10月1日,程茂友(后排左一)作为"致敬"方阵一员,参加中华人民共和国成立70周年庆典(受访者供图)

没落下也没觉得胳膊疼。"

那一路上,程茂友心里一直默念着一句话:"长眠在朝鲜战场的战友们,我带着你们的愿望和英魂来到天安门接受检阅了,光荣属于你们,你们的愿望实现了。"

"享受这么一个荣誉,我要说我自己不够格,这荣誉是属于革命先烈的。"程茂友说,"在战场上活一天就拼杀一天,现在活一天就为社会主义奋斗一天。趁着还不糊涂,我想给青少年多传些红色基因,引导他们在社会主义大道上前进。让他们有信仰、有志向,热爱党、热爱祖国,把革命先烈的精神传承下去!"

(刊于《参考消息》2020年9月15日第11版)

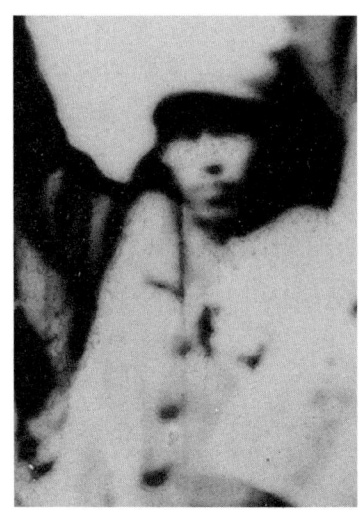

1952年3月，满志成在抗美援朝前线（受访者供图）

【人物简介】

满志成，1932年生于辽宁新宾。1949年3月参加中国人民解放军，1950年11月入朝参战，在中国人民志愿军暂编汽车45团汽车2连先后任驾驶员、副班长、班长、排长。回国后，任政治指导员、组织干事、教导员、团政治处主任、副政委。荣立二等功一次、三等功两次。

驾车拖走敌人埋藏的定时炸弹
——记志愿军汽车兵满志成

文/《参考消息》记者 郭 翔

从1950年底入朝参战到1958年夏回国,满志成在朝鲜战斗、工作了近八个春秋。

"我们连将近一半的战友都牺牲了,许多战友当时只不过十八九岁。"家住大连、年近九旬的满志成谈起在朝鲜战场的日日夜夜,想到长眠异国他乡的战友,仍不免情绪激动,流下泪水。

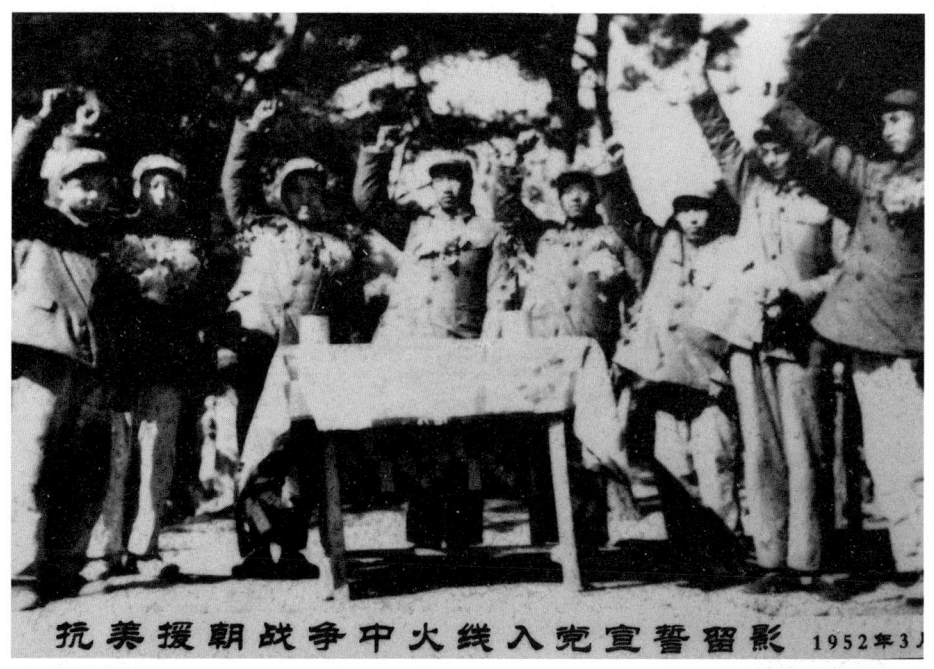

1952年3月,满志成(右三)在抗美援朝前线火线入党(受访者供图)

"我想把炸弹拖得更远些"

1951年春夏之交,随着志愿军向前推进,后勤补给线拉长,敌军利用空中优势，对志愿军补给路线进行疯狂轰炸。满志成所在的连队负责后勤补给。

"一天傍晚，我们奉命运输弹药，到安州铁路、公路交叉口时，前面已经堵了数十辆汽车。"满志成说，"部队正在抢修被炸毁的道路。战友们都知道这段路是敌人重点封锁、轰炸的，都不愿意在这儿多停留，但是道路被严重破坏，没办法，只能耐着性子等。"

"定时炸弹！"一名抢修战士突然大喊。在一处深约2米的弹坑右侧，发现一枚头部埋在土里、只露出尾翼的定时炸弹。抢修的战士们想把定时炸弹挖出后抬走，可是越往下挖，难度越大，炸弹有随时爆炸的危险。

满志成冲了上去，请求指挥员："为了抢时间，避免伤亡，让我用汽车把定时炸弹拖走。"指挥员握着满志成的手说："这样太危险了，但为了胜利，祝你成功。"

满志成跳上最前面的一辆卡车，副驾驶员苏振玉把车上的拖车绳

满志成在大连市军队离休退休干部第五服务管理中心接受记者采访（郭翔 摄）

解下,牢牢拴在定时炸弹尾部。苏振玉也想上车,已是副班长的满志成一边大喊"下去",一边把他推下车。"班副,要小心啊。"满志成回忆说,苏振玉说话时眼里含着泪水。

这一刻,是生与死的较量。汽车发动,拖车绳缓缓拉直,满志成驾车慢慢起步、缓缓向前,尽量减少震动。"炸弹拖出来了,我想把炸弹拖得更远些,战友、物资就能更安全。"大约半个小时,定时炸弹被拖到一处山脚下。"指挥员紧紧握住我的手说:'你为人民立了功!'"满志成回忆起当时的情形仍充满自豪。

半截遗体上的那枚纽扣

战场上,任何一次短暂的分别都可能成为永别。

"8班的老王头儿是地方驾驶员,家里有4个孩子,因为年纪较大,我们都把他当老大哥。"满志成说,老王头儿为人乐观,每逢开会时,他都会在大家的欢迎下用口琴演奏军歌。

1952年9月的一天,晚饭后,满志成所在连队奉命前往朝鲜龙兴里一座火车站装运弹药。当列车驶入车站,正在进行装运时,防空哨兵鸣枪示警,敌机投下数十枚照明弹,黑夜瞬间如同白昼。敌机轮番轰炸下,现场弹药也被引爆,车站陷入一片火海。

"知道消息后,连长带领我们赶去救援。"满志成说,现场方圆一千米血迹斑斑,弹坑无数,弹药在燃烧的余火中爆炸,四处飞溅。"我和战士小吴在一个土坑里找到一具被炸得只剩半个身躯的遗体,后来8班班长辨认出遗体的工作服上的一枚纽扣,是老王头儿自己缝上的军装扣子。"

"技工班小蒋的遗体在火车车厢底盘下被找到,头部几乎辨认不清,一同牺牲的还有装卸部队的几名战士。小蒋是杭州人,牺牲时才19岁啊!"

回国前,连队全体同志在57位牺牲战友的墓地种下57棵松树。"我们连将近一半的战友牺牲在异国他乡,真想他们啊!"满志成哽咽着说。

用快慢刹车与敌机周旋

枪支弹药、食品、衣物……在向前线运送各种物资的同时，汽车部队还要向后方转送伤病员。"在前线卸完物资后，马上就要转运伤员。"满志成说，"有些冻伤的战士手脚都动不了，我们把衣服脱下给他们取暖，有的负伤的战士和地面的冰雪冻在一起，当把他们抱上车时，身体还连着冰血块。"

夜晚，布满冰雪的山路，满志成和战友们常常仅靠着月光来照明。"1950年11月22日夜，我们紧急入朝运送弹药，进入朝鲜没多久就遭遇敌机来回扫射、轰炸。要说不怕，那是假话，好几辆车被炸毁、翻车。"满志成在枪林弹雨中安全行驶2.2万千米，无数弹药、食品被他送到前线战士手中，众多伤病员乘坐他驾驶的卡车回到后方医院。

满志成说，志愿军汽车兵在实战中摸索出一套战斗经验："我们用急停车、快慢刹车与敌机周旋，当敌机当头飞过时，利用它空中转头之机，加速冲过封锁线。我见过敌机在超低空追杀我们的汽车时撞山。"

（刊于《参考消息》2020年9月16日第11版）

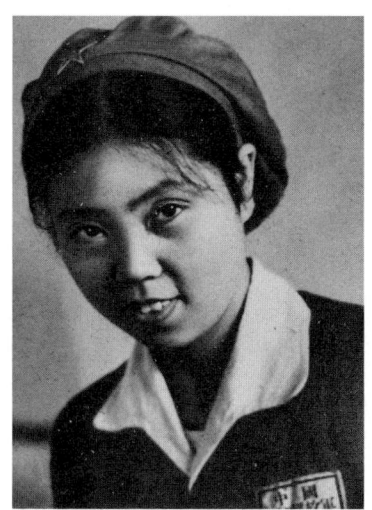

沈正林年轻时的军装照（受访者供图）

【人物简介】

沈正林，1929年1月生，1949年9月参加革命工作，1950年初由湖南人民革命大学保送参军，被分配在第39军117师。1951年初参加抗美援朝，任350团政治处组织干事，负责部队伤亡的统计、通信、安置等工作。1986年离休。

一火炕两板凳的战地婚礼
——记志愿军女战士沈正林

文/《参考消息》记者 于也童

今年已91岁高龄的志愿军女战士沈正林和老伴儿王千祥的婚礼非同一般:他们的婚礼是在抗美援朝战场上的一处朝鲜民居中举行的。

没有礼服,甚至没有像样的信物,1951年7月,两人举行了一场只有承诺的战地婚礼。从那时起,他们携手走过了半个多世纪。"当时战场上炮火连天,我们唯一的愿望就是对方能平安地活着!后来我们赶上了和平年代,心里很满足。"沈正林笑着说。

两位朝鲜"阿妈妮"掩护了我

沈正林个子不高,走起路来迈着小碎步,一脸的温和慈祥。"我听说你们是为纪念抗美援朝而来,我太高兴、太兴奋了,这个事情不能忘,我们的子孙后代也要一直记得,要传承抗美援朝精神。"沈正林说,"我一直记得自己年轻时在抗美援朝战场上的点点滴滴,也永远记得我们今天的好日子是怎么来的,记得那些牺牲的先烈。"

1951年初,沈正林跟随第二批部队入朝,任350团政治处组织干事。在朝鲜战场上,沈正林几次涉险,差点儿丢了性命。

刚到朝鲜的时候,让沈正林印象最为深刻的是遍地的尸体。"我们一入朝就看到路边都是尸体,有朝鲜老百姓的,也有战士们的,敌人的飞机一天无数次地轰炸,有时候轰炸之前是没有迹象的,来不及躲到防空洞里,一不小心就丢了性命。"

沈正林还记得,她和一位战友一起住在朝鲜老百姓的土房子里,一人睡一张门板,不料晚上敌机又来轰炸。"只听'轰'一声,飞机扔下来一个炸弹,就落在我们住的房子不远处,一下炸开了花,把房子的门框、窗框都炸塌了,砸到我们身上,等到敌机飞走后,战友们才把我们救了出来。"

在战场上,这样的危险对志愿军战士而言是家常便饭。"战场虽然危险,但朝鲜人民帮助我们很多,他们无私的爱也让我难忘。"沈正林说。

1951年入夏后,沈正林接到任务,要送一份秘密文件,但在执行任务的路上,她发觉有一名特务尾随自己。"他和我有一定距离,但我察觉到他一路跟着我,我心里很怕,要是被抓住肯定凶多吉少。我想我一定不能和他硬碰硬,要靠智取。"

在路过一条小河时,沈正林看到两个朝鲜老大娘正在河边洗衣服,她就赶紧走过去向老大娘问好。"我不会说朝鲜话,就一直打手势,当时朝鲜人民是很拥戴志愿军的,老大娘好像也明白了我的意思,知道我身处险境,赶紧站起来掩护着我。在老大娘的帮助下,我才顺利抵达司令部。"

沈正林说,她一直记着这两位朝鲜"阿妈妮"(大娘)。"我们能感受到朝鲜人民对志愿军战士的深厚情谊。在我们遇袭的时候,朝鲜人民毫不犹豫地扑在我们的伤员身上,这种同志间、家人般的互帮互助,帮助我们取得了战争的胜利。"

一页泛黄的结婚审批报告

谈起自己在朝鲜战场上的经历,沈正林几度哽咽。如今她还保存着很多当年战场上的东西,朝鲜人民慰问志愿军的烟盒、印有"抗美援朝"字样的丝质方巾,还有当年从美军手中缴获的战利品……

"这是抗美援朝期间祖国人民为表达对志愿军的支持与厚爱亲手缝制的慰问袋,我一直珍藏至今。"沈正林拿起一个陈旧的布袋说。

众多纪念品中,沈正林最视为珍宝的莫过于一页已经泛黄的结婚审批报告。"我和老伴儿是在抗美援朝战场上结婚的,志愿军中一位姓吴的主任给我们俩牵的红线。举行婚礼是在几场战役下来、部队休整的时候。组织上对我们非常关心照顾,我老伴儿是团职以上干部,由军党委批准才能结婚。"婚房是朝鲜的民居,没有像样的家具,只有一铺火炕和两条破旧的板凳。

沈正林向记者展示她的结婚审批报告（姜兆臣　摄）

"我和老伴儿过了一辈子，直到他2004年过世，我们感情一直很好。"在抗美援朝战场上，沈正林经历了枪林弹雨，也收获了革命爱情，拥有了幸福一生的婚姻。

纪念品被沈正林珍藏在木质的大箱子里。她说："想起过去的时候，想起老伴儿的时候，我常常把这些东西拿出来看看。"

老人拿起一朵当年朝鲜人民送给她的布制花，热泪又一次止不住地流下来。"看见这些，我总是掉眼泪，想起帮助过我的朝鲜人民，想起那些牺牲的同志，抗美援朝应该被纪念、被记住，当年战场上战士们不屈不挠、英勇无畏的精神应该代代传承下去。"

（刊于《参考消息》2020年9月16日第11版）

年轻时马世勋身着中国人民志愿军军服留影（受访者供图）

【人物简介】

马世勋，1932 年 12 月生，辽宁省新民市人。1950 年响应号召，成为朝鲜战场上一名后勤兵。1956 年因病回国，后转业到地方工作。2010 年起，加入辽宁省关工委志愿军老战士报告团开展志愿讲解，介绍自己在抗美援朝战争中的经历和革命先辈的英雄事迹。

连夜行军百里是家常便饭
——记志愿军后勤兵马世勋

文 /《参考消息》记者　包昱涵

志愿军老兵马世勋88岁了，但回忆起70年前抗美援朝的往事，他依然思路清晰、如数家珍。

"33万斤豆油，十几万双军鞋，408000套军装……"曾是朝鲜战场上一名后勤兵的马世勋对当年经手的账目仍可脱口而出。

"就没打算活着回来"

1950年，在辽宁省行政干部学校财经班会计统计专业学习的马世勋响应"抗美援朝，保家卫国"号召，多次申请入朝工作，最终被分到后勤一分部四大站任统计员。

换上军装前，营长再一次向马世勋确认："你考虑好了吗？换上这身衣服，命不是自己的。"当时年仅18岁的马世勋毫不犹豫地回答道："考虑好了，就没打算活着回来。"就这样，马世勋踏上了前往朝鲜的路途。

第一个考验就是渡江。正月的夜里寒风刺骨，可以清楚地听见江水中冰块撞击的声音。连夜搭起来的浮桥得让重炮部队先过，为了不耽误行程，马世勋所在的连队选择直接蹚水渡江。

"把棉裤、棉鞋往脖子上一拴就下水了。"因为个子较高，排长还安排马世勋过江时拉着15岁的通信员周玉福。

"江底并不是一马平川，走到江心时水位已经及腰。脚底下凹凸不平，还有水流的阻力，特别不好迈步。正赶上炮车从浮桥上开过去，一个浪打来就把我和小周都掀倒了。"马世勋说，多亏当时身旁的排长反应快，一把抓住了他，然后拽着他和小周的皮带，倒退着蹚过了深水区。

马世勋现在忆起战友间的患难真情仍备感温暖，但冰冷的江水给他留下了恼人的后遗症——关节炎。

"大家心中都有股劲儿"

作为一名后勤兵,马世勋虽鲜有机会上阵杀敌,但也遍尝了战事中颠沛流离之苦。在第五次战役结束以前,马世勋所在的后勤连部一直没有固定驻地。转移的命令一到,连夜行军百里是家常便饭;为了避免暴露目标,夜里也不敢到百姓家借宿,往雪里一躺就睡下;白天时有敌机空袭轰炸,他们带着物资往松林里面躲,"朝鲜山多树多算是救了我们"。

马世勋近照(杨青　龙雷　摄)

更多的时候,马世勋白天跟战友在山沟里帮忙搬运、清点、伪装物资,晚上别人休息时,他又开始做账、汇总所有资料。

"那会儿大家心中都有股劲儿。毛主席说,我们的部队钢少气多,虽然没什么武器,但我们有正气,有勇气。"在马世勋的回忆里,"苦了我一个,幸福千万人,牺牲我一个,幸福千万家"是当时战士们最常挂在嘴边的口号。

但真正目睹战友牺牲，还是令他难以释怀。

"我永远怀念那些死去的战友。"马世勋说着就红了眼眶。

在朝鲜时，马世勋还负责文书工作，全连100多人的通信地址他都记得。

"吉林省梨树县三门村。"烈士于来明家的地址，马世勋直到现在都能清晰背出。"于来明临咽气前跟我说，让我给他家里去个信。我说你放心，我一定写好。后来他的烈士证明也是我给办的。"马世勋说，当年见过了太多生死，战士前脚让他帮着寄信，后脚出去就没回来。

"他们的子孙遍中国"

1954年，停战后仍留在朝鲜负责营房建筑统计工作的马世勋积劳成疾患上了肺结核，入院治疗。

治疗期间，马世勋经常望向医院后面的山坡。"那会儿山上都有志愿军烈士墓，我总想去看看有没有我认识的，但大夫不让。"马世勋就暗暗发誓，"我要是活着回国了，一定给你们扫墓。"

马世勋兑现了誓言。1956年10月，马世勋因病回国，后转业到地方。自1993年退休起，他每年清明节都到沈阳抗美援朝烈士陵园扫墓，祭奠战友。

"在抗美援朝烈士陵园，每年都得哭几场，那些穿着军装来的老同志，其实互相都不一定认得，但是一看到对方，我们有时候就忍不住哭。"马世勋有些哽咽，"人都有一定的感情，活着回来不容易。"

光阴易逝。如今，包括马世勋在内的很多抗美援朝老战士都已经四世同堂，而那些长眠于朝鲜的战士，却将青春永远定格在了那里。

"很多战士当时还没到成家年龄。但我说，他们的子孙遍中国。"马世勋的语气很是坚毅，"因为凡是能够高举他们的旗帜、踏着他们的血迹前进的人，都是他们的子孙后代。因为我们的事业没有断，我们的初心仍在。"

（刊于《参考消息》2020年9月17日第11版）

1950年毕业准备出国作战的王忠义（受访者供图）

【人物简介】

王忠义，1934年生，辽宁省新民市人。1950年参军，1951年2月编入第38军医干3队，同年3月入朝作战，任野战医院医生，1953年7月回国。其间因抢救伤员有功，荣立一等功一次、三等功三次。

为抢救伤员三天三夜没吃饭
——记志愿军医护兵王忠义

文 /《参考消息》记者　白涌泉

他叫王忠义，朝鲜战场上的一名志愿军医护兵。

由于要做手术抢救伤员，他三天三夜没进食，10天内3次共献血700毫升，因此获得一等功军功章。在敌机扫射的危急时刻，两名战友冒死将他抬到安全地带。抗美援朝战争胜利后，他当面将军功章送给战友，以此报答当年的救命之恩。

在战友骨灰中发现弹片

"小伙子，我说我三天三夜没吃饭，一直在做手术，而且还多次献血，你相信吗？"王忠义试探着询问记者，有点儿欲言又止。

"为什么短时间你要献那么多血？"记者问。

"伤员太多，我又是O型血，700毫升快到极限了，要不然我还想献。"王忠义说。

"1952年10月6日，志愿军第二阶段反击作战打响。那时，我已经调到第38军后勤医政科手术组，并随部队到达距离白马山不远处的一个地方驻扎了下来。因为防空洞要让给伤员，我们的手术台就在山中搭建。战斗打响3天后，伤员才下来。"王忠义说。

"7天时间，下来3000多名伤员。头3天我一口饭没吃，我和医干队的队员连续为战友们做手术。血浆不够用，10天内我分3次献了300毫升、300毫升和100毫升血，总计700毫升。"王忠义说。

王忠义回忆，上级下令强制他们休息时，他和战友们累得躺在地上就睡着了。

讲到这里，王忠义顿了顿，说："我净瞎吹嘘自己了，其实大家都参与献血了。"

说起朝鲜战场上的战友，王忠义感叹，如果当时的医疗条件再好一点儿,更多的战友会活下来或治疗得更好。

"1951年4月,我们在肃川接收伤员时,那些战友从出境作战以来没洗过一次澡,身上全是虱子,并感染了回归热或斑疹伤寒,这些病最明显的症状就是发高烧。"王忠义说。

"我们一个所才二十几支青霉素,最好的药是磺胺噻唑,要留着给重症伤员使用。"王忠义回忆道。

在王忠义给记者讲述他的战友时,有一个细节深深地打动了记者。

"我的战友裴春融,1992年在沈阳胸科医院因肺气肿去世后,家人从骨灰中发现了弹片。我知道,这个弹片原来是在他脑袋里面的。"王忠义说。

王忠义近照(杨青 摄)

战友冒着敌机扫射来救命

1951年7月,正在朝鲜肃川接收伤员的王忠义患上了疟疾,连续高烧不止,被安排在一个朝鲜百姓家中养病。

7月的一个白天,令王忠义最担心的事——敌机空袭还是来了。天空上盘旋的飞机对着地面就是一顿扫射。此时的王忠义身体虚弱到已经不能独立行走。

"我的两个战友，第38军野战医院4所医干2队的钱深夜和医干1队的杨明，冒着枪子儿冲进屋里，合力将我抬了出来，我捡了一条命。"王忠义说。

"1953年6月，我拿到了朝鲜方面授予我的一等功军功章。1953年7月我随部启程回国，翌日就到了安东（今辽宁省丹东市）。1954年，我得知钱深夜在38军铁岭留守处工作，我就带着军功章到了铁岭，当面将军功章送给了他。"王忠义说。

记者在王忠义家看见了这枚军功章的证书：一本精装红色证书，封面文字烫金。打开军功章证书，左侧是军功章的样图，右侧用朝鲜文写了一段话，并注明了日期：1953年6月。

"军功章就长这样。"王忠义手指军功章样图对记者说，他用这枚军功章感谢、报答战友的救命之恩。

王忠义在战场上的历险不止一次。有一回一发炮弹下来，"我们班14个人，牺牲了4个人，炸伤了6个人"。王忠义摊开手，虽然已过去60余年，但记者仍然清晰地看到了他手上被弹片划伤的痕迹。

一起经历过生死，王忠义和他的战友们直至今天仍然保持着联系。他现在与原第38军野战医院医干4队的柴鸿钧每天都视频通话。

采访要结束时，记者询问王忠义现在还有什么困难。

王忠义说："没有困难，比起牺牲的战友，多活了70年，还不满足？"

（刊于《参考消息》2020年9月17日第11版）

李维波抗美援朝战争时期的照片（受访者供图）

【人物简介】

李维波，1932年11月生于辽宁省绥中县。1949年9月于东北军政大学入伍。抗美援朝战争期间，被分配到中国人民志愿军高射炮兵第501团任一炮手，立小功三次。1952年2月任火炮排副排长。1953年7月抗美援朝战争胜利结束，荣立三等功，并被授予朝鲜民主主义人民共和国军功章一枚。1988年7月被授予胜利功勋荣誉章。

将近三年没离开过自己的炮位
——记志愿军高射炮兵李维波

文 /《参考消息》记者　赵洪南

花白的头发，个子不高，戴着助听器，88 岁的志愿军老战士李维波站在自家楼下向记者挥手："你们没有小区门卡，上不了楼。"虽已是耄耋之年，但老人身体仍很硬朗，声音洪亮，浑身透着一股军人特有的精气神。

战场上，为了把美军飞机打下来，李维波将近 3 年时间里几乎没离开过自己的炮位。和平年代，为了替牺牲的战友尽责，他去烈士陵园作义务讲解，"想把战友们保家卫国的故事一代一代讲下去"。

"就想把美军飞机打下来"

"昨天的事情我都忘了，但是 70 年前的事情我忘不了。"李维波说。1950 年 10 月，李维波从东北军政大学提前毕业，被分配到志愿军高射炮兵第 504 团学习操控苏式高射炮。

当时第 504 团的主要守护目标是位于鸭绿江下游的水丰发电站，它是供给我国东北及朝鲜的重要动力基地，人民用电、机器运转都是靠它来保证。李维波说："到高射炮团后我非常兴奋，就想把美军飞机打下来。"

他说："由于时间紧迫，我和军校的同学被直接带到位于朝鲜水丰洞东南山头的三连阵地，在战争中学习操控苏式高射炮。那时候，大家都特别认真，下课了也不愿意离开。"

来到阵地没多久，李维波便遭遇美军 4 架 F-84 战斗轰炸机轮番攻击阵地。虽然时隔 70 年，那次战斗对于李维波来说仿佛就在昨天。敌人轰炸机的火力极为凶狠，火炮排 2 班班长身负重伤站不起来，爬上阵地指挥战斗，直到牺牲。在前一次战斗中胯骨受伤的二炮手当时正在营房养伤，听到敌人飞机的轰炸声，担心新战士操作火炮不够熟练，忍着伤痛跑到阵地装填弹药，最终也牺牲在炮位上。

"面对如此惨烈的战斗场景，我们这些学员奋不顾身地冲上阵地，有的抢救受伤的战友，有的补上空位继续战斗。"李维波说。

指挥击落美军飞机

1950年12月，李维波被分配到驻吉林省辑安县（今吉林省集安市）解放村志愿军高射炮兵第501团，该团负责保卫中朝通道辑安鸭绿江桥和朝鲜满浦。1950年8月至11月，美军出动上千架次飞机疯狂扫射，轰炸辑安鸭绿江桥。

为了保卫辑安鸭绿江桥，李维波从分到高射炮兵第501团2连的那天起，直到抗美援朝战争结束，将近3年时间里，他几乎没离开过自己的炮位。"无论冬夏，晚上都睡在炮位旁边。最远就是到炊事班打饭、打菜，距离炮位也不过200米。"

由于敌人频频来袭，部队几乎天天都在打仗。1952年的一场战斗让李维波至今难忘。

当时，李维波已由高射炮一炮手提升为副排长，负责各炮位的指

2020年7月13日，李维波在家中接受记者采访（龙雷 摄）

挥协调。那天早上战士们刚刚吃过早饭，远方监视哨报告，西南方向发现敌机8架，飞向我军防区。

得知敌情后，大家迅速各就各位，进入战斗状态。根据指示，李维波紧紧盯住敌机，在前两架敌机进入我军的火力范围后，指挥全排中炮猛烈射击，小炮边追踪边射击。一时间，几百发炮弹在空中织成密集的火力网，击中了两架敌机，其中一架拖着黑烟向东南方向逃去，另一架F-84战机越飞越低，烟火越冒越多，最后一头栽进了远处的大山里。

"那场战斗打得十分漂亮，前后一共才20分钟，我军无一伤亡。被我军火炮击落的那架飞机，第二天在吉林通化的南山山林中被找到，飞行员跳伞后被当地公安人员和民兵俘虏，这个家伙就是经历过第二次世界大战、飞行上千小时的美军高级飞行员拉尔·卡麦隆。"

"忘不了献出生命的战友"

"我忘不了那段烽烟岁月，更忘不了献出生命的战友。"李维波说，他要替那些在战场上牺牲的战友尽责，虽然他们长眠在异国他乡，但是他们的精神要一代一代传下去，要让更多的人知道抗美援朝战争胜利的伟大意义与和平的来之不易。

每年清明节前后，在沈阳抗美援朝烈士陵园都能见到李维波的身影。他总是身穿整洁的军装，胸前戴满纪念章，不辞辛苦地为前来参观的人们作免费讲解，讲述抗美援朝这段历史，讲述伟大的中国人民志愿军如何在严酷的战场环境中奋勇杀敌……

"到这儿来讲解，既是想告诉大家志愿军战友的英勇事迹，又是想陪一陪那些还没有找到家人的无名烈士，告诉他们，他们是最可爱的人，也是我们的亲人，我们会永远想念他们。"李维波说。

（刊于《参考消息》2020年9月22日第11版）

顾绍仁年轻时留影（受访者供图）

【人物简介】

顾绍仁，1931年生，现居辽宁省辽阳市宏伟区兰家镇单家村。1948年加入中国人民解放军。1952年12月，所在部队接到出国作战命令，在抗美援朝战场上成为一名高射机枪手，还担任过侦察兵。1955年上半年从朝鲜回国，同年8月复员回原籍。曾获得华北纪念章、抗美援朝纪念章与和平鸽纪念章。

从步兵直接"转型"高射机枪手
——记志愿军老战士顾绍仁

文/《参考消息》记者　包昱涵

89岁的顾绍仁身材不高，微微驼背，拄一支缠满布条的木头拐杖，蹬一双黑面白底布鞋，一脸淳朴憨厚的笑容。

出生于辽宁辽阳的顾绍仁17岁加入中国人民解放军，参加过辽沈战役、平津战役、淮海战役和江西剿匪。1952年12月，顾绍仁所在的部队接到出国作战命令，立即轻装开拔赶赴朝鲜战场。他说："当时什么想法也没有，去战场前就没想过还能活着回来。"

慌乱中操作高射机枪

到达朝鲜后，顾绍仁被编入高炮独立第36营高射机枪连，配属中国人民志愿军第15军45师。报到当日，顾绍仁的班长就带着他来到高

顾绍仁近照（杨青　摄）

炮阵地。"我当时一看到掩体里的高射机枪就傻眼了。"原来，顾绍仁是步兵出身，一直都是"小米加步枪"，"这么大的机枪我见都没见过，怎么打啊？"

"班长看出我的难处，就手把手教我怎么操作。我正学着呢，一架敌机就俯冲下来了。"顾绍仁说，"班长去了指挥位置，就把机枪留给我了。"从步兵直接"转型"为机枪手的顾绍仁，就这样猝不及防地开始了他入朝后的第一战。

拉环、推弹、瞄准、扣扳机——顾绍仁来不及有丝毫犹豫，就迅速进入作战状态，但按照刚学的要领一通操作下来，他的枪却没响。"眼看着飞机就要飞过去了，我赶紧向班长求助。"原来，是顾绍仁在推弹上膛时没有把枪栓完全推到位，出现卡弹，所以扣动扳机时机枪无法击发。

顾绍仁说，这次对空战斗虽然没能击落敌军飞机，但确保了我军指挥部的安全，粉碎了敌人对我军的侦察行动。而他所在的高炮营的主要任务，就是保障前沿指挥部、机关、医院、后勤单位、火车站、码头等重要战略打击目标的安全。

击落"查户口飞机"

首次战役后，顾绍仁苦练对空作战本领，熟练掌握手中武器，在之后的战斗中再未出现过任何失误。随着作战日趋深入，顾绍仁跟着战友们一起打起了"游击战"——"打一枪就换一个地方"。

"有一天晚上，来了一架'查户口飞机'，我们马上就进入了战斗岗位。"顾绍仁口中的"查户口飞机"指的是一种单发动机单螺旋桨的校正机，这种飞机的主要工作就是搜索我军位置，指挥舰炮向我军进行炮火打击。

"当时这架飞机飞行高度4000多米，已超出我们的防空火炮射程了。营长命令我们，不要开炮。"这是我军在抗美援朝战场上长期积累的作战经验，过早开火会暴露炮位，此时该做的就是注意观察，等待敌机俯冲侦察，进入射程。

时间一分一秒地过去了，顾绍仁终于等到了负责测远仪的同志开始报告高度:"敌机飞行高度开始下降,各单位做好战斗准备。"顾绍仁立即打起十二分精神,全神贯注地聆听每一个高度。"3800米、3500米、3000米、2500米、2200米,进入射程,开火!"命令下达的同时,所有高射炮和高射机枪一齐发出怒吼,吐着火舌,炮弹像逆流而上的雨点一样喷向夜空中的敌机。

敌机在我军密集的火力网里左突右撞,试图挣脱,但是已经进入我们的火力网,哪能让它跑掉。最终,敌机被我军击落,掉进山谷。看到敌机掉落,顾绍仁和战友们毫不恋战,立即就转移了阵地。他们刚转移,敌军战舰的炮弹就从他们头顶呼啸而过,击中刚刚撤出的阵地。

2020年7月13日,顾绍仁在辽阳家中接受采访。(杨青 摄)

看到美战舰被击中冒烟

在高射机枪连参战一段时间后,顾绍仁被调到指挥连的侦察班,成了一名神出鬼没的侦察员。

"给我配备了一个高倍望远镜、一支冲锋枪和一部步话机。"顾绍仁说，他每天的任务就是在敌人的眼皮底下侦察敌军、敌机、敌舰动向，并报告方位等。

"有一天，我在侦察时发现了美军战舰。"据顾绍仁描述，当时这艘战舰正在调整炮位，看起来将要对我方进行火力打击。他立即将有关情况上报了指挥部，同时密切观察战舰动向。

随后，我方通过海岸炮和敌方战舰展开了炮战。"我在望远镜里看到，美军战舰被击中冒烟，然后撤退了。"第二天的战报上，还报道了美军战舰被击中的消息，这更加激发了顾绍仁的战斗热情和战斗信心。

不久后，顾绍仁所在的第15军受命换防到朝鲜半岛的蜂腰部驻守，以防美军抢滩登陆。顾绍仁再次回到了高射机枪连，直到停战协议签署。

停战后，顾绍仁继续留在朝鲜帮助当地恢复生产建设，直到1955年上半年，顾绍仁才回到国内。当年8月，顾绍仁复员回到老家辽阳，过起了普通农民的生活。

（刊于《参考消息》2020年9月22日第11版）

关长义从朝鲜战场回国后留影（受访者供图）

【人物简介】

关长义，1930年生于辽宁凤城。1948年8月参军，1950年10月参加抗美援朝战争，担任志愿军第38军113师指挥部电台报务员，在一、二、三、四次战役中，被记一大功。1953年5月回国后担任通信营无线电连连长。1976年2月转业分配到沈阳市苏家屯区无线电五厂，任副厂长。

炸弹来袭瞬间,本能地护住电台
——记志愿军报务员关长义

文 /《参考消息》记者　丁非白

在辽宁省沈阳市苏家屯区香柏路的一栋普通民宅里,记者见到90岁高龄的抗美援朝老战士关长义。他虽然身材消瘦,但身板挺拔、步履矫健,尽管离开部队多年,但衣着仍然整齐干净,一丝不苟。

关长义近照(杨青　摄)

谈起在朝鲜战场上的经历,曾担任报务员的关长义现在仍有一股子冲劲,"国家让我去,我就去。共产党员冲在前,打在前。那个年代,大家的思想就是活着就干、死了就算,从来没怕过"。

在轰炸中幸运地活下来

1948年,18岁的关长义由一名学生成为光荣的解放军战士。入伍后,他专心学习电台报务,由于成绩优异,被分配到解放军第四野战军38军113师任师指挥部电台报务员。

1950年10月19日,关长义随部队趁着夜色由辑安(今吉林省集安市)渡过鸭绿江,成为第一批入朝作战的志愿军战士。

11月25日,二次战役前夕,敌机发现了113师指挥部位置,开始对指挥部附近进行反复轰炸。

由于志愿军没有制空权,部队白天躲进山里,为了与军部保持联络,关长义与两名摇机员留守在师指挥部值班。"我们的电台就放在一间普通的朝鲜平房里,因为电台设备比较落后,总机与电台之间拉的线特别多,没办法挪到山里,电台的天线还支在屋外,特别明显,每次敌人飞机来轰炸,我们的值班人员只能硬着头皮躲在屋里等着敌人来炸。"关长义说。

那时,军部传来的电报特别多。敌机来袭时,关长义和两名摇机员正在发电报。听到飞机炸弹掉下来的一瞬间,关长义本能地扑过去保护电台,炸弹在关长义的身后方落下,两名摇机员被炸身亡。

关长义现在还清晰地记得两位牺牲的战友,"一个是摇机班班长,1945年的老兵,另一个南方人老李。炮弹就落在他俩旁边,脑浆都被炸出来了"。

关长义在轰炸中幸运地活了下来,压在身下的电台完好无损。敌军轰炸过后,关长义修理好电台天线,保证了师指挥部与上级各指挥部的通信畅通。

彭老总嘉奖"38军万岁"

关长义家珍藏着一份泛黄但仍保存完好的"中国人民志愿军立功证明书",上面写着:"入朝以来,在一、二、三、四次战役中圆满完成任务,并表现积极,而有显著成绩,故评为一大功。"

对这一大功的由来,关长义印象深刻。1950年11月26日下午,关长义接到任务,跟随前卫团在27日清晨赶在敌人前面到达三所里,封锁南逃北援之敌。关长义说:"为了保障前卫团和上级部门的联系,师里让我带着发报机跟随前卫团,随时汇报情况。"

"前卫团需要急行145里路,穿插迂回到达三所里,时间非常紧迫。"关长义说,前卫团连续战斗前行没有休息,战士们的身体疲惫不堪,走起路来都摇摇晃晃,有的战士走着走着就睡着了。战士们每人只分了一袋炒面充饥,急行中渴了就抓雪吃。到了夜间,战士们身披白床单、头戴松树枝翻山越岭抄近路。

经过艰苦的急行军,前卫团比敌军提前五分钟到达三所里。为了保密需要,整个行军过程中,电台始终处于关闭状态。关长义说:"到达三所里后,我们马上架起电台,并给师部、军部、志愿军总部同时发电报请求任务。"志愿军总部接到电报后,马上命令前卫团堵住南逃北援之敌。

在此次战役中,关长义圆满地完成通信联络任务,使志愿军能够及时切断敌军的增援,形成了合围形势。38军获得了志愿军司令员彭德怀的嘉奖,嘉奖令上写道:"中国人民志愿军万岁,38军万岁。""万岁军"的称号由此而来。

胜利是用生命换来的

四次战役结束后,38军后撤进行休整。"四次战役打得特别苦,有的营就剩二三十人,有的连队一个人都没有了。朝鲜战场上每一场战役的胜利都是战士们用生命和鲜血换来的,打得不容易啊。"关长义说。

由于当时后勤保障比较落后,前线战士长时间吃不上青菜,营养跟不上,关长义和许多战友患上了夜盲症。他说:"我所在的部队差不多有一半人得上了夜盲症,一到晚上什么也看不见。"

1953年5月,关长义回国后担任通信营无线电连连长。无线电连负责培训全师各部队送来的学员。

尽管已经离休多年,但是关长义仍然坚持每天读书看报,收听新闻。他对现在的生活十分满足。"因为在朝鲜战场上立过大功,可以享受省级劳模待遇,国家一直没有忘记我们。想想那些牺牲的战友,还有啥不知足的?"关长义说。

(刊于《参考消息》2020年9月23日第11版)

赵云年轻时的军装照（受访者供图）

【人物简介】

赵云，1933年生。1950年入伍，同年10月奉命入朝。1952年任炮兵第1师27团3营8连通信员，1954年任炮兵第1师司令部警卫员，同年5月任炮兵第1师司令部警卫排班长。参加过抗美援朝第一、二、三次战役，以及上甘岭防守阻击战等。1956年从朝鲜回国，1971年担任中国人民解放军412团2营副营长。1978年从部队转业，1993年从阜新市玻璃厂退休。

"我送情报，敌机就在头上扫射"
——记志愿军老战士赵云

文/《参考消息》记者 于也童

来到志愿军老战士赵云家里时，他正躺在床上休息。儿子赵敬凯慢慢将他扶下床，老人缓缓挪动着小碎步坐在了床边的椅子上。虽然已经87岁高龄，但这位老战士仍坐姿笔直。

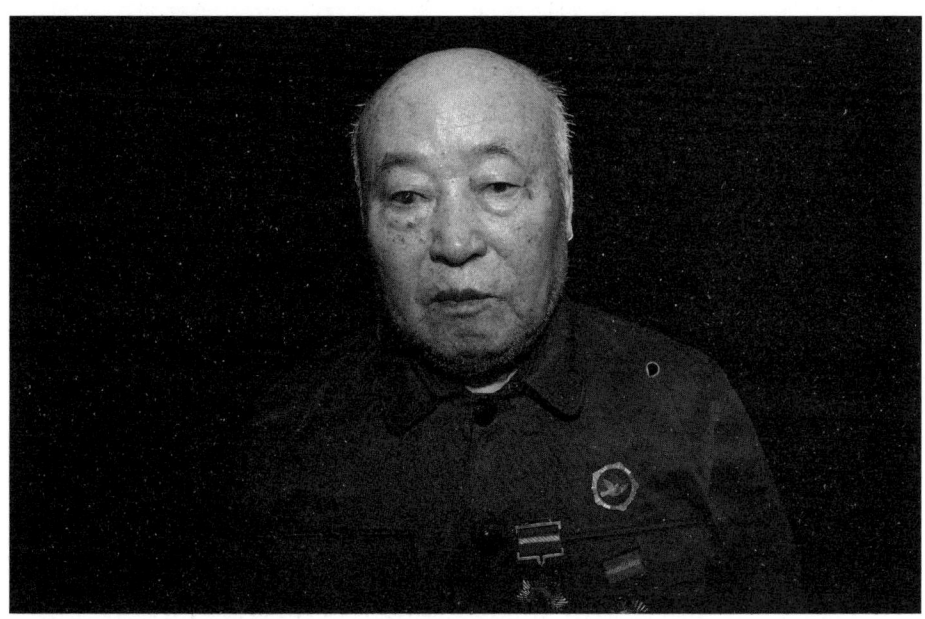

赵云近照（杨青 摄）

"我看不见，眼睛不行了，炮弹晃的，我看不见你们。"他的口齿不再清晰，记忆力也大不如前，但抗美援朝那段金戈铁马的岁月，仍藏在老人记忆深处。

打破美军不可战胜的神话

"我要保卫祖国，为国尽力，为国尽忠。"由于赵云的身体状况，对他的采访大部分都是由儿子赵敬凯讲述，但坐在一旁静静聆听的赵云偶尔会含糊地说上一两句。

"为国尽力，为国尽忠。"正是这位87岁老人踏上朝鲜战场最为朴素的初心。

1950年，赵云参军。当年10月，他奉命奔赴朝鲜战场。

赵云参加过抗美援朝第一次战役、第二次战役、第三次战役、上甘岭防守阻击战等。战场上，他的双腿由于长期泡在有积水的坑道中，患上了严重的静脉曲张，至今留有不能完全愈合的溃破伤口，步履蹒跚。硝烟炮火中，他穿越火线，冒着生命危险递送情报，荣立二等功。

云山战斗，是抗美援朝战争第一次战役的一次重要战斗，是中国人民志愿军与美军在朝鲜战场上首次交锋。"在朝鲜战场上，美军的飞机是最危险的，我们炮兵阵地也是敌军飞机侦察和轰炸的主要目标，战斗激烈到啥程度，炮管都打得发热变形。一个接一个装炮弹，我这手夹在炮弹缝里，骨头碎了，现在伸不直。"老人断断续续地说，"我们的炮弹像雨点一样洒在敌军阵地上，'轰轰'的爆炸声不断响起，每门炮都拿出最大的发射速度，从不同角度攻击目标，有的战士观察敌情，炮兵就根据报告调整攻击的角度方向。"

据赵敬凯介绍，父亲曾回忆，在云山战斗中，炮兵第1师的火炮阵地离美军坦克营只有三四百米，但是志愿军战士们非常英勇，把美军打得节节败退。据记载，在云山战斗中，赵云所在的炮兵第1师发挥了关键作用。云山战斗中，我军打破了美军不可战胜的神话。

据赵敬凯回忆，父亲的二等功是在上浦防战斗中立的，小腿上一处伤也是在这次战斗中被炮弹所炸留下的。"我送情报，敌机就在头上扫射，我只能躲到着火的弹坑里，找机会向前冲。"

赵敬凯说，在这次战役中，父亲大胆机灵，越战壕，过封锁，成功把命令传达给前沿作战部队，立下了战功。而当记者问及当年都递送了什么情报时，虽已时隔近70年，这位老战士仍颤颤巍巍地回答："保密，不能说，不能说。"

赵云档案中一份泛黄的"干部结论"证明这位老战士当年的英勇和无畏。"战斗中不怕苦不怕死，积极求战，英勇杀敌。完成任务突出，荣记二等功一次，受师通报嘉奖一次。"

老英雄转业不提功与名

自1978年从部队转业,哪怕生活艰苦,赵云也从没向任何一级组织透露自己上过战场、立过战功。儿女双双下岗,他没找任何一级组织提出为孩子安排工作的请求。直至2018年,辽宁省阜新市海州区站前街道科技社区开展退役军人信息采集工作,老人的儿子拿着一个小小的包裹来到信息采集站,打开包裹露出锈迹斑驳的抗美援朝纪念章,人们才知道,这里住着一位老英雄。

"爸爸话不多,总是沉默,不与人争。他不在乎这些功名,也很少提,他说得更多的是自己的战友。尤其是立功的战役中,一位副连长被敌人的炮弹击中,整个上半身炸没了。眼睁睁看着战友牺牲在自己面前,爸爸一提起这件事就会掉眼泪。"赵敬凯说。

1956年,赵云从朝鲜战场回国。1978年,他从部队转业,被分配到阜新市水泥厂任党总支副书记。从此,抗美援朝的记忆被老人深深封存在心里,鲜少与人提及。

当记者问及他为何多年深藏功名,赵云只是淡然地说:"从战场上回来时,我的战友们就剩下十分之二了。我能回到祖国,过上和平的晚年生活,已经非常知足了。"

如今,老人和儿子儿媳一起,住在一室一厅的小屋内。屋里只有几件普通的家具,墙上挂着的一件绿色军装格外引人注目。意识虽并不完全清楚,但赵云还是偶尔会呆呆地望着这件军装,默默地抬起右手,敬一个军礼。

(刊于《参考消息》2020年9月23日第11版)

年轻的王海(受访者供图)

【人物简介】

　　王海,1926年1月生,山东烟台人。1946年6月参军。曾任志愿军空军第3师9团1大队大队长。在抗美援朝空战中,王海共击落击伤敌机9架,先后荣立过二等功、一等功、特等功,被空军授予"一级战斗英雄"称号。他所带领的"王海大队",与号称"世界王牌"的美国空军激战80多次,击落击伤敌机29架,荣立集体一等功。王海先后任师长、副军长、广州军区空军司令员、空军副司令员、空军司令员等职,是中国共产党第十二届、十三届、十四届中央委员会委员。1988年9月被授予空军上将军衔。

空中拼刺刀，打出中国空军赫赫威名
——记空军一级战斗英雄王海上将

文/《参考消息》记者　梅世雄

2020年8月2日，又一位将星陨落——这天上午，中国人民解放军空军原司令员王海上将在北京逝世，享年95岁。

消息传出，人们表达深切惋惜之情，沉痛悼念这位在抗美援朝战场上打出国威军威的空战英雄。

2020年9月19日上午，军地各界人士在北京八宝山送别抗美援朝空战英雄王海上将（申进科　摄）

在中国人民革命军事博物馆内，陈列着王海当年驾驶的米格-15歼击机。机身上绘有9颗红星：5颗空心的星代表击伤敌机数量，4颗实心的星代表击落敌机数量。

初试锋芒：带队击落敌机，自己并不满意

1950年6月，中国空军第一支航空兵部队——空军第四混成旅在南京正式成立，这支部队集中了当时空军的所有战斗力，王海进入该旅。

1951年，抗美援朝战争进入第二年。经过5次战役，志愿军地面部队已将以美国为首的"联合国军"打到三八线以南，并将战线暂时稳定在这一地区。但并无诚意的对手一边开始停战谈判，一边发动新的攻势，企图凭借空中优势取得军事和谈的有利地位。

肩负着党和祖国人民的期望，1951年10月，25岁的飞行大队长王海率队飞抵安东（今辽宁省丹东市）浪头机场，到了硝烟弥漫的战争前线。

刚刚入朝，王海遇到前所未有的挑战。当时，人民空军组建不久，飞行员平均年龄仅20多岁。王海和他的战友们的飞行时间平均只有200多小时，驾驶喷气式飞机飞行还不到20小时，甚至有相当数量的飞行员在上战场之前还没用实弹开过炮。

此时，在朝鲜天空上横行的美国飞行员大都参加过第二次世界大战，"喝"过成千上万吨航油，是飞过上千小时的空中"老油条"。

王海生前曾回忆，由于缺乏实战经验，一连几次空中战斗都是乘兴而去，空手而归，不但没打上仗，连敌机的影子也没发现。

那段时间，王海心急如焚，夜夜睡不好觉，脑子里整天想的就是敌机、空战、攻击。为了找出原因，一有时间，他就组织大家研究分析。通过精心的研究摸索，症结终于找到了，大家期盼着新的战斗到来。

1951年11月9日，王海率队再一次升空作战。上午9时44分，地面指挥所通报：发现平壤以南有8架美空军F-84战斗轰炸机在盘旋活动。然而，当我机群飞至战区后，发现美机已经返航，失去了交战的机会。

"正当我们掉转机头返航时，又接到地面指挥所通报，前方40千米处敌一架FMK-8型飞机在活动。"王海在回忆录中写道，"经请示带队长机允许，我率本大队焦景文、周凤性、刘德林等人驾机向前方飞去。

眨眼之间就飞到了敌机活动的空域,一眼就看到了那架敌机。"

这是一架敌空中侦察机,正在进行战斗巡逻飞行。

王海在回忆录中写道:"我们集中优势兵力,实施大速度勇猛追击,一下子追出100多千米,终于在镇南浦上空追上了敌机。我随即对准敌机尾部按动炮钮,这是我平生第一次向敌机开炮,把满腔怒火和着炮弹一起向敌机射去。咚!咚!咚……一串串炮弹拉出一条条光线直扑敌机,眼看着敌机中弹负伤晃来晃去,就是不往下掉。我又急忙按动炮钮,却听不到炮弹出膛的声音,原来是炮弹打光了。"

"你们攻击!"王海一面退出攻击,一面指挥后面3架飞机开炮射击。

跟在王海后面的焦景文和周凤性听到命令急按炮钮,不一会儿,炮弹一泻而光。但这架伤痕累累的飞机仍摇摇晃晃拼命向其老巢飞去。就在这时,刘德林急忙跟上来,对准敌机接连开炮。他一会儿绕到敌机左边开炮,一会儿绕到敌机右边开炮,一会儿又绕到敌机尾部开炮,把敌机当作活靶子打。

刘德林返航着陆后,王海和战友们过去异口同声地问:"打掉了没有?"他拳头一挥说:"嘿,真过瘾!我眼瞅着它拖着火焰掉了下去。"

王海并没有因初次取胜陶醉,相反,他对这次空战并不满意。回到飞行员休息室,他在飞行记录本上写道:"这次空战的教训,首先是攻击时不是有掩护、有攻击地进行射击,而是轮流射击,形成了'车轮战'的攻击方法。其次是不注意节约弹药,在攻击的四人中,三人都把炮弹打光了。最后是谁攻击完谁走,本来是可以继续伴攻相互掩护的,但我们没有这样做。"

王海意识到,空中格斗远非想象中那么简单,空中战士仅有勇敢不怕死的精神是不够的,还要熟练掌握技术和战术,才能更有效地打击敌人,以小的代价夺取大的胜利。

边学边打:迎战美国空军王牌飞行队

在赢得"开门红"战斗9天后,王海和他的战友们又取得辉煌战果,打出中国空军的赫赫威名。

1951年11月18日,美空军184架飞机在朝鲜北部永柔地区上空活动,其中数批窜入安州、清川江一带轰炸扫射。志愿军大机群奉命飞往战区截击敌机。

王海带领6架战鹰腾空而起。当飞机接近清川江大桥时,王海清楚地看到,左前方低空有五六十架F-84美机正在轮番轰炸大桥,江面上升腾起一股股浓烟。

"跟我攻击!"王海一声令下,6架米格-15战机对着敌机群猛冲下去,从6000米高空一直俯冲到1500米低空,以迅雷不及掩耳之势对飞蝗般的美机群展开攻击。

经过一番缠斗,被冲散的敌机重新集结,8架首尾相接,排成一个大圆圈。这种"罗圈战术",既能相互掩护,又能在一圈套一圈的飞行中逐步摆脱困境。王海看这阵势,灵机一动,不能跟着敌机转圈,必须发挥我机优于敌机的垂直机动性能,打破他们的罗圈阵。

美机的水平机动性能优于米格-15,然而垂直机动性却要逊色不少。王海大喝一声:"爬高占位!"6架战鹰"唰"地拉上了高空,接着又猛冲下来。再拉上去,再冲下来……

罗圈阵被砸开了、被冲散了。王海抓住有利时机,在500米距离上瞄准敌机,首先开炮。敌机翻滚着跌落下去。僚机焦景文及孙生禄分别在600米和300米的距离上又把敌机打得凌空开花。接着王海、焦景文双机乘胜追击,又各击落1架敌机。敌机四下逃散,王海没有恋战,他果断地下达命令:"集合返航!"

这一仗,敌我兵力10∶1,战果却是在我军零伤亡情况下让敌军损失好几架飞机。王海指挥果断、战术灵活、动作勇猛,打得干脆利落。

在战斗间隙,王海撰写了《对空作战几个问题的体会》,在志愿军空军中第一次从军事学术研究的角度介绍了自己驾驶喷气式战斗机作战的经验。这篇文章被时任志愿军空军司令员转发全部队,在部队掀起了一股钻研战术的热潮。

学术研究很快见效于空战。12月3日,王海率队在15分钟内击落击伤敌机6架;15日,为掩护兄弟部队,王海率4机与美空军12机空战,不但完成了掩护任务,而且取得了击落敌机5架、击伤1架的骄人战绩。

1952年初，王海所在部队回国进行休整、训练。5月1日，"王海大队"重返朝鲜前线，并进行飞机改装。

1952年12月3日下午，正在进餐的"王海大队"飞行员突然接到总部下达的战斗命令：敌人72架F-86掩护56架F-80战斗轰炸机在平壤等地区进行扫射轰炸。

王海奉命率一大队12架战鹰赴2号战区迎敌，到达清川江上空时，接到地面指挥员"左前方距离20千米处有敌机"的指示。王海发令，12架战鹰向4架敌机围了上去。敌机遭到突然袭击，慌慌张张投掉副油箱，加速逃窜。王海没有贸然下令追击，而是命令大家整理好队形，等待敌主力机群过来再打。果不其然，这4架敌机刚刚逃走，一大群敌机排成"品"字队形，多层多域，黑压压地飞了过来。

见敌机已完全暴露在面前，王海下令攻击。顷刻之间，12架战鹰猛扑下去，20架敌机一下子乱了阵脚，被冲得四处乱窜。

见敌机群已被冲散，王海命令飞行员们采取各个击破的办法，向下层的敌机展开攻击。就这样，在他的带领和指挥下，一大队全体队员与敌机展开激烈的较量，最终出色地完成了任务。

战后，王海才得知，与他们交手的就是美空军王牌飞行队——第二次世界大战中声名赫赫的五十一大队。

就是在这场大空战中，王海失去了战友孙生禄。被2架敌机咬尾的孙生禄为了保护空中指挥员和机群的安全，不顾自身安危，驾机向4架敌机冲去，却被后面的敌机击中。勇敢的孙生禄在弹雨中坚持与敌周旋，直至飞机轰然起火⋯⋯

到抗美援朝战争结束，王海所在飞行大队共参加空战80多次，击落击伤敌机29架，被誉为"英雄的王海大队"。

面对英勇善战的王海和志愿军空军，美国远东空军不得不承认，"中国空军在鸭绿江和清川江之间占了几乎绝对优势"。美国空军参谋长范登堡在考察战场后也感叹说："共产党中国几乎一夜之间就成了世界上主要空军强国之一。"

"如果你们再来进攻我们，我还要把你打下来"

1984年7月，时任空军副司令员的王海作为中国军事代表团成员访问美国。在五角大楼的一间会议室里，当中国国防部部长张爱萍介绍到王海的时候，在座的美国空军参谋长加布里埃尔上将上前握住王海的手说："你就是那个朝鲜战场上的王海？我当年在朝鲜战场上就是被你打下来的。"

神色诧异的人们纷纷把目光投向王海，他微笑着说："如果你们再来进攻我们，我还要把你打下来。"关于这段往事，王海生前接受记者采访时曾说，当时可能是翻译有误，把加布里埃尔那句"被你们打下来的"翻译成"被你打下来的"。在朝鲜战场上，机群与机群作战，加布里埃尔不可能确切地知道是王海把他击落的。

第二年，加布里埃尔到中国访问。他提出一个要求，要亲眼看看王海当年驾驶过的那架米格飞机。在中国人民革命军事博物馆，这名王海昔日朝鲜上空的对手、曾被王海大队击落逃生的老飞行员久久徘徊在那架已显陈旧的米格-15前，凝视着机身上那永不褪色的9颗红星……

加布里埃尔在这架英雄战机前留影后，说自己最喜欢的格言还是中国的一句老话：不打不成交。

从大队长、团长、师长、副军长一直到空军司令员，王海这位战斗英雄始终保持着自己在朝鲜空战中表现出来的勇气与探索精神。1985年至1993年，在他担任空军司令员期间，空军的飞行训练、飞行管理逐步走上正规化道路，具有本科学历、能飞4种气象的飞行员成为我国空军航空兵部队的主体，部队整体作战能力和反应速度显著提高。

在1988年的全军授衔中，空军被授予中将以上军衔者32人，他们中有16人参加了抗美援朝战争，其中14名飞行员中有13人共击落击伤敌机53架。他们击落敌机的总数，大大超过他们肩上的将星数量。

这批将军中，时任空军司令员王海是唯一的上将。

（刊于《参考消息》2020年9月24日第11版）

刘振山20世纪50年代复员后的证件照（受访者供图）

【人物简介】

刘振山，1925年生，辽宁本溪人。1948年10月参军，1950年11月入朝作战，是志愿军第38军114师340团1营1连的战士，先后参加了抗美援朝第一次战役中的德川战斗、价川围歼战，在1951年作战中，头部、肩部、手部、腿部四处负伤。获抗美援朝纪念章。1954年7月复员，被安排到本溪市工业局铜铅锌矿工作。1962年下放回乡。

每天急行军,没空考虑生死
——记志愿军老战士刘振山

文 /《参考消息》记者 范春生

子弹留在身体里8年,左肩曾被弹片掀去一块肉……2020年7月底,记者乘车前往辽宁省本溪市本溪满族自治县小市镇碱厂堡村,见到了这位颇具传奇经历的抗美援朝老战士刘振山。腿脚不太灵便的他热情地向记者打招呼。95岁高龄的老人一脸慈祥,精神状态很好,面带刚毅,令人印象深刻。

"时间太久,有些战役、战友的名字、战斗过的地方,都记不太清了。但那些难忘的拼杀、行军场景还历历在目。"老人说,现在会经常告诉小辈们,和平年代要多学知识、增长本领,报效国家、保家卫国的弦永远不能松。

"阵地上只剩我和机枪手"

刘振山出生于1925年,家中一共4个孩子,在那个兵荒马乱的年代,父母抚养起来非常吃力。"1948年发生了灾荒,庄稼几乎绝收,吃不上饭。为了吃饱饭,我就去当兵了。"老人说,参军后,部队一直驻扎在丹东东港的大孤山。

1950年6月,朝鲜战争爆发。刘振山回忆说,当时所在部队首长问大家:"是希望在家里打侵略者,还是过江到对面打?"战士们纷纷回答:"跨过鸭绿江去打。"随后,部队在大孤山、丹东进行了兵团操练,操练期间还种了水稻,收成后运往丹东,为战争做准备。

老人告诉记者,1950年10月的一个晚上,自己作为志愿军第38军114师340团1营1连的一名战士,随大部队在吉林省通化市集安一带过江,顺利进入朝鲜。在这以后,几乎每天都是急行军,生与死根本没时间考虑。

入朝期间,刘振山参加了大大小小不少的战斗。有一次,他跟战友们奉命坚守一块阵地,大批美军连续向他们发起攻击。"那场仗是跟美军第7师打,当时,我们连的人基本打没了,最后阵地上只剩我和机枪手张国友。我是步兵,他喊我,快过来用机枪火力压住敌人。我没多想,急忙跑过去端起一挺机枪。敌人黑压压地往上冲,我就用机枪猛烈扫射,也不知道打死了多少人。"说到这个细节,老人略显激动。

敌众我寡,刘振山接连中弹。他的右腿、左肩、头部、手指四个部位不是被子弹击中,就是被弹片划伤,伤痛令他昏迷过去。

"脚和鞋几乎冻在一起"

入朝期间,除了与敌人正面交锋,那些搏杀背后的故事同样令刘振山难以忘怀。

有一段时间,美军的飞机天天轰炸。"向三八线推进时,一次行军,敌人的飞机发现我们的队伍,便开始投弹。很快,就有战友牺牲了。"刘振山说,部队任务艰巨、时间紧迫,大家踩着尸体前行,有敌人的尸体,也有战友的尸体,"很惨烈"。

一天晚上,向南急行军要蹚过一条河。当时天气寒冷,刘振山脱下鞋,快速蹚到对岸后穿上,紧接着就跟阻击的敌人交手。"几个来

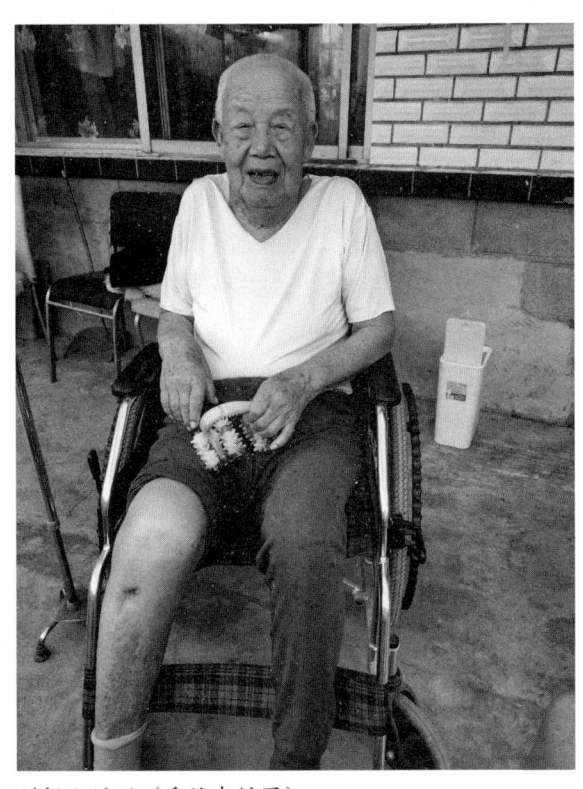

刘振山近照(受访者供图)

老战士访谈录 | 157

自南方的战友缺乏经验,是穿着鞋过河的,结果一上岸,脚和鞋几乎冻在一起,挪动都费劲。所以打起仗来受到很大影响,有的人牺牲了。"刘振山说,现在想起来这一幕,都感到惋惜、痛心。

"从没向别人张过嘴、伸过手"

复员后,刘振山身上的几处旧伤日积月累,逐渐加重。尤其是右小腿中的弹,直到1959年才取出来,一"住"就是8年。

"那时我在矿上上班,右腿疼得不行,伤口处经常会流出液体,才不得不做手术。"老人说,手术中取出来一看,子弹都弯了。"现在,这腿留下后遗症,经常胀乎乎的,很不舒服。"另外,左肩伤也对生活造成了较大的影响。

"刘振山的老伴儿去世早,他身体残疾,却一直精心照顾5个儿女,从没抱怨过,也没麻烦过村里。"70岁的碱厂堡村原支书孙广金说,小时候常听长辈讲起刘振山入朝作战的事迹,很是钦佩。老人一有机会,就向村里的年轻人讲述抗美援朝的故事,讲述志愿军的精神,大家很受鼓舞。

大女儿刘淑华对记者说:"父亲一辈子吃了太多的苦,付出很多,我小时候身体很差,他经常背着我去医院,姥姥长年有病,父亲就像亲儿子一样照顾她,家中所有的困难他都一个人扛着,从没向别人张过嘴、伸过手。"

儿子刘大勇说:"父亲有一个爱好,就是每天都要看中央电视台关注国际时事,还总跟我们说,当年国家那么困难都没怕过谁,现在经济发展了、国防强大了,更不会怕谁了。"

"要照顾好身体,不要成为家庭和国家的负担……"这是刘振山如今最常念叨的一句话。

(刊于《参考消息》2020年9月25日第11版)

年轻的常宗信（受访者供图）

【人物简介】

常宗信，1929年9月29日生，山东牟平人，辽宁省军区沈阳第五离职干部休养所离休干部。曾参加过淮海战役、抗美援朝战争。抗美援朝战争期间，任志愿军第27军79师司令部参谋，先后参加了第二、第五次战役。在第二次战役中参加了著名的长津湖战斗，多处负伤。荣立二等功一次、三等功六次、四等功三次，荣获解放奖章、胜利功勋荣誉章。

"我们的胜利是拼出来的"
——记志愿军老战士常宗信

文/《参考消息》记者　崔师豪

在庆祝中华人民共和国成立70周年阅兵式上，21辆礼宾车载着老一辈党和国家、军队领导人亲属代表，老一辈建设者和家属代表，中华人民共和国前参加革命工作的老战士，老一辈军队退役英模、民兵英模和支前模范代表徐徐驶来。作为"致敬"方阵中的一员，身穿解放战争时期军装、胸前挂满勋章的常宗信向天安门庄严敬礼。

常宗信（右）参加庆祝中华人民共和国成立70周年阅兵式留影（受访者供图）

这并不是常宗信第一次参加国庆活动。1956年和1964年，他曾两次参加国庆观礼。"跟党走了几十年，知党恩、报党恩，是我终生未曾动摇过的信念。"常宗信说着，思绪渐渐来到了几十年前，回忆起过去的峥嵘岁月。

天寒地冻留下后遗症

1943年，常宗信家里穷困，吃饭都成了难题。迫于生计，他不得不到烟台市的一处绸缎庄里当学徒。1945年8月，八路军解放烟台后，常宗信家里分到了4亩（0.27公顷）地，"日子渐渐好了起来，也能吃饱饭了"。从这时起，常宗信便起了参军的念头。1947年，国民党军队进攻山东，"为了保田保家，那年7月份我参了军"。

"抗美援朝是对我最大的考验。"常宗信回忆，1950年11月，他随着部队进入东线战场长津湖地区。"太冷了，实在是太冷了。山脚下的气温大约有零下40摄氏度，山顶上则低至零下50摄氏度。"

志愿军战士们露宿野外，睡在松树下、土沟里。常宗信即便穿着大头棉鞋，脚趾也被冻得脱皮。"脚被冻得发麻，耳朵、鼻腔也被冻坏了，现在还有后遗症。"记者发现，相比左耳，老人的右耳明显更干瘪，这是耳朵上的神经与血管被冻坏的结果。"在长津湖被冻死的战友太多了，我这点儿冻伤不算什么。"

1956年秋，常宗信（站立者）在张家口高级通信学校任军事教员时进行野外作业（受访者供图）

作为参谋,抄写报告也是常宗信分内的工作。有一天,因天气寒冷,常宗信钢笔里的墨水被冻住了,写不出字。"无奈之中,我就叫通信员找来些干柴,点着生了一小盆火,我边烤边写,边冻边烤。"由于疲劳过度,在烤笔的过程中,常宗信打了一个盹儿,结果将钢笔管烤化一截。

"我心疼极了。这是攒了好久的津贴费才买来的钢笔。"后来,常宗信就找来一个铜片固定住钢笔,坚持使用,直到回国后才重新配上了新笔管。

遭袭击,艰苦跋涉转移

说着说着,常宗信将头转了过来,手指着左侧太阳穴的位置,记者发现,那里有一处明显的凹陷。"这是在第五次战役时,一天清晨我们在汉江边休息,突然遭到敌军炮火袭击,被机枪弹片打的。"

当时,常宗信所指挥的通信小分队牺牲了六人,通信科于科长受重伤。情况紧急,参谋长迅速下令,机关立即转移,常宗信留下处理善后工作。"组织派了五名战士协助我,要我抓紧处理,尽快离开。"

常宗信并没有向首长汇报自己的伤势。"要是知道我负伤了,组织上绝对不会把这个任务交给我。"他安排三名战士砍了两棵小松树,用敌人遗弃的电线绑起来做成简易担架。

"我和另外两名战士一起,挖坑掩埋牺牲的同志。为便于以后查找,我将他们依次在几棵大树下掩埋,并在树上做下标记。"

掩埋好战友后,常宗信立即带领五名战士转送受重伤的于科长。"当时下着暴雨,汉江水位猛涨,水深已到胸部以上,水流又急,人在水里站不稳。我就让四名战士抬着担架,我和另一名战士在后面推。"

因汉江河道曲折,常宗信一行七人连续三次过江,才走到对岸。渡江后常宗信发现,前方部队在路上踩的脚印已被大雨冲平,难以辨别部队的转移方向。"我猛然想起雨天可以靠树皮的粗糙面和光滑面确定方向。粗糙的一面就是北边。"确定方位后,常宗信便带领战士们火速向大部队进发。

战士们因为先前渡江耗费了太多体力,身体都很虚弱,"爬上一座小山坡都要跌上好几跤"。经过艰苦跋涉,在两天一夜水米未进的情况下,他们终于在第三天傍晚遇上了一个部队收容站。"我们把于科长交给他们,打了接收条。"

作战任务接连不断,直到停战协定签订,常宗信才空出时间,处理安葬六名战友的事儿。"当我回到汉江边那座山林寻找战友安葬地时,才发现满山的树林已被燃烧弹烧了个精光。"

"我们的胜利是拼出来的,千难万险也不能让我们中国人的意志屈服。我就是普通一兵,别的道理我不明白,我就明白身为中国人要知党恩、报党恩,这是我从未动摇过的信念。"常宗信说。

(刊于《参考消息》2020年9月25日第11版)

1952年,王凤和在朝鲜板门店附近的坑道口前(受访者供图)

【人物简介】

王凤和,1925年生,山东临沂人。1945年参加八路军,1946年加入中国共产党,曾参加辽沈战役、平津战役、渡江战役、衡宝战役、解放海南岛和抗美援朝出国作战。1950年10月进入朝鲜作战时任第40军120师359团1营1连指导员。抗美援朝期间,曾参加第一、四、五次战役。荣获朝鲜政府颁发的三级国旗勋章。1962年被授予中校军衔。1963年任120师后勤部部长。1972年任120师副参谋长。1979年转业至沈阳市城建局。1985年离休。

只要祖国有需要,随时准备上战场
——记志愿军老战士王凤和

文 /《参考消息》记者 张非非 孙仁斌

每天早晨7点,95岁的抗美援朝老战士王凤和准时起床,洗漱后,先在自家门前的菜园里转转,除除草,浇浇水,然后吃早饭,收听、阅读当天的时事新闻。

95岁的王凤和讲起朝鲜战场上的往事,仍豪情满怀(孙仁斌 摄)

虽已进入耄耋之年,老人耳不聋、眼不花,头脑清晰、身板挺拔,且极为健谈。在他的案头,摆放着已经被翻阅得有些破旧的《中国人民解放军步兵第一二零师师史》一书,红色的封面十分醒目,书的最后一部分是"连以上干部烈士英名录",王凤和几乎每天都拿着放大镜翻看这本记录着他和战友们的戎马生涯的史册。

王凤和说:"这些是我的战友,他们牺牲在朝鲜战场上,我无时无刻不在想念他们。"

"祖国的大好河山,我还没看够"

1950年5月1日,海南岛解放。

王凤和作为中国人民解放军第40军的一名连队指导员,参与了解放海南岛的战役。

"解放海南岛后,我们的部队驻扎在广西北海,后来开始北上。战士们都是小伙子,行军路上,大家都很兴奋,盘算着全国除了台湾都解放了,自己该回老家了,'三亩地一头牛,老婆孩子热炕头',早点儿结婚娶上媳妇。"王凤和回忆起当年的情景。

行军途中,美国侵占朝鲜、美军第7舰队封锁台湾海峡的消息传来,战士们群情激愤:"我们打了这么多年仗才建立了新中国,任何人再敢侵略,谁也不答应!大家都说,一定要保家卫国!"

王凤和所在部队奉命北上,战士们坐上火车,经过八天八夜长途跋涉,赶赴中朝边境的安东市(今辽宁省丹东市)。在安东,经过两个多月军事训练和政治教育后,1950年10月19日晚,大部队雄赳赳、气昂昂,踏上前往朝鲜的征程。

"大概是晚上7点多,我们的部队上了鸭绿江大桥,大家对'出国'感到很新奇,一边走一边聊天,很多战友说,没见过国外啥样子,这回去了要好好看一下。"王凤和回忆说。

连队副指导员王哲厚是山东莱阳人,和王凤和非常要好,他一边走,一边回头顺着鸭绿江桥望向安东。

"你不好好行军,老回头干啥?"王凤和问他。

"咱们祖国的大好河山,我还没看够啊,刚解放,还没好好走一走、看一看,就要出国作战了。"王哲厚告诉王凤和。

"那有啥,等咱把美国人打跑了,回来坐着火车看、坐着飞机看,把这中国大地看个够!"王凤和打趣说。他的一番话,使原本有些凝重的气氛变得活跃起来,战士们精神抖擞,迈着齐整的步伐,向江对岸走去。

王凤和老人摩挲着出国前他和战友王哲厚合照的一张黑白相片,眼中泪光闪烁。当年的一幕幕重现眼前,老人心潮起伏。

"在第二次战役中,王哲厚牺牲了。他人特别好,也很负责任,他在连队管青年团,管纪律,还管炊事班,每天晚上临睡觉前,大家都躺下了,他还要在连队里到处看一看。打起仗来,也是敢拼敢杀,听到他牺牲的消息,我们都哭了……"王凤和说。

悲痛之余,战士们化悲愤为力量。为战友报仇、保卫好国家,是他们心中最朴素的信念。这种信念和力量,支撑着战士们战斗到最后。

"67人啊,无一幸免"

进入朝鲜后,所到之处一片废墟,战士们的心情越来越沉重。看着一江之隔的邻国被美军轰炸得不成样子,他们一个个握紧了拳头。

"很多被飞机轰炸过的地方还在着火冒烟,我们一边走,一边想:这就是美国人所说的维护和平?"王凤和回忆说。

很快,王凤和所在部队和敌军不期而遇。1950年10月25日,志愿军打响抗美援朝战争第一枪。在第一次战役中,志愿军顶住美军的狂轰滥炸,歼敌1.5万余人,将以美国为首的"联合国军"从鸭绿江边赶到清川江以南。志愿军以战略上的后发制人和战役的突击性,给予敌人迎头痛击。

王凤和与战友们乘胜追击溃败的美军。"美军有的背包都扔了,棉衣都扔了,一边跑一边向我们开枪。就在这时候,我负伤了。"王凤和左手被流弹打伤,鲜血汩汩而出。"当时都杀红了眼,也觉不出疼,就觉得手上热乎乎的。"这次负伤导致王凤和小指失去功能,留下终身残疾。

第一次战役结束后,王凤和被送回国内短暂休养,三个月后又重返战场。经过炮火的洗礼,他更加成熟,1951年5月开始担任第40军120师359团1营教导员。

除了在战场上和敌人殊死搏斗,平时,战士们还要修筑军事工事,借助地形地势,增强阻击敌人的能力。面对敌军的空袭、炮战,坑道成为抗美援朝战争中较常用的军事工事。

1953年2月开始,王凤和所在部队奉命到板门店一带搞坑道防御。5月27日下午1点多,在2连的二号坑道内,2排的33名官兵和46军派来的34名官兵正在熟悉阵地,准备换防。2连副连长高学义守在坑道口观测敌情，突然，几架美军轰炸机呼啸而至，高学义还没来得及向坑道内报信，几枚炸弹落下，坑道被炸出一个10多米深的大坑，高学义则被气浪推出10多米，昏倒在地。

两个多小时后，高学义醒来时，坑道已被完全炸塌，67名干部和战士全部被掩埋。高学义从地上爬起来，急忙向营部报告。得到这一消息，营部的战友们非常愤慨，作为营教导员的王凤和马上起身，要前往现场了解情况。

"营长、副营长要去，我不同意，我在这个营待的时间最长，我最熟悉情况，要去就是我去。"王凤和带领两名战士，挎上冲锋枪，向被炸毁的坑道进发。

途中，三人被美军观察哨发现，敌人随即向他们所在位置发射了一枚烟幕弹。

"不好，快找掩护！"王凤和拉起两名战士快速向附近一处事先挖好的汽车掩体跑去，三人刚躲进去，外面就响起炮弹齐发的声音。

"先前敌人发射烟幕弹，就是给他们的炮兵发信号，他们看到烟幕弹就开始发射炸弹。炸开的炮弹铁屑比花生米大不了多少，在它附近，连一只蚂蚁都活不下来。"王凤和说。

为避免敌人再次袭击，三人在掩体内一直等到天黑。

"营长和副营长给2连打电话，听说我们一下午都还没到达，都以为我们已经牺牲了……"趁着夜色，王凤和带着两名战士来到2连，看到现场被炸的深坑和被掩埋的坑道，流下了眼泪："67人啊，无一幸免……"

随即，王凤和在现场决定，从炮排1班、2班抽调士兵，重新组建2连2排。"2排没有被打光，永远不会被打光，我们必须坚守住这片阵地，兄弟部队什么时候来换防，我们什么时候把阵地完整地交给他们！"

抓到美军俘虏，配合板门店斗争

1951年7月10日，朝鲜停战谈判首次会议在开城举行。这是中美交战九个月后进行战略调整的结果，直到1953年7月27日双方在板门店签署《朝鲜停战协定》，谈判一直在谈谈打打中进行。

王凤和回忆说，双方在板门店谈判期间，他所在团就驻守在军事缓冲区附近，但美军经常在缓冲区附近"搞小动作"制造事端。

时任外交部副部长、中央军委总情报部部长李克农受命率领停战谈判工作组，负责谈判工作。1952年7月，谈判斗争越发激烈，面对美国各种破坏谈判的举动，李克农要求志愿军在军事缓冲区附近抓捕美军俘虏，搜集美军破坏谈判的罪证。

"在我的印象里，美国人向来是不讲理的，经常耍无赖、说假话，谈判时以势压人，他们总想着靠武力来吓唬人。"王凤和回忆说，谈判过程中，美军经常搞偷袭，甚至打死过我军的一名警卫排长，但在谈判桌上，他们以没有证据为由拒不承认。

"当时我们团负责防御，受命必须在一周之内抓几个美军俘虏，作为谈判活证，直接配合板门店斗争。"接到命令后，王凤和指挥战士们当天夜里就在军事缓冲区附近挖洞，设好埋伏，等待美军"入瓮"。

白天军事缓冲区一般比较平静，美军大多晚间出来行动。一连两天，军事缓冲区静悄悄的。到第三天拂晓，小雨淅沥，浓雾弥漫，美军一个小分队偷偷潜入缓冲区我方一侧，早已埋伏在此的四组中国人民志愿军侦察员将其四面包围，截断退路，五个美国兵遭遇突然伏击，还未回过神来，便全部成了我军俘虏。

"上级首长非常高兴，说你们抓到五个俘虏，相当于打了一场大胜仗！"老人开心地回忆道，仿佛又回到了当年的战场。

后来，团长李林一回来转述说，李克农副部长非常高兴，说我师及时抓到的俘虏，给谈判提供了活证据，给蛮横傲慢的美方代表以迎头痛击，迫使他们不得不低头认错，我军在谈判桌上又打了一个胜仗。

1953年7月27日，《朝鲜停战协定》在朝鲜板门店签署。王凤和所在部队也接到命令，撤离朝鲜回国。

"当时说27日晚上10点钟停止一切军事行动，上级要求我们回到营部后抓紧准备，限时离开朝鲜。我记得从团部回来的时候赶上下大雨，晚上七八点钟的时候，敌人的飞机还在轰炸，到晚上10点，飞机没了，爆炸声也没了，一切军事行动都停了下来。"

7月29日，王凤和与战士们冒着雨登上了回国的火车。

1952年，王凤和（左）与战友在朝鲜板门店附近的坑道口前合影留念（受访者供图）

回国后，王凤和在解放军总高级步兵学校指挥系学习，1962年被授予中校军衔，1968年，作为沈阳军区正团级以上干部在北京接受毛主席等党和国家领导人接见。

"没有和平稳定的环境，就没有今天改革开放取得的巨大成就。我们中国人热爱和平，但从不怕打仗。不管什么时候，只要祖国有需要，我们军人随时准备上战场！"王凤和说。

（刊于《参考消息》2020年9月29日第11版）

孙景坤1953年军装照（受访者供图）

【人物简介】

孙景坤，1924年生，辽宁省丹东市元宝区金山镇山城村人。1947年参军入伍，解放战争中凭借过硬的作战能力，先后在辽沈战役中立三等功，在平津战役和海南岛战役中分立二等功。

1950年10月，孙景坤第一次随志愿军第40军119师357团入朝作战，后因负伤归国治疗。疗伤结束后，二渡鸭绿江，因与部队失去联系再次回国。在志愿军某机关获取部队位置后第三次赴朝，找到部队后立即投入战斗，由于作战机智英勇，被记一等功一次。

1955年，孙景坤复员回乡，积极投身乡村建设，带领村民脱贫致富。战争年代奋勇杀敌，和平岁月隐姓埋名、不计得失服务乡里，孙景坤用自己的一生，诠释着"爱国奉献"四字。

三渡鸭绿江战沙场　献身山城村甘务农
——记志愿军老战士孙景坤

文/《参考消息》记者　于　力　高　爽

他叫孙景坤，今年96岁，中国人民志愿军老战士。

盛夏，辽宁省丹东市元宝区山城村，一条偏僻的小巷，一间不起眼的平房。见到有人来，瘦弱的孙景坤赶忙在家人的搀扶下坐起，用力挺直佝偻的腰背，和蔼地招呼来访者。

"听不清了。"孙景坤指指耳朵，拿起身旁挂着多枚军功章的志愿军军装放在腿上。"这是一等功奖章，这是三等功奖章……"老英雄一边抚摸着军功章，一边讲起70年前的烽火岁月。

三过家门不入　三渡江水卫国

1947年，孙景坤参军入伍。"解放四平时，我是机关枪手，是敌人火力的重点打击对象。密集的子弹把我军装的后背都撕烂了，半个月内换了4件棉衣。"解放战争中，孙景坤凭借扎实的作战能力，先后在辽沈战役中立三等功，在平津战役和海南岛战役中分立二等功。

1950年，朝鲜战争爆发，战火烧到了鸭绿江边。刚从海南战场撤回的孙景坤随部队集结安东（今辽宁省丹东市），待命过江。

"丹东是我的老家，在外边打了3年仗，咋能不想？"孙景坤说，他结婚7天后就参军入伍，而现在，老家山城村就在眼前，常有战友劝他回家看看，他却总是拒绝。

久经沙场，一朝归乡，可大战在即，孙景坤从未向部队提出探亲的要求。

10月的一天，命令终于下来了，孙景坤随部队一起雄赳赳气昂昂跨过鸭绿江。在过江的那一刻，他和战友发出了钢铁誓言："保卫和平，保卫胜利果实！"

孙景坤所在的第40军119师357团很快就与美军在朝鲜龙水洞地区展开了激战，冲锋在前的孙景坤腿部中弹，被送回丹东治疗。养伤期间，他也没能回家看一眼。"养了一个多月伤，心里时刻想着奋战在朝鲜战场的部队和战友。"腿伤还没好利索，孙景坤就二次过江奔赴前线。

"没想到一到朝鲜，找不到之前的部队了。"原来，部队根据战事安排已经离开了原来的地方，疗伤归来的孙景坤与部队失去了联系，只好二次回国。

再次踏上祖国的土地，孙景坤仍然没有回家，而是跑到志愿军某机关打听自己部队的下落。两天后，他第三次过江追赶部队。"走之前回头看了看家的方向。只有打了胜仗，才能回家过好日子。"孙景坤说。

第三次奔赴朝鲜后，孙景坤找到了自己的部队，并立即投入战斗。

"更催飞将追骄虏，莫遣沙场匹马还。"三别故土，三渡江河，孙景坤用行动践行着志愿军战士的誓言。

孙景坤近照（杨青　摄）

迎面与敌激战　获一等功嘉奖

回忆起自己一生中最难忘的战斗，孙景坤眼噙泪花。老人说："那场激战下来，好多战友都牺牲了，阵地上最后只剩下我们4个人。"

1952年10月27日中午时分，在击退敌人一次又一次进攻后，孙景坤所在部队人员伤亡惨重，阵地三面处于敌人的火力控制之下，增援部队很难上去。

当时担任副排长的孙景坤向上级提议，由他带领9名轻伤员，带上8箱手榴弹和2箱子弹，从敌人火力死角突上阵地前去增援。方案得到认可后，孙景坤马上行动，带领战士一点一点挪上了阵地。

"敌人第四次反扑的时候，有两个敌人借着烟雾的掩护，从侧面绕到我身边，离我就两三米距离。"发现敌情的孙景坤猛地端起"水连珠"步枪，"砰、砰"两声，敌人应声倒下。"刚解决了两个，左面交通沟里又爬出两个敌人，走在前面的那人还端着一挺机枪。"可孙景坤的枪口早就对准了他。

几次反扑失败后，敌人开始逃窜。孙景坤便趴在交通沟的麻袋上，端平"水连珠"，对准慌忙逃跑的敌人，一枪一个，击毙了21个敌人。整场对战中，敌人一共组织了5次反扑，都被志愿军战士们一次次打退下去。

阵地稳固下来了，可参加战斗的志愿军战士伤亡惨重。"最后阵地上算上我，只剩下4个战士，其他人都牺牲了。"孙景坤说，这么多年，他最怀念牺牲在战场的战友。

这次战役中，孙景坤立一等功一次。1953年，在朝鲜民主主义人民共和国举行的纪念抗美援朝战争3周年授功典礼上，孙景坤荣获一级战士荣誉勋章，并受到中国代表团和金日成的亲切接见。

硝烟散去，战争在孙景坤身上留下20多处伤疤。"现在腿上还有一颗子弹没取出来。"孙景坤指着腿上一块已经变黑的皮肤说，"有一次战役，我中了两枪，一枪打在手上，一枪打在腿上。子弹（里的成分）有毒，后来腿上连带脚上的肉都烂了。"

"我爸在战场上立了功，回家后却从不对我们说。有一次，同村的人拿着一本小册子，说这书上说的英雄不是老孙头吗？我们才渐渐知道爸爸那些年在战场上经历了什么。"孙景坤的大女儿孙美丽说。

复员回乡务农　带领村民脱贫

1955年孙景坤复员，他放弃了留在城里工作的机会。8年在外征战，抗美援朝战争时期还有三过家门不入的经历，孙景坤自觉亏欠亲人太多，他决定回家乡务农，待在亲人身边。

回乡之后，孙景坤将组织关系交给村党支部，退伍手续交给地方民政部门，对自己的功绩只字未提。回乡第三天，孙景坤就拿起农具到生产队劳动。

从农民成为战士，又从战士成为农民，经历过战场厮杀的孙景坤，更加珍惜来之不易的和平生活。

"我又成农民了，可当兵后的我跟以前的我不一样了。"参军第二年，孙景坤就在战场上火线加入了中国共产党。从入党那天起，孙景坤更坚定了将自己的一生投入保卫祖国、建设祖国事业中的信念：复员前，他的奋斗阵地是战场；复员后，是亟待脱贫的家乡热土。

复员回乡后，孙景坤在老家山城村担任村干部。其间，他带领乡亲们大力发展粮菜生产和山城村建设，用几年的时间在滚兔岭上栽下了13万棵松树和板栗树。山城村有一条河，洪水泛滥，常年吞蚀土地，孙景坤带领乡亲们一起挡河造田，改造了100多亩（约7公顷）耕地……

1971年，孙景坤把大儿子送去参军。"当年和我爸一起参军的同村的10个伙伴，活着回来的只有3个人，穿军装意味着什么，没人比他更有体会。"孙美丽说。

1984年，孙景坤组织村民先后成立了共同致富小组、扶贫致富小组，还把分给自己的40亩（2.7公顷）地重新分配给5户从黑龙江迁来的贫困户。

"他对别人大方，对家里人却很'抠'。按理说，当时他有能力为我们兄弟姐妹安排好一点儿的工作，可他却没有。我在生产队干活，队里见我勤快，把我的工分从4分涨到7分。他知道后，开会批评了组长,并要求把我的工分降下来。在他面前,我都不如外人的孩子。"孙美丽说,年轻时她对父亲有很多抱怨,可随着年岁渐长,她渐渐明白:经历过生死的父亲,总想回馈社会更多,"他是在替战友活着"。

这些年,村里常有人说:"老孙,你参加革命除了带回一些奖章和一身伤疤之外,什么好处都没有得到,太吃亏了。"孙景坤却说:"从我参加革命那天起,就没想过什么叫吃亏、什么叫好处,也根本没有想过将来要捞点儿什么。"

多年来,孙景坤一直靠参加生产劳动获得的收入养家,除了政府每年给他的伤残抚恤金,多一分也不向国家要。军旅生涯中,他南征北战,经常几天几夜吃不上一顿饱饭,因此患了严重的胃病,但几十年间,他从未向组织要求过特殊照顾。

"和那些牺牲在战场上的战友比,我受这点儿苦又算得了什么。"孙景坤说。

(刊于《参考消息》2020年9月30日第11版)

汤继润从朝鲜回国后拍摄的证件照（受访者供图）

【人物简介】

汤继润，1929年9月生于辽宁省东沟县（今辽宁省东港市），1945年12月参加革命工作。参加过辽沈战役、海南岛战役和抗美援朝战争。1955年转业后回到丹东从事教育工作，1989年9月离休。

"战友们从土堆中把我挖出"
——记志愿军老战士汤继润

文/《参考消息》记者 高 爽

腿脚麻利、言语清晰,记者在辽宁省东港市见到抗美援朝志愿军老战士汤继润时,看不出他是一位已91岁高龄的老人。

听人讲话时,老人会习惯性地向前探身,右手搭在右耳上,"我这左耳朵在朝鲜战场上受过伤,听不见了"。老人一句话,将人拉回到抗美援朝战场上的峥嵘岁月。

"敌机像苍蝇一样漫天乱飞"

1950年10月,汤继润随部队入朝作战。"我们进入朝鲜后就南下迎战,一路上看到很多流离失所的难民,路上人、车拥堵在一起,部队行军速度非常缓慢。"汤继润至今还记得,由于道路不通,有时部队只能在尚未收割的农田间的小道上行走。

"和美军正式接触前,就常常看到敌机像苍蝇一样漫天乱飞,最多的一次,有上百架飞机从我头顶飞过。"汤继润说。

抗美援朝战争的五次大战役汤继润都参加过。除了战场上的枪林弹雨,恶劣的天气也给作战带来极大困难。

汤继润近照(受访者供图)

"1951年春节，我们驻扎在朝鲜一个叫九安里的村庄。"汤继润回忆，那年冬天特别寒冷，志愿军战士无法在坚硬的土壤中开挖"猫耳洞"，只能在厚厚的积雪中掏出孔洞，躲避其中。

"可我们最终还是暴露了。敌人发现我们的行踪后，不仅用飞机狂轰滥炸，而且从飞机尾部排放出一些气体，战士们闻到那刺鼻的味道后都咳嗽不止。"说到这里，汤继润抬起胳膊，"你看我的皮肤，几十年间总是瘙痒，也是因为那时候毒气留下的病根。"

"要不是战友们清扫战场时认真负责，我也活不到今天"

1951年2月，汤继润所在部队在砥平里地区作战。"我方的炮数量比较少，说是射程8000米，实际操作中只能达到5000米左右。为了击中目标并节省炮弹，每次战斗时，我们只能冒险向前。"

一次进入阵地后，汤继润和其他战友一起等待作战命令。可就在这时，敌机发现了他们，立即对阵地进行轰炸。"敌人的炮火很密集，一直炸到看不见地面上有人活动为止。"汤继润所在阵地遭到敌人毁灭性打击，也是在这次战役中，久经沙场的汤继润负伤。

轰炸过后，汤继润所在连队的文书、司号员、担架员、卫生员四人负责清理战场，他们一边搜索并转移伤员，一边就地掩埋牺牲的战友。

"我们连队的司号员对文书大喊：'这里有情况，有双脚露在外面。'文书问：'人是不是已经牺牲了，牺牲了的话，你就再挖上几锹土，把他埋上吧。'司号员忙报告说这双脚还在动弹。听到这话，其他三人忙聚拢过来，手忙脚乱地将人挖出。"汤继润说。

而这个被土掩埋只露出两只脚的志愿军战士，正是汤继润。

"战友们从土堆中把我挖出后，对我进行了简单包扎。可由于我的头部被弹片击中，不省人事，大家紧急拦住一部朝鲜人民军的吉普车，将我送到平壤北部的第八后方陆军医院医治。"汤继润说。

那次战役以后，汤继润失去了左耳听力和左眼视力。"相比战场上牺牲的兄弟们，我幸运太多；要不是战友们清扫战场时认真负责，我也活不到今天。"说到这里，汤继润潸然泪下。

"没有战士们的浴血奋战,哪有家国太平"

汤继润苏醒的第二天,医院遭到美军轰炸。随后,他被转回国内养伤。

"那块打进我脑袋、差点儿要了我命的弹片是1954年在上海取出的。"1955年,汤继润从上海转业返回丹东,回到家乡从事教育工作,忙碌工作之余,他总是找机会对学生进行革命传统教育。

"在我心中,抗美援朝战争就是'保家卫国'四个字。打仗时,平壤那么大一座城市连一栋完整的楼都看不到;行军到山区时,我看见两座山之间仅有的一户人家都被美军飞机炸了。战争如此残酷,没有战士们的浴血奋战,哪有家国太平?"

离休后,汤继润经常到社区、学校义务演讲,为社区居民、学校师生讲述抗美援朝战争时期革命先烈的故事。"很多牺牲在战场上的战友当时只是十七八岁的孩子,他们都是祖国的英雄。与他们相比,我们这些活下来的人是幸运的。"

"我有一个宝贝,是一个笔记本。"汤继润翻开笔记本,上面记录着很多在抗美援朝战争中牺牲的英雄的名字。"这些年,只要身体条件允许,我就写点儿东西,回忆战场上发生的事。只要我还活着,就要宣传那些为国家流血牺牲的革命先烈。"

除了义务讲课,汤继润还尽己所能回报社会。2020年2月4日,汤继润拿出1万元积蓄捐赠给社区,用于疫情防控。

(刊于《参考消息》2020年10月1日第5版)

赵继胜年轻时的军装照（受访者供图）

【人物简介】

赵继胜，1931年8月生，辽宁营口大石桥人，1948年2月入伍，1949年5月入党。参加过解放东北、华中南、大西南等战役。1950年10月，随中国人民志愿军第50军150师开赴朝鲜，参加抗美援朝战争，任副排长。获解放西南勋章和解放东北勋章、抗美援朝勋章。1954年转业。

忙着战斗，来不及悲伤
——记志愿军老战士赵继胜

文/《参考消息》记者 郑锦强

"有没有过特别危险的时候？"
"什么？" 89岁的赵继胜眉头一皱，右耳凑向记者。
"有没有差点儿牺牲？"
"哎呀，"老人吁了一口气，"我死了三次，没死成。"

"坑"了英国皇家坦克

1950年9月15日，以美国为首的"联合国军"在仁川登陆。彼时，赵继胜作为中国人民解放军第50军的一员，正在湖北执行兴修水利、生产等任务。接到命令后，第50军移师北上，编入中国人民志愿军第50军序列，于当年10月25日入朝作战。

"那个时候出去对生死没有什么想法，都当好几年兵了。"赵继胜说，"我入党还早，又宣誓了为共产主义事业奋斗终生。"尽管入朝时才19岁，赵继胜却已是参加过解放东北、华中南、大西南战役的"老兵"。他做过通信、学过爆破、打过机枪，兼具政治、文化和军事素养。

"我们进入朝鲜后，很快就与英国皇家重型坦克营遇上了。"英国皇家重型坦克营装备着性能优越的"丘吉尔"重型坦克，作战经验丰富，是"联合国军"公认的装甲劲旅。

一出国就遭遇劲敌，战士们手里又没有攻击坦克的武器，便根据地形想出了一个办法。"我们发现坦克到新义州来必须过一道桥，就用铁锹、铁镐挖出一个反坦克的工事，有四五米长，两三米深，宽正好能把公路切断，顶上再覆盖些东西，看起来像公路一样。"赵继胜说，"头一个坦克掉下去，后面的只好掉头撤退，我们就追着打。"

挖来"超级堡垒"炸弹

经过数次战役，志愿军第50军打到了汉城（今韩国首尔）。迎接他们的，是一场历时50个昼夜的战役。按照当时部署，志愿军第50军在西线组织防御，牵制敌人主要进攻集团，以保障东线反击作战顺利进行。

赵继胜所在的150师被敌人包围，只剩下一个突破口。为了阻止敌人继续进攻，只得挖起坑道。由于山石坚硬，要使用炸药。而此时后方火车道已被炸毁，运输线中断，到哪里去找炸药呢？

赵继胜这时领到任务——带领一个加强班去挖敌人飞机投下来的哑弹，以利用哑弹里的炸药。十多个人便开始沿着被轰炸过的铁道、城市废墟寻找炮弹。

"美国那个B-29'超级堡垒'轰炸机的炸弹相当重，四个人少一个都抬不动。我们头一天就挖了六枚，向朝鲜人借了辆铁车，本来是牛拉的，十几个人把炸弹装在车上，又拉又推地运了回去。"

一开始，士兵们但凡发现炮弹便一团围上去，这让路过的工程兵捏了一把汗：这些炸弹中有些是发生故障未能爆炸的，有些却是定时炸弹，人围在一起，万一爆炸，岂不是全军覆没？于是工程兵便教大

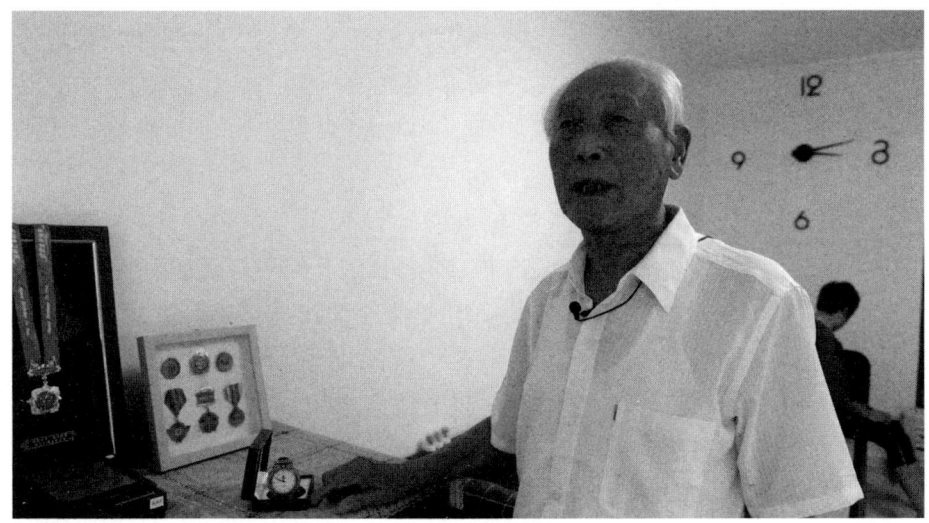

赵继胜向记者介绍他获得的荣誉（周晓丽 摄）

家如何把爆破装置卸下,并叮嘱大家分散行动。

最终,在赵继胜的带领下,加强班历时20多天,挖了100多枚炮弹。"这个事我觉得贡献最大,我们自己没出事,又解决了问题。"

没指望自己活下来

汉江南岸50天阻击战,条件异常艰苦,战斗极其惨烈。

"大年三十那天晚上我们连饭都没吃。打得太激烈,饭也送不上去。"赵继胜说,"一把炒面一把雪"的伙食,让不少士兵因长期缺乏维生素而患上了夜盲症。在结冰的山沟里铺些稻草,顶上再支些掩盖物,这就成了一个休息睡觉的地方。

有一天下午,赵继胜和两位战友在山沟里休息,不料被敌机发现,两位战友的大腿瞬间被打穿,一位没送到医院就牺牲了,另一位也没抢救过来。赵继胜则逃过一劫。

"老实说,我在朝鲜就没想过能回来。今天还在一起的战友明天就没了,能指望自己活下来吗?战友们甚至来不及悲伤,哪有时间伤心啊,时间都用来打仗了。"赵继胜说。

白天打仗、晚上挖工事是常态。有一天半夜,战友们都挖完工事回去了,身为副排长的赵继胜留下来做收尾工作。此时一颗炮弹飞来,他赶紧躺下,怎料爆炸时强大的冲击力把泥土卷起,竟把赵继胜埋了起来,浑身动弹不得。当战友出来寻找并挖到他时,赵继胜穿的大头鞋上嵌着一个炸弹片。他意识清醒,身体看来无恙,只是左耳再也听不见声音了。

"左边现在打雷都听不到。"老人说。

另一回,赵继胜和战友们在靠山坡处挖了一条坑道,用来躲避敌军炮火。没想到敌机来轰炸,炮弹正好落到坑道口。幸运的是炮弹并没有炸开,赵继胜又躲过一劫。

从朝鲜战场回来,赵继胜转业到了铁路部门,先后做过列车长、值班主任、车站管理员,因为患有眩晕症,在1984年提前病退。当年一起出生入死的战友,前些年还一直保持联系,现今在世的只剩下他一人。

(刊于《参考消息》2020年10月1日第5版)

孙孝忠年轻时照片（受访者供图）

【人物简介】

孙孝忠，1931年生于沈阳，1948年参加中国人民解放军，被分配到第38军113师338团。1950年夏天奉命随部队开赴东北，同年10月入朝作战。1953年7月奉命回国。1954年12月转业，进入本溪钢铁公司工作。

"打仗最终还要靠那股子精神"
——记志愿军老战士孙孝忠

文/《参考消息》记者　汪　伟　张博群

"说实话，没想过能活着回来。"今年89岁高龄的原38军老战士孙孝忠近日接受采访时说，很多志愿军战士都不给家里写信，"他们都默认自己已经死了，这就是向死而生吧。"

"经历过战争的人，没人喜欢战争。"孙孝忠感叹，对于他们这些经历过生死考验的老战士来说，和平时光来得太不容易。

出其不意，把敌人"包饺子"

赴朝作战前，参加过平津战役的孙孝忠随部队一路南下追击敌人，那时的他还是个没怎么摸过枪的新兵。

1950年春，孙孝忠随部队开赴河南，开荒种田。"全国解放了，组建正规军，当时部队发放了新军装。真是高兴啊，那军装一穿上真好看。"谈起那段短暂的和平岁月，老人至今仍非常怀念。

随着抗美援朝战争打响，孙孝忠随部队开赴异国他乡战况异常惨烈的战场。

"没有空军掩护，汽车只能晚上摸黑前进，武器装备也没有敌人先进……"孙孝忠说，就是这样，志愿军硬是把敌人打回到三八线以南。"打仗最终还要靠那股子精神。"

老人回忆起他所在的第38军在朝鲜战场雪耻的故事。作为主力的第38军在出国作战的第一次战役中因为慢了一步，没有完成预设的合围，让一部分敌人跑掉。军长梁兴初也挨了彭老总的骂，这成了第38军每一名战士心中的耻辱，大家都憋着一股劲。

第二次战役打响，美军东、西两路大军北上，中间有一个叫德川的地方，处于交通枢纽地带。攻下德川，就能切断敌人两路大军的联系。第38军奉命攻打德川。

"攻打德川,绝对不能硬碰硬,要出其不意,要迂回,把敌人'包饺子'。"孙孝忠说,仅仅是迂回还不足以出其不意,因此部队进行了"大迂回",跑一个大圈,让敌人彻底失去察觉的机会。

当时孙孝忠的部队在德川北面,接到的任务是从南侧进攻。孙孝忠随部队经过一夜急行军迂回到德川城南侧与敌人在大同江相遇,和敌人展开了肉搏。"没有办法,如果你不和敌人混在一起,敌人的飞机来了,我们就要被动挨打。"没有空军,志愿军必须靠拼命才能打败敌人。

第38军因在第二次战役中成功拿下德川,并快速向三所里实施穿插迂回,用双脚与美国人的车轮赛跑,获得彭德怀的通令嘉奖,其中提到"38军万岁","万岁军"也由此得名。

"无论战斗打得多惨烈,部队组织都在"

几经生死考验的老人在叙述70年前那场战争时,一切险象环生和刀光剑影在他口中都已显得云淡风轻。唯独说到战友时,老人心情变得激动,眼角泛着泪光。他说:"这场战争中有太多的'邱少云'了。"

孙孝忠跟记者讲了一个"不能冒烟"的故事。志愿军入朝后发现在朝鲜"生米很难煮成熟饭",因为不能冒烟。"敌人的飞机天天像值班一样在天上飞,只要这边一冒烟,敌机就能发现你。"

1950年12月,志愿军正准备展开第三次战役,在三八线开城附近集结隐蔽待

孙孝忠在平板电脑上阅读新闻(受访者供图)

命。孙孝忠所在的7连连部设在山脚下的一处民房里。一天，副营长和团里一名组织干事正在连内开展工作，小屋挤满了人。当时天色已晚，有人烧了一点儿水，吃点儿干粮好准备打仗。不料点着火不到两分钟，烟囱一冒烟，敌人的侦察机就飞了过来。

"连长说，敌人应该还不确定我们这屋有没有人。我们现在谁都不许跑，如果跑了就会暴露整个战役部署。"孙孝忠回忆道，"我们屋里的十多个人没有一个人跑。"

过了几分钟后，敌人的两架喷气式战斗机直飞过来，冲着孙孝忠所在的房子就是一通扫射。连部六人负伤，其中连长伤得最重，两条腿被打断，文书的双手被打穿。孙孝忠的头部负伤，满脸是血。

"朝鲜民房的墙是用树条子夹泥做成的，根本挡不住子弹，大家都知道坐在这里是在等死，但是谁都没有跑。"孙孝忠说，子弹打进来，受伤的人也忍着痛，没有乱。

"敌人的部队很容易被打垮，志愿军却打不散。为什么？"孙孝忠说，是因为我们有强大的组织保障，每次战斗前，大家都抱着必死的信念做好组织安排。"无论战斗打得多惨烈，部队组织都在，不会乱。"

采访结束时，孙孝忠拿出平板电脑，念起了自己2016年观看珠海航展时作的一首七律《观航展》："昔日我军无海空，但凭血肉谱忠诚。前赴后继无反顾，近战夜袭斗顽凶。扑灭狼烟梦犹在，争得和平心未平。老翁泪眼观航展，喜见梦圆歼二零。"

（刊于《参考消息》2020年10月2日第5版）

徐良龙年轻时照片（受访者供图）

【人物简介】

徐良龙，1935年1月生，籍贯江西乐平市。1950年11月入伍，1951年5月随部队入朝作战，1953年7月回国，其间历任第40军卫生部卫训队学员、第40军120师警卫连战士。在朝作战期间服从命令、听从指挥，圆满完成各项工作任务。1985年5月退休。

"我永远记得在朝鲜的780天"
——记志愿军老战士徐良龙

文/《参考消息》记者 李宇佳

白短袖,黑长裤,棉袜配着粗布鞋,头发剪得极短,仔细看去还有不少乌黑的发丝。在记者眼前,今年85岁的徐良龙老人看起来要比实际年龄年轻。

"自愿参军去抗美援朝,这个决定我到现在都不后悔。"徐良龙说,"如果不是当年的保家卫国,哪有现在的和平日子?"

从16岁入朝到18岁回国,徐良龙把自己780天的青春岁月留在了朝鲜战场。

"个头还没有枪高"

在辽宁省葫芦岛市龙港区的一栋老居民楼里,沿着又旧又窄的楼梯向上走三层,就到了徐良龙老人的家。在铺着镂空花纹桌布的四方餐桌边,老人向记者讲述了他在朝鲜的故事。

1950年10月,中国人民志愿军赴朝作战。时年15岁的放牛娃徐良龙自愿报名参军,加入抗美援朝保家卫国的队伍。"当时共产党刚刚解放了我的家乡江西乐平,我们这些翻身青年都想为国家出一份力,我就是那时候参的军。"徐良龙回忆说。

1951年5月,徐良龙作为一名新兵,跟随部队走过鸭绿江桥,跨过清川江,跑步穿过平壤中央大街,向着朝鲜三八线一步一步行进。

连续走了近半个月,徐良龙跟着部队终于到达了120师的驻地。"当时我们年龄小,个头还没有枪高,又没有战斗力,上前线哪个连队都不要。"徐良龙说。不久,转机到来,徐良龙被分配到警卫连2排6班当战士,除了要为机关、首长站岗放哨,还有很多工作要做,比如看堆。看堆就是看物资。在朝鲜,因为后勤保障不是很及时,部队要储备3个月左右的粮食,大多是黄豆、海带这些方便储存的食物。到半年换防的时候,这些军粮就留在那里,由警卫连看守,直到下一批前来的部队接手。

脑袋差点儿被砸中

在朝鲜战场上,美军强大的制空权让志愿军时常处于被动。就连身处战场后方警卫连的徐良龙,也多次遇到敌机轰炸。

"我在警卫连负责看守大桥,分到的站岗时段是下午两三点钟,而那个时候常常有美军飞机来轰炸,我们就提前到桥边不远处的防空洞里躲着。"徐良龙说,"那个防空洞有一张单人床那么大,能躲五六个人。再晚点儿,天黑了,飞机就不来了。"

"有一天下午,敌机又来了,一顿轰炸后把一枚定时炸弹扔到桥头边的公路上。"徐良龙一边回忆,一边比画着说,"定时炸弹有液化气瓶那么大,当时我还在站岗,等到炸弹爆炸的时候,我就只能躲在一个坟头后边。"

那些被炸弹激起的冻土、石块满天飞,像冰雹一样砸向徐良龙。"有一块直接砸到我的右肩膀,当时一阵剧痛。"徐良龙唏嘘着说,"到今天我还在想,肩膀、脑袋离得这么近,要是砸到头,我肯定就'光

徐良龙在家中接受记者采访(李宇佳 摄)

荣'了。幸亏我命大、福大，在革命道路上又走到了今天。"

有时候，敌机还对当地的村庄进行轰炸。"那些百姓可受苦了，在朝鲜哪有什么前方后方，被飞机炸着就是前方，没被炸着就算是后方了。"

砍伐圆木修工事

在朝鲜战场上打仗，为了保存自己消灭敌人，修筑坚固且多功能的工事，成为前沿战士们除打仗以外最重要的事情。为了跟上工事的修筑进度，需要有人砍伐大量的木料并运送到前线。

1953年初，随着部队在三八线的换防，徐良龙所在的警卫连也奉命上山砍树。

"3月份的时候，从祖国各地调来许多大炮、坦克支援前线，我们就砍修炮阵地和坦克阵地的木料。"徐良龙说，"这种木料要求树又粗又高又直，符合条件的林子距离三八线很远，坐汽车要一夜。"

一把马锯、一把大斧、一个皮尺，就是一个班用来伐木的工具。为了将砍好的木料运下山，徐良龙和战友们用树藤当绳子，绑在圆木的一端向山下拖去。

"藤得选大拇指粗细的，能在圆木上打个结，大概再留出3米长，正适合我们在前面拽。"徐良龙说。

"我们当时都是年轻小伙子，有使不完的力气，把圆木运到山下再返回半山腰也就不到半个小时。"徐良龙骄傲地说，"我们的目标是：多拖一根圆木下山，就是多打断美国兵的一条腿！"

1953年7月27日，朝鲜战场宣布停战。当天下午，徐良龙所在部队就接到立刻启程回国的命令，并把武器上交到仓库，一个班只留下一支冲锋枪和缴获的美国卡宾枪。

"我永远记得在朝鲜的780天。这780天锻炼了我这个当年还没有枪高的小鬼，让我的体力增强了，也让我更加坚定跟共产党走的信念。"坐在圆板凳上，接受采访近两个小时的徐良龙老人，腰板依旧挺得笔直。

（刊于《参考消息》2020年10月2日第5版）

陈继甫军装照（受访者供图）

【人物简介】

陈继甫，1934年12月出生，吉林省白山市人，1951年8月参军，1952年4月入朝作战，担任志愿军独立第5团2营4连文化教员。1978年转业到辽宁省建材局任科教处副处长，1980年后相继调任辽宁省人民检察院检察员，经济检察处副处长、处长，反贪局副局长。1995年退休。

炮火中教不识字的战士写家信
——记志愿军文化教员陈继甫

文 / 本报记者　范春生

近日,在辽宁省人民检察院的一间会议室里,记者见到了曾冒着敌机狂轰滥炸到哨位教战士识字的志愿军独立第5团2营4连文化教员陈继甫。老人家步履轻快,精神矍铄,仍保留着鲜明的军人气质。

"每当想起在朝鲜战场上的大喜大悲、大惊大奇,甚至死里逃生的经历,总是心潮澎湃,难忘那战场上的日日夜夜,难忘那共同谱写的胜利篇章。"86岁的志愿军老战士陈继甫对记者说。

战友"训话"美战俘

陈继甫出生在吉林省白山市一个条件不错的家庭,兄弟姐妹六人中他排行老二。1951年7月,他在原辽东省通化中学初中毕业。

"毕业那天,老师把我单独叫过去,问愿不愿意当兵,我说愿意。"陈继甫说,一共有13名毕业生报名参军,老师带队,坐一宿火车到达辽阳,与其他地方的参军学生汇合,次日再乘火车去到黑龙江省齐齐哈尔市附近的一座军营。经过培训,陈继甫1952年4月毕业,被任命为文化教员。

1952年4月30日,陈继甫与另两名被任命为文化教员的同学乘坐专门来接他们的卡车,穿过鸭绿江浮桥进入朝鲜。次日清晨,到达平壤附近志愿军某部的驻地。经询问才知道,这里是一个美军被俘人员的管理所。

陈继甫回忆说,临走时,正好碰到10来个战俘被放出来蹲墙根儿晒太阳,一位教员战友快步走到战俘面前,说了一通英语,好像是训话。他看到战俘们连连点头,很服从、同意的样子,这时部队首长和几名战士跑了过来,问战友跟战俘讲了什么。翻译员向首长解释说:"他训诫战俘,说中国必胜、美国必败,要和平不要战争。战俘们一致

陈继甫近照（受访者供图）

回答：'明白！要和平，不要战争！'"首长听完后，脸上露出笑容，他郑重表示："非常好，表达了中国人民志愿军的心声……"

痛失战场相逢的同学

1952年7月中旬的一天，陈继甫要到营部办事，在公路上等着搭便车。远处一辆军车飞驶而来，还没等他招手，车猛然停住。

他上车后注意到，驾驶员戴着朝鲜人民军军帽，能说汉语，身穿的白运动服上写有"通化中学"四字。再仔细看，他不由得大喊一声："张传仁！"

张传仁与陈继甫同岁，生于朝鲜，祖辈从中国山东经海路到朝鲜落户。1950年朝鲜战争爆发，一批在朝鲜的华侨学生回到中国上学，张传仁等来到通化中学读书。陈继甫回忆说，当时他与张传仁同班、同宿舍，还一同加入校排球队。初中毕业后，张传仁返回朝鲜，参加了朝鲜人民军。万万没想到，一年后他们竟能在惨烈的战场上重逢。

然而，在残酷的战争面前，美好是短暂的。当年8月的一天，陈继甫像往常一样到哨点给战士们上课，哨兵指着不远处烧毁的汽车，又指着那些小坟包，说一辆朝鲜军车被炸了。他来到坟包前，看到墓碑大惊。"把我吓住了，木头做的墓碑上写着'张传之墓'四字。"

陈继甫说，他查看了军车驾驶员留下的遗物，确认牺牲的就是张传仁。在一块身份证明残片上，只剩下"张传"二字，"仁"字已经烧没了。

陈继甫怀着悲痛的心情，用石片把"之"字刮成"二"字，再用手指蘸着唾沫和黑灰加上单立人偏旁，成"仁"字，把同学的墓碑正名为"张传仁墓"。

巧教战士学文化

陈继甫是连队文化教员，主要工作任务是扫盲，然而，在那种硝烟弥漫、轰炸不断的条件下，一切都显得无从下手、难上加难。

"什么都没有，怎么上课？"陈继甫说。冥思苦想，他有了一个主意。他带着花名册，一个班一个班上课。然后，要求战士们在操场上找一块地方，先学写自己的名字，写100遍，一天下来就都写得有模有样了。

接下来是学写家信。"我一个挨一个听大家自述家境，帮他们写成家信，然后让他们去读这封家信，自己再去写，最后背下来，直到达标为止。"陈继甫表示，半个月下来，战士们发出10多封家信，有的人边读家信边流泪，每一封家信都感人至深。

最后，学习写人物、写作文。有了写名字、写家信的基础，战士们越学越有劲头，不到4个月的时间，有的战士已经会写2000多个字。

"抗美援朝战争至今已经70年，我们凭着举世无双的伟大革命精神战胜了世界上最强大的敌人，这是伟大的奇迹。"陈继甫老人说。

（刊于《参考消息》2020年10月3日第5版）

王福春军装照（受访者供图）

【人物简介】

王福春，1934年生于辽宁旅顺，1951年8月参军，1951年10月编入中国人民志愿军102师高炮501团，任文化教员。1957年12月复员到沈阳，曾任学校教师、校党支部书记、知青带队干部、沈河区教育局视导员、沈河区政府督学室督学。1994年8月退休后一直做关心下一代工作至今。

"战场上，无数次被我的'学生们'感动"
——记志愿军文化教员王福春

文 /《参考消息》记者　汪伟

"我当了一辈子老师，战场上，无数次被我的'学生们'感动，他们也是我的老师。战后，我当上真正的人民教师，无数次把他们的故事讲给现在的学生听，让抗美援朝精神薪火相传。"年近九旬、慈眉善目的中国人民志愿军老战士王福春对记者说。

王福春是志愿军102师高炮501团的文化教员，是一名学生兵。朝鲜战争爆发后，初中刚毕业的王福春就主动报名参军入伍。面对记者的采访要求，王福春老人斩钉截铁地说，还是讲讲战友们的故事吧，真是一群最可爱的人！

一支未入朝也参战的立功部队

王福春所在的高炮501团是一支没有走出国境却参加了抗美援朝战争的部队，全团1500名官兵日夜驻守在位于吉林省辑安（今吉林省集安市）的鸭绿江大桥我国一侧。

"集安的鸭绿江大桥是当时抗美援朝战争中我国重要的补给运输线之一，我们部队的任务就是誓死守卫这条钢铁生命线。"王福春说，"同时我们也在守卫着国门，守卫着边境，炮击胆敢轰炸我江桥、进犯我国土的敌机。"

"那是1952年12月的一个早晨，我们刚吃过饭，雷达突然发出警报，32号山头有敌机出现，向我方飞来。

"为了方便识别敌机来的方向，我们把对岸的山头都编成了序号，一提'32号'山头，我们就迅速识别出敌机的方向。

"敌人很狡猾，为了防止机群被高炮群整群击落，采取一架架渐次飞来的方式。而我们凭借快速的反应速度，瞬间将敌人的首架飞机击中。第二架飞机看情形不妙，快速扔掉机翼两侧的油箱企图减重逃跑时,也被炮弹打中机翼,坠落。其他的6架飞机见状,更是快速胡乱地投了炸弹便掉头逃窜。

"不到半个小时,战斗结束了,那架被打掉半个膀子的飞机坠落在我国境内。我们的部队战士和民兵把正在发报求援的飞行员抓获。"

老人说:"可别小看这次战斗,敌人的飞机掉在我们国境内,敌人飞行员被我们国内士兵俘获。证明什么?证明了他们侵略的本质,这是侵略中国的铁证。这个飞行员后来被送到了联合国国际法庭,我们团因此获得了周总理和中央军委的嘉奖。"

很多战友听力遭永久性损伤

作为一名战地教员,王福春平日里负责教战士文化课;战斗时,王福春认真记录着这群最可爱的人!

"战士们要日夜守卫这条钢铁生命线,每次战斗警报响起后,要做到10秒钟投入战斗,怎么做到的?"说到这里,老人起身拿出了一张摄

王福春在疫情中向社区捐款2000元(受访者供图)

于战场上的珍贵照片。他指着照片说："你看这些高射炮，只能看到炮管，炮身都在位于地面以下1至2米的掩体中，而掩体的两侧就是战士们的住所和弹药室。"

王福春说，一门高射炮需要一个班的战士操控，包括班长、副班长在内的10名战士每天都住在位于高射炮右侧的坑道里。为了保证战斗警报响起后能够做到进出有序，以最快的速度到达作战岗位，每名战士要按照操作高射炮的位置编排成号，以此确定睡觉的位置。

战斗中隆隆响起的炮声不断冲撞着耳朵中的鼓膜，很多战友的听力在战场上遭到了永久性损伤。炮弹发射后，战士们要用一个铁钩子快速把滚热的弹壳拽出炮膛，经常有人被严重烫伤……

"那种震动可不是今天可以想象的……我刚到战场上，第一次近距离感受炮声，就像被人突然扇了一耳光，浑身也打了一个激灵。"王福春说，而这些战士常年守在炮身两侧，与炮声为伴。"想一想吧，他们无愧为最可爱的人！"

三尺讲台也是另一个战场

在王福春老人的案头，有一沓打印的讲稿，准确记录着战场上的每一处细节，穿插在打印文字之间的是大量批注。

这份讲稿就是老人离开部队后的人生侧影。

高炮501团回沈阳后，他和几位战友奉命调到北京军区高炮511团，他留在团部任文化教员。1957年12月，王福春收到了复员通知，带着对部队的不舍，王福春开启了另一段人生——担任人民教师。

由于他非常热爱教育工作，在一所小学里一干就是17年。王福春说："讲授文化课之余，我还要在三尺讲台上，把最可爱的人的故事讲下去，让抗美援朝精神代代相传。"

如今，早已退休在家的王福春更是"退而不休"，担任沈河区关心下一代工作委员会的"五老报告团"成员之一。就在今年7月28日，王福春老人还为沈河区放假在家的孩子们继续讲述抗美援朝的故事。

（刊于《参考消息》2020年10月3日第5版）

吴晓岚军装照(受访者供图)

【人物简介】

吴晓岚,1934年生于吉林省磐石县黑石镇。1948年2月参加革命工作,历经辽沈战役、平津战役和抗美援朝战争,历任护士、护士班长等职务,荣获集体二等功两次、个人三等功三次、集体三等功四次,获得华北解放纪念章、抗美援朝纪念章、和谐社会建设荣誉勋章等奖章。1982年因病提前离休,离休前系辽宁省本溪市中心医院医师。

她16岁就担当"伤员保护神"
——记志愿军医务兵吴晓岚

文 /《参考消息》记者　王　莹　包昱涵

见到吴晓岚的时候,她穿着一袭深蓝色的长裙在门口迎接记者。86岁高龄的吴晓岚谦逊而优雅,鼻上架一副细边框眼镜,胸前别一枚小银花胸针,一头长发利落地盘在头顶。这位身材娇小、慈眉善目的老人家,竟是一名14岁就参军的沙场老兵,一位为救治伤员永远冲锋在前的白衣女战士。

吴晓岚近照（杨青　摄）

"很多人都问我,当年那么小就做了战地卫生员,怕不怕?"吴晓岚声音不高,话语却掷地有声,"我说我不怕!战士们在前方不顾性命地流血拼杀都不怕,我们怎么能只顾自己、畏缩不前?"

吴晓岚用实际行动践行着自己的回答。两次集体二等功、三次个人三等功、四次集体三等功……军装上缀满左襟的勋章,就是吴晓岚用青春谱写的最美白衣战歌。

一夜手术，帐篷外堆起截肢

1950年10月，年仅16岁的吴晓岚随部队跨过鸭绿江，在中国人民志愿军后勤二分部13兵站医院担任护士，开始了抗美援朝的艰苦作战。

"最受不了的就是敌机的轰炸，叫你根本抬不起头。"当时，吴晓岚所在的医院就驻扎在紧挨前线的山坡上。"飞机贴着山坡飞过来，掀起的风都能把帽子刮掉，你甚至能看清飞行员的样子。我们只能在天黑后转移伤员，白天汽车根本没法开，一露头就容易挨炸。"

大部分的危重伤员都是被炸伤的。前线医疗条件有限，救治任务以保住性命为先。经常是一夜手术做完，帐篷外就堆积了大量被截下的断臂残肢。

"那会儿说是医院，其实并没有医院的实体形式了。"山坡上也没有房子，全炸没了，吴晓岚他们只能在树底下、草窠里扒拉，找出相对平整的地方安置伤员，再拽一拽边上的草，把伤员们隐蔽起来。

伤员中，一个17岁的上海籍小战士令吴晓岚印象深刻。"他四肢都被炸伤了，全部要截肢，否则命留不住。"小战士的遭遇让在战地上见过许多生死的吴晓岚也忍不住流泪。"但他特别坚强，还反过来安慰我们，说他哪怕没有了手脚，也还有清晰的头脑，好了之后肯定还能找到用武之处。"

常常跪在冰面上搓洗绷带

当时，医院的绷带用完了，后续的物资又运不上来，吴晓岚就带着班里的小护士到冰河上洗绷带。"冰层特别厚，我们只能在上面凿出一个洞，然后跪在冰面上洗。"跪在寒气逼人的冰面上搓洗绷带，加重了她的关节炎病情，回国后差点儿没保住双腿。

为了避免白天做饭冒烟被敌机发现，吴晓岚他们当时一天只吃两顿饭，早上天不亮时一顿，晚上天黑之后一顿。但伤员多，医护人员少，很多时候吴晓岚连这两顿饭也顾不上吃。有段时间，医院甚至断了粮，物资运不上来，吴晓岚他们只能去玉米地里捡点儿掉落的玉米粒回来做着吃。

"我印象最深的是1951年春节前后，国内给我们准备了很多好吃的，我那会儿真是盼得不得了，结果粮食车在半道上被炸了。后来食堂还是给大家做了简易版的甩袖汤，也是没等吃上呢，锅就给炸漏了。"

敌机扫射下往返防空洞取药

因为敌机持续轰炸我方的运输线，药品送不上来，卫生员们在为伤员换药时只能用汽油棉球进行消毒。

"伤员漫山遍岭，我们每个医护人员都随身携带一瓶汽油棉球和两把镊子，好随时为伤员换药处置。"经常是一次巡视下来，就要好几个小时。有的伤员前一次巡视时还好好的，下一次巡视时就出现了典型的破伤风症状。

"他们只能从牙缝里挤出模糊不清的声音，但我能听出来，他们在跟我说，'吴班长，救救我'。"战士强烈的求生意志让吴晓岚心疼不已，她每次都坚定地回答，"你放心，我马上去取药。"

伤员所在地距离放药品、器材的防空洞仅200多米，可白天取药却是一段"漫长"的历程，要冒着极大的生命危险。敌机在空中不停地轰炸扫射，吴晓岚只能抓住间隙，一有机会就马上冲刺。有时好不容易取到药品，又在往回跑的路上遭遇敌机俯冲，一个跟头栽下去，药品就全废了，只能返回再取。

每一天，吴晓岚都在这样的艰险中不断往返着。她的身材几乎是班里最娇小的，却像是蕴藏着总也用不完的无穷力量。"我们就是伤员的保护神啊，你必须逼自己坚强。"

（刊于《参考消息》2020年10月4日第5版）

1953年孙乃强在朝鲜留影（受访者供图）

【人物简介】

孙乃强，1934年12月生，陕西省西安市人。1949年7月参加革命工作，1950年11月随部队赴朝鲜，1952年1月在志愿军志后三基地医院任班长，1953年在志后五分部基地医院任副排长。1953年4月，被志愿军总政治部评为个人三等功和集体三等功各一次，获得抗美援朝纪念章一枚。1957年随部队回国。1994年离休，离休前系渤海大学医院院长。

他双手磨破挖出被埋战友
——记志愿军医务兵孙乃强

文 /《参考消息》记者　丁非白

86岁的孙乃强中等身高，微微驼背，脸上总是带着慈祥的笑容。出生于西安的他说话仍带着浓重的陕西口音。讲起曾经的戎马生涯，眼前这位和蔼可亲的老人家立刻充满了激情。

"一晚上要走100多里路"

1949年7月，年仅15岁、正在陕西西安读书的孙乃强投笔从戎，加入第一野战军第四野战医院工作。

1950年10月，孙乃强所在医院突然接到命令，要求他和战友们所有的东西都不能带，他们就直接到了临潼火车站。"那时大家都不知道是怎么回事。陕西早就解放了，很长时间都没有任务，这个命令下得很突然。"孙乃强回忆说，"我们在火车上坐了七天七夜，谁都不知道要往哪里去，一直坐到黑龙江。"

之后在黑龙江齐齐哈尔，孙乃强和战友们上了一辆卫生列车。"后来我们才知道，列车是到朝鲜战场上接伤员回国的。回国后，伤员被送到辽宁、吉林、黑龙江的医院。这是我们在抗美援朝战争期间接到的第一个任务。"孙乃强说。

1950年11月，孙乃强随部队从丹东进入朝鲜新义州，一路跟随前线部队向南行进。"前线部队推进速度很快，把敌人打得狼狈不堪。我们也跟着前线部队急行军，有时候一晚上要走100多里（50多千米）路。"孙乃强说，部队到达平壤附近的西阳里后，开始利用当地废弃的民房接收伤员。

驻扎下来的第二天，从前线就送来了500名伤病员，大多数人是冻伤或者烧伤的。但志愿军战士的毅力特别惊人，很多伤员觉得自己受伤不重，处理一下伤口就要求回战场。

"不能让伤员受二次伤害"

当时敌人对后方的轰炸特别频繁,医院、指挥所、弹药库等成为轰炸重点。"飞机多到什么样呢?敌人的飞机,7架一组,来回飞,来回炸。"孙乃强说,当时还有很多特务隐藏在周围指挥敌机,"一旦特务打出信号弹,过不了10分钟,敌人的飞机就来了。"

1951年6月末,美军出动数百架飞机对平壤地区进行轮番轰炸。"敌人从早上8点多开始,持续轰炸了近4个小时,炸弹爆炸产生的尘土把许多人都埋在了里面。"为了转移伤员,孙乃强和战友们冒着敌人轰炸反复冲入病房里。医护人员根本来不及用担架,赶忙搀扶着伤员前往安全区域。孙乃强的手指都累脱臼了。"我当时就一个信念,不能让伤员受二次伤害。"孙乃强说。

1952年11月的一天,晚上7点多,孙乃强和战友们正在礼堂里开

孙乃强近照(丁非白 摄)

会，敌人的飞机突然来袭。

"敌人轮番轰炸了4个多小时，与我所在医院一河之隔的华北医院在轰炸中损失惨重。由于我们医院损失比较小，政委让我们马上过河前去救援。"因为怕伤到埋在土里的战友，大家不敢用铁镐和铁锹，身为班长的孙乃强带头用双手去挖被土盖住的战士。救援结束时，所有人的手都磨出了血。"我们这次一共救出了30多个人，受到了上级领导的嘉奖。"孙乃强说。

"那些伤员都是好样的"

在老人的家中有一本抗美援朝时期的影集，是2020年年初做成的，里面收藏的都是当时志愿军后方医院的老照片。"这是我们医院，这是卫生列车，这是我们医院的几任领导……"近70年过去了，孙乃强依然清晰地记着在朝鲜的人和事。"这都是我的战友，有一分院的、二分院的，这里面好多人都不在了。"老人看着照片沉默了许久后说道。

孙乃强说："我们接收的那些伤员都是好样的。战士们都说，负伤了不怕，死了也不怕，只要有一口气，就要和敌人干到底，伤好了继续上前线。"

1953年孙乃强从护士班调到手术室。第五次战役的时候，有一个36岁的战士从前线转到医院。"他当时是炸断了腿，前边的卫生员由于条件有限，只用树枝给他简单地固定一下，就转来了。来的时候血就没有止住，股骨头下边粉碎性骨折，骨头碎得根本对不上。"孙乃强说。

当时医生要给这位战士截肢，战士哭着喊："能不能给我留一条腿，给我想想办法啊！"

孙乃强说："我们都流泪了，想尽了办法也没保住。虽然不知道他叫什么名字，但是当时那个战士哭的样子，我到现在还记得。"

抗美援朝战争胜利后，孙乃强留在朝鲜帮助朝鲜人民重建家园，直到1957年才随部队回国。

（刊于《参考消息》2020年10月4日第5版）

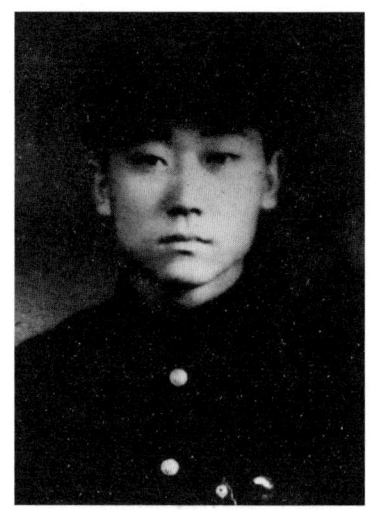

关云庆年轻时照片（受访者供图）

【人物简介】

关云庆，原籍辽宁省西丰县，中共党员，1950年12月参加抗美援朝战争，被编入志愿军897部队，担任608号机车副司机。1951年9月回国，担任机车副司机、司机等职。1980年5月退休。在朝鲜曾荣立特等功一次、集体三等功两次，荣获朝鲜民主主义人民共和国颁发的国旗勋章一枚、铁道部颁发的特等功奖章一枚。

他冒险将军火罐车顶出山洞
——记志愿军机车司机关云庆

文 /《参考消息》记者　孙仁斌

"在朝鲜都是晚上开车，白天躲进山洞，躲避敌人的飞机轰炸。晚上开车的时候，还要罩上防空帘，避免车上的灯光和蒸汽机车烧煤的火光被敌人发现。"在位于沈阳的家中，93岁的志愿军老战士关云庆向记者讲述了他在朝鲜战场的钢铁运输线上出生入死、富于传奇色彩的日日夜夜。

新婚不久上战场

1950年10月，中国人民志愿军出国作战。为保卫前线供给，苏家屯机务段开始动员职工自愿报名赴朝鲜支援。

"当时单位提了两个条件，一个是作为独生子女的职工不批准，一个是刚刚结婚的不批准。我当时刚刚结婚，按规定是不批准的。但是我想，我是共青团员，一定要争取第一批参加抗美援朝。"

经过积极争取，关云庆如愿以偿。妻子宗长珍听说这个消息，却陷入了担忧之中："刚结婚你就上战场，我一个人在家怎么办？"

关云庆做了妻子半宿思想工作，又忙着去厂里给远在吉林的妹妹打电话："我要上战场了，你找个时间，把你嫂子接过去照顾一段时间，我要回不来，家里一切就都托付给你了……"

当年，苏家屯机务段首批参加抗美援朝共37个人，机车4台：解放6型机车1014号、606号、608号和502号。当时重新组建机车组，每台机车组有6名乘务员、1名勤务员。关云庆被分配到608号机车组，担任副司机。

生死时速三分钟

抗美援朝战争中，敌人倚仗空中优势，把轰炸重点目标放到铁路运输线、车站、桥梁、隧道等处，妄图掐断我前线作战物资的供应。

1951年1月16日夜，关云庆所在的608号机车组牵引一列军火列车送往前线，在通过清川江大桥后，遭遇敌机轰炸。情况紧急，司机长全速行驶，与敌机周旋了几个回合后，列车终于开进了一处山洞。大家松了口气，到山洞外隐蔽处休息，车上只剩下副司机关云庆和司炉许平志。

没想到，敌机去而复返，向山洞口附近的车尾进行猛烈扫射，最后一节罐车被击中起火，车里运载的弹药开始发出爆炸声响，而且声音越来越大。如果再继续下去，不但整列军火将被引爆，山洞也会被炸毁，可能导致整条线路瘫痪！

在这千钧一发之际，关云庆立即让司炉开风泵烧汽，准备甩车。关云庆操作机车，把已经爆炸的罐车顶出山洞外，利用列车惯性，将罐车推向山下。随后，关云庆立刻又将机车开回山洞。机车刚进洞，就听见一声巨响，地动山摇，那节甩出去的罐车炸得粉碎，浓浓的黑烟夹着火焰在空中升腾。在这三分钟的生死时速中，机车保住了，军火保住了，山洞保住了。

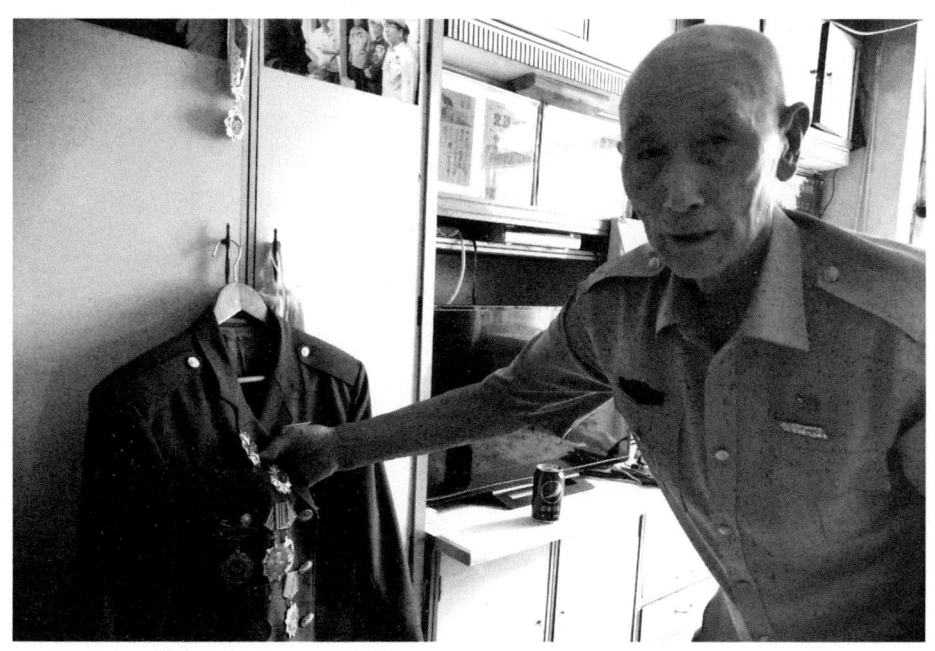

关云庆向记者展示他获得的各种军功章和奖章（孙仁斌 摄）

为表彰关云庆和许平志的英雄事迹,朝鲜铁路军事管理局给予记特等功一次。

朝鲜村民帮补水

有一次,608号机车组牵引军火列车运行到定州,中途遭到敌机扫射,机车水箱被打漏了,朝鲜方面配备的列车向导被击中。

"等大家抱着被击中的朝鲜同志跑到医院后,人已经不行了。20多岁的小伙子,腹部中弹。大家都很难过,后来看到朝鲜女医生跑过来趴在牺牲的朝鲜同志身上痛哭,身上的白大褂都染红了。之后我们才知道,牺牲的这位同志是她的丈夫……"关云庆回忆说。

由于定州的水塔已经被炸毁,机车无法补水,他们就继续向前行驶。当天晚上,列车在一处朝鲜村庄旁边停了下来,关云庆和战友们下车,用水桶从水塘里提水给机车补水。

听到声音的朝鲜村民出来查看,见是中国人民志愿军,村民们开始挨家挨户通知。很快,大量村民闻讯赶来,他们提着水桶、端着水盆,帮关云庆他们打水。

"月光下,村民们站成两排,最前面的村民从水塘里取水后递给后面的村民,一个一个接力,很快帮我们把能装30吨水的水箱装满了。"关云庆动情地说。装满水后,由于语言不通,他们向朝鲜村民鞠了一个90度的躬表示感谢。村民们也很高兴,拍着水桶为志愿军送行。

1951年,关云庆在一次机车组运送军火到前线的任务中负伤。他忍着剧痛,咬牙坚持了10多天也没有休息,完成任务之后才回国治疗。两个月后,他又返回朝鲜战场,继续战斗在钢铁运输线上。

如今,关云庆作为辽宁省关工委老战士报告团报告员、辽宁省志愿军老战士报告团团员,依然奔走在去部队、学校、机关、企事业单位宣讲抗美援朝战争历史的路上。

(刊于《参考消息》2020年10月6日第11版)

杨殿生年轻时照片（受访者供图）

【人物简介】

杨殿生，1932年1月生，辽宁大连人。1947年11月参加革命工作。参加过辽沈战役、解放大军南下、广西剿匪、抗美援朝战争。1950年10月编入中国人民志愿军暂编汽车44团2连当汽车助手，1958年10月从朝鲜回国，并作为志愿军代表受到毛泽东等国家领导人接见。

"炸死算牺牲，炸不死就拼到底！"
——记志愿军汽车兵杨殿生

文 /《参考消息》记者　汪　伟　李宇佳

点火、挂挡、踩油门，战火纷飞中，杨殿生无数次重复这样的动作。那是一段距离死神最近却也激情燃烧的岁月。

今年88岁的杨殿生，当年曾作为汽车兵，在朝鲜战场上承担"快递员"的角色——把物资送往前线，把伤员接回后方。

"我们运多些、运快些，就能多救活一些人。"杨殿生一边说一边用手重重地拍在腿上，"炸死算牺牲，炸不死就拼到底！"

战友鲜血染红驾驶座

1950年冬季，由于需要加强军队运输力量，第45军要求每连抽调一名战士统一到后勤部培训学习开车。通信员杨殿生抢先报名，获得了学习资格。

"战争就是这么惨烈，还没怎么学，部队就开赴朝鲜了。"杨殿生说，战场上由于驾驶员牺牲较多，出现了车等人的情况。他这个一直作为助手的"二把刀"就这样成了正式驾驶员。

1951年1月，作为新组建的中国人民志愿军暂编汽车44团的一员，杨殿生随部队从安东（今辽宁省丹东市）九连城跨过鸭绿江北岸临时搭建的浮桥进入朝鲜。

由于没有制空权，志愿军的汽车只能在夜间行驶。而朝鲜路窄山高车多，不时有车毁人亡的事故发生。进入朝鲜的当天晚上，有两名随车去前方阵地采访的摄影记者因为翻车而牺牲。没到三个月，杨殿生所在的排就有三辆汽车停在树林里没人开了。

有一次，杨殿生驾车和另外两辆车一起运送物资，敌机突然袭击，炸弹和机枪扫射连在一起打中了他的前车。等飞机飞走后，杨殿生用手电一照前车驾驶室，眼前的一幕让他心痛而难忘：战友身体血肉模糊，溅出来的鲜血将线手套染红，滴答滴答流在坐垫上和驾驶室里。

车流密集，路况不好，危险不断……就在这一次次的磨炼中，杨殿生逐渐成长为一名熟练掌握开车技术的汽车兵，开着那辆苏联嘎斯51式汽车运送物资和伤员，日夜奔波在抗美援朝的运输线上。

生死在一脚油门之间

作为汽车兵，要把战备物资安全、快速地运送到前线战友手中，空车回来时，有时要尽自己所能多运一些伤员。这一来一回，看似比真刀真枪的战场上安全，但是真跑过的人知道，快不得，慢不得，生死有时就在那多一脚、少一脚的油门之间。

"你看现在的快递公司多有效率，各个环节咬合得严丝合缝。"杨殿生说，志愿军的运输体系也很先进，所有物资往来由统一的中枢调配，汽车兵按令而行。"即使在今天，这也能算是一个协调有序的高效运转体系。"

据老人介绍，志愿军运用国内革命战争中建设兵站运输线的经验，在朝鲜北部建立了东、中、西三条前后贯通的运输干线，并陆续建立

杨殿生近照（杨青　摄）

起纵横交错的兵站运输网。

位于平壤的三登站原本只是朝鲜的一个小车站,但因其位置隐蔽,成为作战物资的一个重要运输中枢。凡是后勤部的汽车从前方返回三登,都到路边的指挥部领受运输命令。"到那里,只要报告连队、车号就能接到命令式三联单,到什么地区或物资大站、装什么物资、运到什么地区都写得很明白。"杨殿生回忆说。

车身留下20多个洞眼

为了摆脱挨炸的被动局面,志愿军沿着运输线设立了长长的防空哨。白天通过望远镜,晚间通过听声音,防空哨兵提前发现敌机踪影,就会朝着公路放枪,提示司机注意隐蔽。

"我们听到枪声,第一件事情就是踩刹车、闭大灯。"杨殿生老人一边说一边模仿着开车的动作,"留着小灯再往前跑一段路,剩下的就关灯摸黑驾驶,敌机看不着你就自己回去了。有的时候敌机投掷照明弹,我们就借着光亮把油门踩到底,很可能就冲出危险地段了。"

1953年7月27日,朝鲜停战协定签订。而对于杨殿生来说,还远没到回国的时候。

三年行驶三万多公里,获得"万里号车"荣誉三次,车左门上喷了三颗红五星,记三次三等功,所驾驶的汽车没翻、没撞、没被敌机炸毁,只有车体部分有20多个大小不一的洞眼……这些优秀的"战绩"令杨殿生老人至今引以为豪,而他也因此被调到志愿军政治部给首长开车。

"以前是开大车,后来是开小车,就一句话,务必保证行车安全。"凭借熟练的技术和认真的态度,在给首长开车的数年中,杨殿生没发生过一次事故。

(刊于《参考消息》2020年10月6日第11版)

赵振声入朝作战前留影（受访者供图）

【人物简介】

赵振声，1933年5月生于辽宁铁岭，1948年1月参加革命工作，1952年12月加入中国共产党。历经解放战争、抗美援朝战争，参加过平津战役、衡宝战役、广西战役。在抗美援朝战争中，在第39军司令部担任通信兵，所在班获得集体二等功，时任班长。1993年8月离休，离休前系营口市西市区政协主席。

"我就是一根炸不断的电话线"
——记志愿军通信兵赵振声

文 /《参考消息》记者　赵洪南

赵振声坐在客厅的躺椅上，手里捧着一只入朝参战时的旧茶缸。70年过去了，这只旧茶缸补了又补，可老人怎么也舍不得扔掉，"看见它就像回到战场上一样"。

70年前，他跨过鸭绿江，抗美援朝、保家卫国，冒着枪林弹雨在战场上接电话线。70年后的今天，老人回忆起那段历史，仍铿锵有力地说："我就是一根炸不断的电话线，我要把革命的'电话信号'传递下去，传给我的后代，传给更多的接班人。"

"战争打到哪儿，电话线就要跟到哪儿"

今年87岁的赵振声住在营口市站前区的一处小区里。老人指着墙上挂的一张泛黄的老照片说："这是我入朝作战前在照相馆拍的，那时我才16岁。"

赵振声15岁当兵，他经历了抗美援朝战争全过程。

"那时候我负责阵地上接电话线的工作。我们要做到'信号不能断，保证上面的指挥畅通'。"赵振声言语铿锵，"战争打到哪儿，电话线就要跟到哪儿。"

随着老人声情并茂的回忆，时空推回到炮火连天的战场。"刚让我架电话线的时候，感觉很新奇。"那个年代的电话线和今天的电话线有很大差别，是用棉纱裹起来的铜线。电话员们经常拆电灯线充当电话线，有时候实在找不到材料，就拆掉缴获来的敌人的铁丝网，将铁丝拉直制作电话线。

"那时都是山地，我们爬山过梁，频繁来往于各个阵地之间，冒着枪林弹雨接通被炸断的电话线。教我接电话线的张师傅就是在一次接线任务中牺牲的。"说到这里，赵振声潸然泪下。"战争是残酷的，很多战士牺牲了,连名字都没留下,很多战友,我们连他们的全名都不知道。"

过了一段时间,赵振声在阵地上"蹲"惯了,了解地形,技术也娴熟,在阵地接线工作中积累了丰富的经验。无论是炸断的电话线,还是其他故障,他都游刃有余,手到"病"除。

"那时,上级领导指派我教一名来自通信班的战士张福友接电话线。"赵振声说,其实,在阵地接电话线这项工作存在着很大的不确定性,很多时候都不知道是怎么把线接好的,炮弹就在头顶上飞过,根本不给人时间考虑该怎么处理。"在那个紧要关头,往往依靠的就是熟练度和潜意识。"

"人体电话线"传递战略部署

在一次持续了几个昼夜的抢夺高地的战斗中,我方阵地上的电话线在三天内被炸断了30多次。最艰难的一次,几分钟内电话线就被连续炸断两次。

赵振声在家中接受采访(赵洪南 摄)

赵振声说，那一次，张福友看战事紧急，主动请缨去阵地。然而，谁也没想到，张福友带的一长捆电线竟然不够用。

张福友在前方阵地打来接线员专线电话向赵振声求助："师傅！线不够用！咋办啊？"

赵振声一下子也蒙了，他问："差多少？""差一人多长！"张福友说。

赵振声知道，在当时的情况下，根本无法找到一根一人多长的电话线。他灵机一动，忽然想起自己的师傅说过的一句话："战场上如果没有条件接线，你要记住，人体也可以导电！"

赵振声马上告诉张福友："福友！你听我的，把两端的电话线绑在你的手上和脚上，人体可以导电！"

张福友按照赵振声的指导照做了。这根横卧在炮弹横飞中的"人体电话线"，在战斗即将结束之前的几分钟之内，通过微弱的电话信号，将指挥部的战略部署传递到了最前线。

"电话电流虽然微弱，不会对人体产生太大影响，但如果当时的炮弹再次落在那个位置，张福友恐怕会牺牲。"70年后，赵振声再次想起这位老战友，仍充满了敬佩与想念。

赵振声说："虽然艰苦，但我们仍然取得了胜利，这是因为我们保家卫国的初心从未改变，除了党的领导，就是遵守纪律，铁的纪律。"

时至今日，岁月终于静好，然而，那些抗美援朝战场上留下的生死瞬间，早已深深地刻在了老人的脑海里，成了难忘的记忆。年近九旬的赵振声，常想起牺牲在抗美援朝战场上的战友。"我从来不觉得我是英雄，真正的英雄是那些长眠于战场上的战友，是他们用鲜血和生命换来了和平。我要替牺牲的战友们好好地看看新中国，看看他们鲜血灌溉下的土地，如今已是何等辉煌的山河！"

（刊于《参考消息》2020年10月7日第11版）

马汉贤年轻时照片（受访者供图）

【人物简介】

马汉贤，1928年7月生，辽宁西丰人，中共党员，1948年参军，历经辽沈战役、成都解放战役。1950年随中国人民志愿军第50军148师入朝参战，1952年在朝鲜战场被选送加入人民海军，1956年被选送加入人民空军，是一位服役过陆海空三军的老战士。

"做好把脑袋别在腰带上的准备!"
——记志愿军书记员马汉贤

文 /《参考消息》记者　陈凡靖

现年92岁的志愿军老战士马汉贤身体健康,因为有些耳背,说起话来嗓音格外洪亮。

"现在的生活越好,越是想念当年那些一起出生入死的兄弟。可惜啊,他们有的人牺牲时才十几岁,还没结婚。"马汉贤感慨地说。

肩扛人拉运送20箱炸药

"我当时是营部书记员,管着营里的文件和地图资料。"马汉贤说。作为营部书记员的他,没有真正带过兵,也没有在战场上指挥过战斗,却也承担过不少运送炸药这样的紧急任务。

1951年1月25日开始,抗美援朝第四次战役的汉江南岸阻击战,是马汉贤所在的第50军148师入朝三个月来遇到的最为惨烈的战斗。前线,美军地面部队利用远程火炮和空中优势在疯狂反扑;后方,敌机不断地对运输沿线和汉江江面冰层进行空中封锁与轰炸,给养和弹药运送艰难。好不容易搞过来的弹药,也要靠战士冒着敌人的炮火轰炸,肩扛人拉往前线运送。

一天清晨,马汉贤的任务来了。20大箱炸药刚刚运到,要立即送达前方担任艰苦阻击任务的444团前线。师警工营从三个连各挑了十几个身强力壮的小伙子,组成了一支40人的队伍。

"这些人我交给你。第一,全力以赴、尽速尽数送达;第二,要把所有人员给我一个不少、完好无损地带回来!立刻出发。"列队完毕,营长给马汉贤下了死命令。

马汉贤说,出发时,两个人抬一个箱子很不方便,行动也很慢。不巧在半路上摔坏了一箱,这下"摔"出了一个好主意。"我发现每个大箱子里有两个大包。我当时决定,砸开大木箱,各扛一包,这样,行进更加机动、方便。"

很快,马汉贤一行来到了这项任务最关键的要害路段,这是一片大约600米宽的开阔稻田,完全暴露在敌人的炮火覆盖下,敌人的侦察机也在开阔地上空不停地盘旋,引导炮群对开阔地进行封锁。马汉贤说,那片地是死亡地带。

"我找来其中的三个排长一起想办法。我们仔细地观察了侦察机低空盘旋的飞行路线和规律,发现可以利用敌机兜大圈盘旋的飞行盲区来骗过它。"

马汉贤说,就这样,他们一段一段地躲过敌人的炮火,巧妙地越过了开阔的死亡地带,及时把炸药送到了444团前线,不仅圆满完成任务,而且做到了全员毫发无损。

"没人能躲过与死神打照面"

"战争就是要做好把脑袋别在腰带上的准备!"马汉贤说,"在战场上,没人能躲过与死神打照面。"

1951年1月上旬突破汉江时,营长派马汉贤和营部通信员小杨一起到汉江上游打探过江的通道。

马汉贤说:"小杨年龄比我稍小一点儿,云南人。他是通信员,我是书记员。我当时结了婚,俺俩约好了,战争结束回国后,在东北老家给他介绍个对象。"

"我还记得,当时小杨在前边走,我在他后边两三米跟着,走着走着,

马汉贤近照(陈凡靖 摄)

突然发现他的脚下闪了一道亮光。我当时意识到，那很有可能是地雷，就急忙喊了一声'地雷'，然后立马冲上前想要拉住他。"

"他很机灵，立刻往地上一趴，还顺势把我往边上推了一把，然后就听到地雷轰的一声爆炸了。我俩起来后，拍了拍衣服，互相笑着看了看，都毫发无损，捡了条命！"

马汉贤跟小杨互相调侃说，大难不死，必有后福。

"我是大难不死啊，但是我的兄弟小杨最后牺牲在朝鲜。"马汉贤说。

1951年2月上旬，汉江南岸阻击战后期，马汉贤所在部队从汉江南岸退守到北岸，转为防御，当时师部前指位于一个小村子里。美军每天从江南往江北打排炮，骚扰我方的前指司令部。

"那天晚上，孙参谋喊：'敌军的密集炮火马上就要打过来啦，大家赶快进防空洞！'这时，我刚刚从师警工营调到师司令部作战科，当见习参谋。前几天连续执行任务回来，又累又冻，感冒发起了高烧，浑身发冷，被科长安排在一个朝鲜老乡家的热炕头儿发汗。"

一阵炮声过后，炕梢儿的半面墙被炸塌了，炸起的残垣断壁就堆在身边和被子上，马汉贤钻了出来。

但是小杨却没能再次幸免，他和8名战士一起倒在了敌人的炮火之下。

"70年过去了，我还能时常想起小杨的模样，一切仿佛还在眼前。"马汉贤说，他多么希望小杨能跟他一起回到祖国，过上如今幸福的生活。

（刊于《参考消息》2020年10月7日第11版）

于作友年轻时照片（受访者提供）

【人物简介】

于作友，1930年2月生，辽宁丹东人，1947年10月加入中国人民解放军，1949年3月加入中国共产党。抗美援朝战争期间，先后担任第40军119师355团1营通信班长、1营2连排长、1营3连排长。1953年10月，朝鲜授予其军功章一枚。

在山头上成功坚守三个月

——记志愿军老战士于作友

文 /《参考消息》记者 高 爽

"我没有什么功绩,只是一个没有牺牲在战场上的幸运儿。"采访过程中,90岁的志愿军老战士于作友时不时说这句话。

8月的午后,于作友老人坐在窗前,手里拿着一枚军功章,跟记者讲起抗美援朝战争时期的故事。"1950年,也是现在这个月份,我们从湖北坐火车回到安东(今辽宁省丹东市)。没过多长时间,部队就接到了出国作战的命令。"当时,于作友和战友都没想到,这仗一打就打了近三年。

解放海南岛后北上丹东

"我1947年10月参加中国人民解放军,先后参加过辽沈战役义县攻坚战、辽西会战、湘西战役和解放海南岛战役,中华人民共和国成立后又参加了抗美援朝战争。"谈起战场上的事情,90岁的于作友思维清楚、言语铿锵,似乎有说不完的话。

"解放海南岛战役结束后,大家都很开心。因为打了这么多年仗,这次终于要做和平准备了。那时候,部队里有很多像我这样大字不识一箩筐的'大老粗',大家心里想着:仗打完了,该学学文化了。"于作友回忆,部队计划由海南北上,最终到达河南,行至广州时为战士们购买了笔记本、铅笔,"那时候经济条件还达不到给每个人发一支钢笔,可就是拿到一根铅笔,都把大家高兴得够呛"。

"还没到河南,部队行至湖北时接到新命令,要把队伍从湖北直接带到安东。"于作友说,安东是他的老家,也是挨着朝鲜的边境城市。"当时心里有回老家的欣喜,也担心朝鲜的战火会烧到安东。"怀着复杂的心情,于作友和战友们坐上火车,六天六夜后到达安东。

"1950年8月份,部队到达安东。休整了一个星期后,就开始组织练兵。"于作友说,最开始连部墙上挂着一幅中国地图,没过多长时间,旁边又挂上了一幅朝鲜地图。

"1950年10月,我们接到出国作战的命令。"于作友说,出国作战前,他和战友们并没有为自己置太多新物件。"全新的东西就是一管新牙膏、一块新香皂。因为大家都觉得出国作战的时间不会太长。没想到这仗一开打,就打了近三年。"

呢子大衣"减震"救了命

"入朝作战时,我是第40军119师355团1营通信班长。"于作友说,自己不仅要接信送信,而且要跟随部队一起战斗。

"战场有多可怕?可怕到即使行走在看似平坦的路上,也会遇到危险。"于作友回忆,一次行军过程中,敌人埋藏在地下、用于破坏道路的炸弹被引爆,巨大的冲击波将自己和一位卫生班长炸到路边的沟渠中。"那位卫生班长当场牺牲了,我因为在行军背囊外披了一件呢子大衣,落地时可能起到了些减震作用,最后捡了一条命。"

"在朝鲜山区作战时,我们和敌人有过一场遭遇战。"于作友说,那场仗打了整整一天,"有的战士枪里连子弹都没有了还坚守在阵地上,那场战斗我方战士伤亡很大"。在这样的情况下,部队坚持作战,最终将敌人赶出了阵地。

"第二天,天刚放亮,敌人就进行了一次反扑。"于作友说,"我们1营及时

于作友近照(受访者供图)

发现了敌人，2营却暴露了目标，他们的阵地随后遭到敌人猛烈进攻，仅有一名号手幸存。"提到牺牲的战友，于作友止不住掉眼泪。

用有限的人打"麻雀战"

"第四次战役期间，绝大多数时间部队是在做运动防御。仗打到那个阶段，部队伤亡较大，正在补充兵源。所以那时就是用有限的人打'麻雀战'，跟敌人斗智斗勇。"

于作友说，战场形势瞬息万变，营部位置也时常变动。"一次战斗开始前，我守着挂在树枝上的电话，营长蹲在地上看地图。突然敌人的枪声响起，战斗很快就开始了。"

"大刘，营长'挂花'（负伤）了，快来！"于作友一边拿下电话机，一边呼唤战友背起右大腿被子弹打中、无法正常行走的营长紧急撤退。"即使在那样的情形下，营长也没忘记抓起地上的地图。"

"也是在第四次战役期间，我所在部队在山沟里执行防空任务。敌人发现目标后，从飞机上往下扔凝固汽油弹，炸弹落地爆炸后，像沥青一样的东西四散开来，落在土上土着火，落在树上树起火，不少人被烧伤了。"于作友说。

"1952年9月，我被调任1营3连排长，任务是守住一个山头。我们守了三个月时间，我那个山头没有被敌人夺走。"于作友自豪地说。

（刊于《参考消息》2020年10月8日第11版）

吴松林旧照（受访者供图）

【人物简介】

吴松林，1932年3月生，湖南省张家界桑植县人，1949年1月参加革命工作，1955年2月加入中国共产党。参加过解放战争、抗美援朝战争，历任警卫员、骑兵通信员、排长、管理员（连长）职务，获得抗美援朝纪念章、朝鲜抗美援朝和平鸽纪念章。1992年离休，离休前系本溪市重型汽车制造厂行政科科长。

"天一黑,战士们就像猛虎出山"
——记志愿军老战士吴松林

文/《参考消息》记者　王　莹

可以每天走超过两小时路程去上老年大学,四层楼一口气走下来不费劲……满头银发,眼不花,耳不聋,笑声爽朗,看到吴松林,几乎难以相信这是一位88岁高龄的老人。

看到这位老战士,脑海中很容易浮现一句歌词:革命人永远是年轻。

走浮桥跨过鸭绿江

1950年夏季,作为中国人民解放军第66军198师594团1营骑兵通信员的吴松林,和战友们一起来到天津静海县。战士们的眼前是一片漫无边际的芦苇,他们用镰刀将芦苇割下,将新垦出的土地平整,继而播种。

刚种下第一季冬小麦,10月22日,吴松林接到命令,火速赶往各连队驻地,通知部队轻装集结。"一切工具、枪炮都放下,即时出发。"随着火车隆隆地驶出天津,战士们猜测这车是往北开,因为部队发了棉军衣。两天后,吴松林和他的战友们来到了东北边境城市安东(今辽宁省丹东市)。

当时的安东已经受到战争的侵袭,美军飞机已向我国境内投掷炸弹了。"我们每人分到了三天的干粮,有糙米和面饼,还用树枝和草扎了防空帽。一切就绪,准备当晚过江。"

吴松林和战友们可以说是静悄悄地出了国。"没有歌声,没有鲜花,一切都在黑暗中进行。"

渡江过程中还出了一个小插曲。"我们先是从鸭绿江大桥通过,走到中间时,人群、车辆太多了,我们又往回走,回到安东,从附近不远的一座浮桥——镇安桥,来到了朝鲜。"

昼伏夜出首战告捷

进入朝鲜后,吴松林所在部队经过一个晚上的急行军,来到了白云洞地区。

部队从朝鲜人民军那里了解到,定州地区有美军一个师。我军为了打好入朝第一仗,决定攻击定州,干掉美军这个师。

白天,美军6架飞机对白云洞地区进行轰炸,整个地区瞬间变成一片火海。头一天夜里渡河,战士们的棉衣全部湿透,这一白天的轰炸,战士们蹲在掩体中硬是将棉衣焐干了。白天过去,夜幕降临,战士们吃点儿炒面,喝口水后按部署出发。

"我们要用一宿时间,急行军几十千米,绕到定州另一侧,堵击敌人。"吴松林说,部队找到一位向导,走山路抄近道,在规定时间赶到指定阵地。"天一黑,战士们就像猛虎出山。"驻守的美军和土耳其军队,自到朝鲜以来,骄横跋扈,还没有吃过败仗,可是这一晚上却被打得晕头转

吴松林近照(受访者供图)

向，伤亡惨重，匆忙夺路逃窜。这是吴松林所在部队入朝仅三天的第一战。

艰苦的在朝战争岁月拉开了帷幕。白天在掩体一蹲一天，晚上行军打仗，饿了就吃炒面，渴了就吃雪。入朝不久就赶上严冬，一些战士被冻伤、冻死。

"衣服跟不上，吃的也没有，十分艰苦。我的一名战友，一天早上睡醒发现，两只脚都冻掉了。我一直到现在都有一个习惯，天冷时就要一直运动，不活动就不舒服。"

从火海里救出战友

抗美援朝战争期间，吴松林经历过两次生死关头。"一次上级让我去平壤送信。晚上，我坐着拉沙子的车出发了。因为有车灯，很快被敌人的飞机发现了，飞机跟着车炸了一路。当时司机也拼了，绕着山路各种躲闪，走'S'形路线，差点儿翻车，最后还是胜利完成了送信任务。"

第二次生死关头更惊险。云山战斗是整个朝鲜西线战役的关键点，在这场战斗中，吴松林没有上前线，所在部队作为预备队处在二线，然而吴松林还是经历了生死考验。

一天上午，教导员毕继荣安排吴松林和一名战友去烧开水。吴松林来到一个小村庄，在老乡家生火烧水。"这个小村子只有两间房子，敌人的飞机连这两间房也没有放过。"

没有听到防空枪声，敌机已经扑来。一阵阵爆炸声，小村子顿时成为一片火海。"我身上背着卡宾枪，腰上有子弹，还有手榴弹。怕这些东西爆炸，当时我也不知道哪儿来那么大的劲儿，一下子就把牛皮子弹带拽断，迅速将弹袋和手榴弹还有卡宾枪扔了出去。"

跑出屋的吴松林想到战友还在火海里，就返回去大喊战友的名字，并一把拽住躲在角落的战友冲了出去。

战争胜利后，吴松林随部队驻守辽宁，1964年转业到了本溪。离休后老人最爱的两件事，一件是爬山，一件是上老年大学。"我闲不住，爱爬山，站在望溪公园的山顶凉亭上，看着越来越美丽的城市，心里特别高兴，我还买了两架望远镜，白天带到山上，让大伙儿都能看看城市的变化。"

（刊于《参考消息》2020年10月8日第11版）

娄文业年轻时照片（受访者供图）

【人物简介】

娄文业，1926年8月生，江苏省新沂县人，1946年8月入伍，参加过解放战争、抗美援朝战争。曾任志愿军炮兵第7师21团1营3连连长，荣获抗美援朝纪念章一枚、和平万岁勋章一枚，荣立集体三等功一次、个人三等功一次。离休前任黑龙江生产建设兵团三师商业科科长，享受正团级待遇。

"先不换防,打了这仗再回国!"
——记志愿军老战士娄文业

文/《参考消息》记者 包昱涵

今年94岁的娄文业嗓门不小,谈兴甚浓。在辽阳市中心医院的病房里,提起曾经的峥嵘岁月,老人难掩激动。"我经历的战斗多,在战场上总是冲在前面。"

作为一名1946年入伍、参加过解放战争的老战士,娄文业在1950年入朝作战时,算得上是战斗经验丰富了。勘敌情、躲轰炸、领炮车……在声情并茂的讲述中,老人仿佛又成了70年前那个穿梭于枪林弹雨间的炮兵连长。

"所有山沟里都有我的脚印"

"在抗美援朝的战场上,不分前方和后方。"这是娄文业随部队进入朝鲜后的第一感受。

1951年10月,娄文业随炮兵第7师从安东(今辽宁省丹东市)。进入朝鲜。在战场上,敌方占据了明显的空中优势,后方遭受的轰炸甚至比前方更猛烈。

"每次都是好多架轰炸机一起来,飞机先往下扔照明弹,再掉过头来对我们进行疯狂的扫射和轰炸。"一颗照明弹扔下来后行进中的部队难以再借浓黑的夜色隐藏踪迹,一下子"亮得连地上的纸片都能看清楚"。

娄文业所在部队只好和敌机"躲猫猫"。"飞机一来我们就立马停车,把车灯熄了,所有人往道边的山上跑,隐蔽起来。直到飞机过去我们再下来,开着车灯继续前进。"娄文业解释,为了在夜里多赶路,他们在大致掌握了敌机轰炸规律后,都是趁着轰炸间隙,"打开车大灯使劲往前开"。

在担任作战参谋时,娄文业的主要工作是去步兵阵地最前沿勘察地形、侦察情报，从而做到步炮协同，组织我方开展有效的炮火攻击，是炮兵插在战斗前线的"眼睛"。"这个角色可是了不起，很多时候都是一个人出去执行任务，考验胆量，也考验能力。"

为了取得更多有效情报，娄文业总是冲到步兵炮火最前线，"能看到敌人几乎就在你对面"。他要一边隐蔽腾挪，一边搜索敌人的炮、桥梁、仓库的所在位置，指挥炮火进行攻击。他说："在朝鲜，我们阵地前后的所有山沟里都有我的脚印。"

300多发炮弹支援步兵

1953年7月，金城反击战打响。这是抗美援朝战争的最后一次战役，也是最让娄文业难以忘怀的一场战役。

当时，娄文业已调任1营3连任炮兵连连长。按照原先计划，娄文业所在部队本该与国内的部队进行换防，但就在这时，他们接到消息，要配合停战谈判发动一场反击战。

娄文业近照（杨青　摄）

"上级领导问我们,是打了反击战之后回国,还是当时就换防回国休息?"娄文业说,他们当时回答得十分干脆,"不换防!我们来打!"这是一个经过审慎思考后得出的答案。"我们想的是,如果反击战交给国内换防来的部队打,他们对朝鲜地形完全不熟悉,这仗怎么打?"娄文业所在的部队决定:"先不换防,打了这仗再回国!"

为了打好这次反击战,娄文业和另外两位连长提前到前线指挥所观察地形。可就在返回营地的途中,他们突然遭遇8架敌机的轰炸。娄文业头部受伤,一共缝了9针,后来被转到后方留守处养伤。7天后,娄文业伤口刚刚拆线,就和前来接他的营部通信员一起出发,骑着三轮摩托车一路风驰电掣赶回了连队。

战斗就要开始了!简单的战前动员后,娄文业一挥手,带着第一辆车在前面开路。炮车轰隆隆地行进在崎岖不平的山路上,扬起了漫天尘土。

"当时走了一段路,我从车镜里发现有几辆车没跟上来,就让司机放慢速度,等后面的车辆跟进。可等了十多分钟还是不见踪影,我不敢耽搁,决定带着6辆车先走。"娄文业说,他带的6辆车中有4辆是炮车,另2辆是弹药车。"如果不抓紧时间往前赶,天一大亮,敌机过来轰炸就麻烦了。"

胆大心细的娄文业领着车队一路加速前行,但还是躲不过敌机的搜索式轰炸。"我们只能走走停停。汽车上有伪装网,炮车上有几名战士,每人怀里都抱一根大树杈子当伪装。"车队凌晨3点出发,直到傍晚时分才到达指定位置。

战斗打得异常激烈。娄文业到前沿阵地指挥炮火攻击,与步兵一起,打退了敌人十几次反扑,4门炮当晚一共打了300多发炮弹,为战役胜利提供了有效火力支援。

"在这次任务中,我们3连是全营唯一将4门炮拉入阵地并展开炮击行动的连队,其他两个连队因为遭遇敌机轰炸封锁,都被困在半道上,错过了反击的最佳时机。"由于在这次战斗中表现突出,娄文业所在的3连荣立集体三等功一次。

(刊于《参考消息》2020年10月9日第11版)

金朋玲年轻时照片（受访者供图）

【人物简介】

金朋玲，1930年8月生，辽宁本溪人，1948年参军。历任东北军区独立2团3营11连战士，东北军区169师507团收发，东北军区警卫团2营文书，东北军区装甲司令部收发、文书，坦克第3师排长。1952年6月，以东北军区装甲兵机关一部及坦克第3师一部，组成新的志愿军装甲兵指挥所入朝参战，属中国人民志愿军战斗序列，获得抗美援朝纪念章。1990年离休，离休前系辽宁省铁法矿务局总机修厂干部。

"雪地潜伏，一趴就是好几天"
——记志愿军老战士金朋玲

文/《参考消息》记者 邹明仲

眼前的这位老人，头发灰白，目光炯炯，声如洪钟，要不是几块老年斑留下了岁月的痕迹，很难想象他已经 90 岁了。他是金朋玲，1948 年参加中国人民解放军，之后参加了抗美援朝战争。

金朋玲住在辽宁省铁岭调兵山市一个普通小区里，在这间不足 40 平方米的小房子里，他与记者聊起了那段战争岁月。

连长"背着我过了鸭绿江"

1950 年，抗美援朝战争爆发。金朋玲回忆说，当时他所在的部队正在东北驻防。有一天，刚刚吹完熄灯号，金朋玲正在洗脚，突然，紧急集合号吹响。"有紧急任务，限 15 分钟准备行李，每人 40 斤（20 千克），多余扔掉。"

紧接着，金朋玲就和战友们摸黑行军。"什么也看不见，就是跑，一个跟着一个跑。也不知跑了多远，前面一片亮，有水声，有人喊：'鸭绿江！鸭绿江！'"美军飞机一群一群从头上飞过，鸭绿江的另一边新义州被炸，爆炸声不断，不少厂房大火通天。

部队下达了过江的命令。金朋玲回忆说："我们都管连长叫'小黑子'。他走过来说：'这个小崽子，还没枪高呢，能蹚过去吗？'说着就背起我过江。我和他的装备，再加上我的体重，一共超过 150 斤（75 千克），他强支撑着，一步一步地背着我过了鸭绿江。"

"我感到很羞愧，别人都是雄赳赳气昂昂跨过鸭绿江，我呢，是我的连长背我过的江。"金朋玲说。过了江，"连长的腿被冻得回不过来弯，我用枪托把他腿上的冰打掉，他又向前跑去"。

金朋玲近照（受访者供图）

美国兵"只有挨打的份儿"

过江后，也不知跑了多远，停下了。"挖工事！"命令传下来了。之后再没人说话，只有叮当声，单兵挖3米深，连接成战壕。突然，炮声响起来，3架美军飞机从阵地上空飞过，边扫射边投弹。不一会儿，美国大兵到了，天上飞机掩护，地上开着坦克，放着大炮，大兵坐着卡车，就像卷起一股黑风向我方阵地压来。

"都别开枪，听命令。"领导下口令，"100米，70米，50米……打！"

"听到命令后，我们迫不及待抡起手榴弹，加上扣动扳机，一个回合就把敌人打蒙了。"金朋玲说，"敌人退回去，又冲上来，再被打下去。到了傍晚时分，我们来了个冲锋。"

双方开始了白刃战。"别看美国兵拿着卡宾枪，也只有挨打的份儿，我们的'三八大盖'刺得到他们，他们够不到我们，我追上去刺死了三个。"

后来像这样的战斗，金朋玲经历了二三十次。第一次的那场胜利，并不意味着战斗是一帆风顺的。"我们没有制空权,敌人的飞机追着我们打,我们白天只好钻树林、躲山沟,和敌人周旋。黑夜出来活动,可老美有照明弹,还是追着我们打,我们那个连,入朝后没过几天,只剩下三个人,连长也牺牲了。"

经过无数次战斗,金朋玲越来越觉得自己变了,连自己都不敢认了。"越来越像个爷们儿了。"金朋玲说,"一打仗我就来精神。在朝鲜战场,仗打得挺过瘾,国内打仗就四个手榴弹,在朝鲜管够。"

压缩饼干"不吃就饿死了"

"打得可苦了,"金朋玲不时感叹道,"执行任务,雪地潜伏,一趴就是好几天。趴在雪地里,那才叫透心凉,多厚的棉衣都没用,把棉衣都冻得硬邦邦的。"金朋玲说,没有棉衣的志愿军战友抱在一起,互相鼓励,还互相提醒:"别睡,别睡,睡着就冻死了。"

在朝鲜战场上的苦,不只体现在冷上,还有物资短缺。美国人轰炸交通线,断了部队的补给。为了节省弹药,金朋玲所在部队能不打的就不打、少打。战士们没有吃的,吃自带的压缩饼干。出国时每人发一个干粮袋,装着压缩饼干。

"一块有火柴盒那么大,刚吃味道还不错,咬一口嚼在嘴里满满当当的,吃一块饱一天。"金朋玲说,吃的时候,第一天没啥,第二天就厌了,第三天就糊在嘴里,不想咽下去。吃到后来,嗓子破了,鼻子流血,有的战友眼睛模糊了。"不吃就饿死了,要活命就得吃。我们咬牙坚持,互相鼓励。"

后来有一次,上级命令转移,转移过程中,敌机不断轰炸,金朋玲被炸伤了。当时是夜间,战友只捡到了他的文书包,没有找到人。不知道过了多久,后续部队看到他露了半截身子,才把他救了出来,送往安东(今辽宁省丹东市)荣军医院做手术。"我的肚子受伤,肠子出来了,还好没断,经过手术,很快就好了。"

(刊于《参考消息》2020年10月9日第11版)

孙田原赴朝采访时工作照（受访者供图）

【人物简介】
孙田原，1929年生于山东掖县，1948年2月参加革命工作，曾作为随军记者参加辽沈战役、平津战役、抗美援朝战争的战地采访工作。1950年10月，作为《东北画报》记者，参加第38、39、40军与朝鲜人民军战绩摄影报道，1953年随志愿军回国，三年间两次入朝工作，为抗美援朝宣传工作作出重要贡献。

"人活着,就不让底片遗失"
——记志愿军战地记者孙田原

文 /《参考消息》记者　赵洪南

满头银发,气质从容,谈吐优雅,这是孙田原给记者的第一印象。70年过去了,已是耄耋之年的老人提起抗美援朝仍记忆犹新,他清楚地记得当年作为《东北画报》记者随中国人民志愿军赴朝鲜采访时,用相机拍摄的每一张照片。

91岁的孙田原和爱人一同住在辽宁营口望儿山下的一家养老院里。采访当天,是老人的生日,孙田原的爱人正在厨房里为他准备长寿面。

采访过程中,孙田原不时用电脑给记者展示他的摄影作品和视频短片。"这些照片在我眼里,每一张都是宝贝。但最让我忘不了的还是在朝鲜战场上留下的珍贵影像,每一张底片上都记录着我们'最可爱的人'。"

一封家书随时带身上

1948年,孙田原报名参加了东北民主联军,随后进入《东北画报》当记者。在入职前的培训班上,孙田原知道抗日战争时期摄影业得到很大发展,不少摄影工作者深入战场,提出了"只要人活着,就不让底片遗失"的口号——战争中,有的摄影工作人员牺牲前,还不忘把照相机和所拍摄的底片托人交给组织。

"那一刻,我为自己能够从事新闻摄影而自豪。'只要人活着,就不让底片遗失'也成了我的人生信条。"孙田原说。

1950年10月,一大群风华正茂的中国青年毅然背上行囊,离开祖国,开赴朝鲜战场。时任《东北画报》记者的孙田原就是其中一员。那一年,他21岁。

"我们是拿着相机、摄影机打仗,很危险……"孙田原回忆说,"当时在我们心里,就是一门心思地作战,几乎没有人会认真去想,如果真的牺牲了该怎么办！甚至会把一封家书随时带在身上，保不齐什么时候就牺牲了，这封家书就成了遗书。"

"相机是我最好的武器"

在朝鲜战场上近三年的时间里，孙田原拍下上千张照片，用镜头真实记录了70年前中国人民志愿军的英勇身姿和感人瞬间。

"一台相机、一支钢笔、一个小本子、一把手枪，是我在战场上的全部装备。"孙田原说，"相机是我最好的武器，我用它记录下在朝鲜战场上发生的一切，我用它观察历史、记录历史。"

一张70年前孙田原拍摄的题为《被击落的敌机》的老照片，将老人的思绪拉回到炮火连天的战场。

1950年，初到朝鲜战场的孙田原作为随军记者跟随第40军进行采访。开始上战场时，孙田原什么也不懂，后来知道，跟突击连能拍到

孙田原在养老院接受记者采访（赵洪南　摄）

东西。枪林弹雨中，连长说："跟着我跑！我跑你就跑，我趴你就趴！"

为了减少伤亡，月夜作战是志愿军战士们的最佳选择。

提到朝鲜的月夜，让孙田原终生难忘的不仅是零下40摄氏度难以抵御的冷，还有那在照明弹转瞬即逝的光亮中，艰难爬出低地抓取画面的拍摄，一切都犹在眼前。

当时的相机感光时间长，对光线的需求更高，没有光，就什么也拍不到。孙田原说："没有光，我们就趁着月色拍摄，皎洁一点儿的月色都可以。如果要拍摄冲锋之中的部队，那么我们就要奔跑在冲锋队伍前面一些。很多时候，战火太猛，硝烟把月亮都遮住了，我们就匍匐在低处，等待双方交火时那一瞬间炮弹爆炸或者火力交锋的时候所迸发出来的一点点亮光，进行瞬间的拍摄。"

一口炒面一把雪的笑容

孙田原从电脑桌面的文档里打开一张题为《一口炒面一把雪》的照片，照片上左边的战士手捧着一碗雪正冲着镜头笑。

孙田原说，当时军粮供应不上，战士们只能靠仅有的"一口炒面一把雪"充饥解渴。这是当时战士们最真实的写照。就在这样艰苦的条件下，战士们仍然情绪乐观，坚持阻击强敌。

孙田原把稿件送回国之后，《东北画报》连续三期发表了他拍摄的战地照片，这幅《一口炒面一口雪》就在其中。这张照片真实地记录了当时志愿军战士们就着雪吃炒面的场景，后来被很多报刊配发转载。

孙田原拍摄的时候，战士们虽然在吃雪，但是脸上都洋溢着笑容。"我拍的照片中有战士没看镜头的，也有战士看镜头的。发表的时候我选用了看镜头那张，编辑部也认为看镜头的那张照片好。"

"新闻照片就是抓拍那一瞬间。相机就如同我的眼睛，帮我记录我在朝鲜战场上的所见、所闻、所历、所想。"孙田原说。

（刊于《参考消息》2020年10月13日第11版）

1950年萧模林参加志愿军时留影（受访者供图）

【人物简介】

萧模林，1930年5月生于黑龙江省富锦市，1947年参加东北民主联军，解放战争期间因攻打四平时表现突出荣立一等功。在朝鲜战场任炮兵第8师46团政治处组织干事，第五次战役中兼任炮兵团2营5连代理指导员，配属中国人民志愿军第38军。2015年，作为老战士代表之一，受邀出席纪念中国人民抗日战争暨世界反法西斯战争胜利70周年阅兵观礼。

率领炮兵成功阻敌被编入教材
——记志愿军老战士萧模林

文 /《参考消息》记者 吴子钰

听说记者来到鞍山采访，90岁的老战士萧模林不顾腿脚不便，扶着助步车到小区门口迎接。这天，老人特意换上了自己在北京定制的深绿色军装，还将自己历经数次战役所得的纪念章和奖章擦拭干净，整整齐齐地别在了前胸。

说起自己的军旅生涯，萧模林神采奕奕，仿佛又回到了当年炮火连天、南征北战的峥嵘岁月。

保家卫国兄妹齐上战场

萧模林出生在黑龙江省富锦市一个革命家庭。抗日战争期间，父母曾多次掩护和帮助东北抗日联军的同志们。1947年，还在富锦县联合中学上学的萧模林参加了东北民主联军。短短两年的时间里，这位不到20岁的小战士跟着部队几乎把祖国大地跑了个遍。丰富的战斗经验为他日后在抗美援朝战场上立功打下了坚实基础。

朝鲜战争爆发时，萧模林在炮兵团担任政治处青年干事。他所在的炮兵部队配属在朝鲜战场上被誉为"万岁军"的中国人民志愿军第38军。萧模林跟随部队经历了抗美援朝时期的五次战役。

"不仅是我自己，我的妹妹在1950年也参加了抗美援朝，当雷达兵。妹夫也和她一起参了军。"萧模林说。

炮兵单独作战歼敌上千

在战争中，步兵和炮兵往往协同作战。但萧模林和炮兵团的战友们有一次却在配合作战的步兵部队"缺席"的情况下成功阻击敌军，战果丰硕。说起这段经历，萧模林难掩自豪之情。

那是在第五次战役期间,炮兵团按照上级指示向朝鲜的金化以南前进,准备和第60军180师合力阻击敌军。担任团政治处组织干事的萧模林临危受命,接替一名住院的战友兼任2营5连代理指导员。

萧模林带领战士们星夜兼程,奔向预定位置协助作战。然而,到了预定地点,炮兵团得知了一个令人意想不到的消息:180师有特殊情况,无法及时赶来作战,炮兵团立刻向金化地区转移。在缺少步兵掩护的情况下,炮兵后撤难上加难。萧模林带领战士们利用茂密的森林和夜色作掩护,在公路两旁构筑工事,准备按团首长指令与在此防御的第15军45师一起阻击敌人。

"第二天快中午时,有位战士听到了隆隆的声音,跑来告诉我们做好防空准备。"凭借多年的作战经验,萧模林没有仓促应战,而是拿起一根小树枝,一端插进地里,一端贴着耳朵听。"听到地里的隆隆声我就知道,肯定不是飞机,而是敌人的坦克要来了。"萧模林立刻指挥战友向来路掉转炮口,准备迎敌。

果不其然,没过多久,6辆美军坦克沿路开来。随着声声炮响,路

2020年9月萧模林在丹东鸭绿江断桥旁留影(受访者供图)

中间的敌军被打了个措手不及。激烈的战斗持续了一天多，其间敌军又是呼叫空袭，又是请求火炮支援，据战史记载，光是2营的阵地上就落下了500余发炮弹。但萧模林和炮兵团的战友们沉着应战，截至友军接防，炮兵团以伤亡10余人、1门火炮损毁的代价，歼敌1000余人，击毁坦克1辆。战后，萧模林所在的2营被荣记集体三等功。这场战斗后来还被解放军炮兵某师作为经典战例，收进了军事教材。

战场惨烈情景此生难忘

抗美援朝期间，不少战斗的惨烈程度远超常人想象。让老人感慨颇多、难以忘怀的，是第二次战役结束后一项特殊的任务。

"第二次战役结束后，上级交给我一项任务：到战场上掩埋志愿军烈士的遗体。"按照上级指示，萧模林带着警卫连一个班的战士来到了飞虎山至三所里大桥一带为烈士们收殓。抗美援朝中战况最为惨烈的松骨峰阻击战和飞虎山阻击战，都发生在这片区域。

在硝烟散尽的战场上，萧模林看到的场景让他此生难忘。"走上战场，除了看不出形状的枪炮碎片，满眼都是烈士和敌人的尸体。有的烈士在牺牲时死死地掐着敌人的脖子，遗体烧得焦黑，我们分都分不开。还有的战士，手里紧紧握着手榴弹，牺牲前把敌人砸得头破血流……"说到这里，萧模林的声音禁不住颤抖起来。

受困于当时艰苦的条件，志愿军无法妥善安葬每一位烈士。"我们只能把每具遗体装进一个白口袋里，简单地就地掩埋。"

2009年，萧模林作为志愿军老战士代表受邀前往朝鲜参观访问，再次踏上自己亲手掩埋过烈士的那片土地。"魏巍写过一篇通讯，叫《谁是最可爱的人》。我在战场上掩埋的那些烈士，他们都是最可爱的人。"萧模林动情地说。

（刊于《参考消息》2020年10月13日第11版）

徐福绵在抗美援朝时期留影（受访者供图）

【人物简介】

徐福绵，1929年生，黑龙江哈尔滨市人，1949年1月毕业于中国医科大学，后分配至第七陆军医院。1951年1月，随全院官兵入朝，任第29兵站医院手术组长，执行抢救伤员任务。1951年4月入党。1955年回国。

"没有一人因抢救不当死在我手里"
——记志愿军老战士徐福绵

文 /《参考消息》记者　白涌泉

今年91岁的徐福绵依旧耳聪目明,"我现在头脑非常清醒,夏天我双耳能听见蚊子'嗡嗡'声,站立时双眼能看见地上的蚂蚁"。

"最让我骄傲的是,我行医一辈子,从没有一人因抢救不当死在我手里,"徐福绵对记者说,"我在朝鲜战场上抢救过多少人,我没有统计过,也记不住了,但我每天都是能做多少手术就做多少,尽全力救治战友。"

"要想入党,得好好表现"

徐福绵说:"上学时我就特别想入党,但我不知道怎么才能入党,那时党员身份也不公开,所以我也不知道谁是党员。直到党员身份公开后,我才知道身边一名医生是党员。"徐福绵说,这位党员同事告诉他,"要想入党,得好好表现"。

1951年1月,上级命令徐福绵所在的第七陆军医院全部开赴朝鲜。他们乘坐的火车白天隐蔽在隧道里,晚上前进,但刚到朝鲜新义州,美军就发现了火车,虽然部队隐蔽在隧道里,可洞口和铁轨全部被美军炸毁。

从1月至3月,徐福绵和部队步行两个月走到三八线附近。部队都是夜晚行军,徐福绵现在回忆起这段经历,就一个感觉:无论白天还是夜晚,24小时没有一分钟听不到飞机轰鸣声。

一天深夜,部队隐蔽在路旁的壕沟里休息时,美军投放照明弹,美军飞机发现部队后直冲过来,一顿扫射。徐福绵清楚地记得,"子弹从我的眼前穿过,打到地面上直冒烟"。

有了这一次教训后,部队决定找两个人作为先行军,白天先走50千米,找到当地村镇领导安排好宿营,再接应后续部队休息。这两个人中，有一个是懂朝鲜语的朝鲜族护士，另一个就是徐福绵。

当时徐福绵非常积极，主动申请承担这项任务，因为他想起了战友说的那句话："要想入党，得好好表现。"就这样，部队一站一站行军到达前线，徐福绵不怕艰险，圆满地完成了任务。

4月，党支部大会正式通过徐福绵的入党申请，他光荣地成为一名中国共产党党员。

设计十字形防空洞手术室

1951年7月，志愿军后勤部三分部指示部队另选地址，派工兵部队协助建立安全防空洞地下医院，由徐福绵负责设计。

新的医院分内科、外科两个区域，并用树木装饰防空洞四周。当时徐福绵特别设计了十字形防空洞手术室。这个手术室分为五个房间，在四个房间的交叉点设置第五个房间，作为洗手消毒间，这样不仅方便，而且极大地节省了洗手时间。在洗手消毒间，他让工兵把水箱固定在高处，用水箱自身的压力出水，这样就可以使用简易的"自来水"了。这是在当时条件下做到无菌洗手消毒的好办法。

每到一个地方，部队第一件事就是建立临时手术室。刚到三八线附近时，徐福绵带领军医助手、麻醉师和两名护士，建立起一间简陋的手术室。

那次部队到达目的地时天刚蒙蒙亮，美军发现了给部队送物资的朝鲜车辆，随后就是狂轰滥炸。等徐福绵走出防空洞时，

徐福绵近照（受访者供图）

那片区域只剩下一间房子，他们就用这仅有的一间房子作为手术室。首先用白布将墙的四周围起来，并用钉子固定，防止灰尘掉落，保护手术室内无菌环境；随后，用箱子和门板搭建了一方临时手术台；最后点燃汽油灯照明，这样就达到了手术的基本条件。

徐福绵说，当时使用朝鲜人家里的大锅对手术器械消毒：将手术衣和敷布等医疗用品放进有很多小孔的大盆里，再将大盆放进大锅里，用火加热蒸两个小时，手术器械就直接扔进大锅里煮沸，消毒后备用。

能做多少手术就做多少

在朝鲜战场上，徐福绵没有统计过自己抢救了多少人。在那种残酷的战时环境，只能是能做多少手术就做多少。

部队徒步向三八线行军的一天深夜，突然传来一阵飞机声，一个护士班从屋子里出来，向防空洞跑去的时候，被炸弹击中，10名女护士被炸身亡。有一名男护士叫张学政，炸飞的防空洞盖压在他身上，徐福绵立刻在现场给他做手术，最后抢救了一整天，他终于活了过来。

"根据我军的优俘政策，我也给美国士兵做过手术。"徐福绵说，第五次战役后，有一名美国士兵被送到徐福绵处，他身上有弹片。巧合的是，这名美国士兵也是卫生兵，和徐福绵是同行。美国兵担心徐福绵会害他，要求看着徐福绵取弹片。因此，手术时徐福绵给美国兵用了局部麻醉，让他盯着自己看。手术结束，美国兵对徐福绵竖起了大拇指。

（刊于《参考消息》2020年10月14日第11版）

1949年薛广文（中）与战友合影留念（受访者供图）

【人物简介】

薛广文，1930年1月生，山东人，1945年7月考入长春市满慈医院创办的护士学校，1946年参加革命工作，经历了解放战争。1950年10月、1952年6月两次赴朝鲜战场，1953年8月回国。在抗美援朝战场上主要从事阵地防疫、伤员救治工作。

两次赴朝，亲历反细菌战
——记志愿军老战士薛广文

文 /《参考消息》记者　李宇佳

如果没有战争，如今年逾九旬的薛广文老人也许会跟大部分普通人一样，经历专心求学、顺利工作、安稳成家的平凡人生。但历史的车轮从来不会行进在"如果"之上，这也注定了薛广文与众不同的人生。

"我17岁即将从卫校毕业的时候，还没想过要当兵，也没想过两次奔赴朝鲜战场，当兵后也没想过能活着回来。"薛广文老人感慨道。

"我是个医务兵，抗美援朝就是保家卫国！"这位朴实的山东老人说。

树枝上铺木板就是"手术台"

1950年10月25日，时任第38军警卫营卫生所调剂员的薛广文随部队从吉林省辑安市（今吉林省集安市）出发，奉命跨过鸭绿江进入朝鲜。

与辑安隔江相望就是朝鲜的满浦市，而此时的满浦，早已是一片火海。"房子全没了，死人到处都是，有时候就在我们的脚边。"薛广文摇头叹息道。

就在这一片废墟和尸体之中，年轻的薛广文敏锐地发现了一个朝鲜婴儿。

"当时看到有个婴儿趴在大人身上，仔细一看发现大人已经死了，而婴儿还活着。"薛广文便立即把婴儿从尸体上抱在了自己怀里。"我记得那个婴儿也就1岁多，"薛广文一边说一边用双手比画着，"身上还穿着对襟系带的朝鲜族小衣服。"由于还要负重赶路，再加上薛广文是个年轻小伙子，不方便带着婴儿行军，于是，薛广文捡到的这个婴儿就被警卫营政治部宣传队的女战士们接手了。

入朝后，被分配在警卫营卫生所的薛广文和护士们相互配合，对

薛广文近照（受访者供图）

前线运送下来的伤员进行包扎处理，为了便于后期救治，还要将伤员按伤势轻重情况作区分。

"轻伤系白布条，中等程度就系黑布条，重伤就要系红布条了，然后安排担架队赶紧转运到能做手术的地方。"老人回忆说。

在前方战事吃紧时，部队会立即组织手术抢救伤员，而手术条件异常简陋。"当时在一个山洞里，四周挂上白布围成的帐篷就算手术室，一块木板底下铺上树枝，旁边再放一些消毒的器械，这就是手术台了。"薛广文说。

边"抓虫子"边学习防疫

1951年7月，中国人民志愿军和朝鲜人民军终于迫使美国接受停战谈判。同年11月，薛广文被调到医干大队，回国进行学习。就在薛广文回国学习期间，不甘于停战谈判的美国丧心病狂地发动了细菌战，残害中朝军民、削弱中朝军队的有生力量。

1952年6月，在医干大队结束培训的薛广文作为防疫队成员，再次返回朝鲜，从事阵地防疫工作。反细菌战正式打响。

"防疫队也就60人左右。虽然经过了培训，但是防疫工作还涉及动物学和昆虫学，到了朝鲜就请上海医科大学的专家来给我们讲课，边学习边实践。"薛广文说。

实践的一大内容就是"抓虫子"。薛广文他们每人分到一个玻璃瓶和一只镊子，只要有敌军飞机投弹，就立刻到现场查找，如果发现可疑生物如昆虫，就要立刻抓到玻璃瓶里，送往化验室。志愿军队伍的反细菌战就在这样简陋又艰苦的环境下进行着。

医务兵也经历战场生死

尽管从事防疫工作，但在朝鲜战场，薛广文同样也面临着生死考验。空中时常盘旋扫射的敌机，成为没有制空力量的志愿军战士们最大的障碍。

一天早晨，薛广文和当时防疫队的罗队长一起提前出发，前去阵地附近考察防疫场所。

"大概是凌晨3点出发的，一直走到了清川江大桥。刚过桥没多久就来了一拨又一拨的飞机把桥给炸断了。"薛广文回忆说，"而且当时天已大亮，我们只好在旁边山坡的防空洞里进行隐蔽。"

防空洞也就六七平方米，薛广文他们进去的时候，里边已经躲着20多个朝鲜老百姓，其中还有几个孩子。在洞里隐蔽整整一天后，傍晚时分，薛广文和战友继续赶路。没走出多远，敌机又杀了个回马枪，开始了新一轮的轰炸。"当时路旁边是稻田沟，堵头处有两块木板，罗队长离得近，就躲在木板之间，我离得远，就趴在地上。"薛广文仔细回忆着。

等到轰炸结束，薛广文发现自己还活着，只是后脚跟处有些热热的。他回头一看，发现鞋后跟已经被炮弹穿透。"不过万幸，我的脚只被烫了一下，没有大碍。"

而他的战友罗队长就没有这么幸运了。"我喊他没有回应，走近一看，发现他被炮弹击中，当场就牺牲了。"薛广文借着被炮弹炸出的坑将战友安葬，并用散落在地上的一个炮弹箱板子做了标记。

（刊于《参考消息》2020年10月14日第11版）

李昌言军装照（受访者供图）

【人物简介】

李昌言，1928年生，山东荣成人，1944年7月参加革命工作，1946年6月加入中国共产党，1950年11月至1952年11月参加抗美援朝战争，任中国人民志愿军第27军80师239团2营4连连长。其间，入朝首次作战就率部端掉美军第7师第31团级战斗队指挥部。战后，李昌言所在连被授予"新兴里战斗模范连"荣誉称号，李昌言荣立二等功。

首战端掉美军加强团指挥部
——记志愿军老战士李昌言

文 /《参考消息》记者　白涌泉

深入敌后插入敌人心脏，侦察敌情、伺机而动……这是朝鲜战场上一支来自中国的"特种部队"。

1950年11月，在朝鲜战场上著名的新兴里战斗中，中国人民志愿军第27军全歼美陆军精锐部队——第7师第31团级战斗队（号称"北极熊团"），并缴获其团旗。第27军中有一支"特种部队"，入朝首次作战就端掉了"北极熊团"的指挥部。志愿军老战士李昌言就来自这支部队。

运用"三角战术"提升战力

"我们没见过帐篷，就知道那是个篷子。"回忆起70年前的那场战斗，李昌言坐在家中的床上向记者讲述起那个夜晚。尽管今年已有92岁高龄，但他仍思路清晰，记忆犹新。

1950年9月，正在上海驻扎的李昌言跟随部队北上。11月，部队进入朝鲜咸兴。入朝第3天，22岁的李昌言被任命为第27军80师239团2营4连连长。

"在咸兴北道新兴里地区休整待命时，团首长和营首长来到4连，询问我是否准备好打仗。"李昌言说，在得到肯定的回答后，营长从图桶中拿出地图，铺在地上，用红蓝铅笔指向一个点。"营长告诉我们，我们所在位置向前10里（5千米）有敌人，但不清楚是李承晚的部队还是美军。"李昌言说，营长命令4连边侦察边前进，根据情况歼灭敌人，并掩护兄弟部队渡过右侧的丰流里江。

"接到命令后，我和指导员随即研究任务并进行了分工，我带1排和2排从山坡左侧前进，指导员带3排从右侧和我们相距30米并排前进。"李昌言说，出发不久，1排1班班长报告说前方发现一个篷子，里面有灯光。

李昌言命令1排立即包围敌人,但这时一名战士不小心踩到了敌人扔掉的空罐头盒,发出的声音惊动了敌人。战士们随即开火,帐篷里的8个美军阵亡4个,2个负伤,2个投降。李昌言随后派2名战士将战俘送往营部,让上级了解情况。

就在4连继续前进时,敌人的多枚照明弹突然升空,一刹那黑夜犹如白昼。李昌言接到3排排长报告,前方又发现几栋房子。在李昌言下令夺取房子后,双方随即发生了激战。

"我们运用'三角战术':三人一组形成一个三角队形向前冲,分散敌人攻击,减少伤亡。3排一个急冲锋,占领了那几栋房子,俘虏敌人10余名。"李昌言说。

端掉这几栋房子后,4连的战士们发现每间屋中都有电话、报话机,墙上还挂满了作战地图,桌上摆着作战文书。后来4连的战士们才得知,他们端掉的是"北极熊团"的指挥部。

李昌言近照(受访者供图)

"尖刀"部队插入敌人心脏

4连端掉指挥部后,并没有停止脚步,继续前进时,他们发现了美军停炮场。"我带领战士们一鼓作气突入停炮场,捣毁敌炮兵营指挥所,俘虏40余名敌人,缴获12门榴弹炮。"李昌言说。

从傍晚出发,李昌言带领4连边走边打了近10个小时。就在4连准备继续前进时,营参谋长带着撤退的命令追上了4连。"参谋长告诉我,只要看到红、绿两发信号弹就回撤。"李昌言回忆,就在接到命令的几分钟后,他们就看到了信号弹。

入朝后的第一次战斗,4连以牺牲2人、伤1人的代价,歼灭美军40多人,俘虏50余人。战后,4连被授予"新兴里战斗模范连"荣誉称号,李昌言荣立二等功。

新兴里战斗刚刚结束,李昌言又接到上级指示,要求4连担任"尖刀穿插连",深入敌占区,侦察敌情,并接应兄弟部队,全力攻打敌人。按时到达目的地后,李昌言率领4连战士艰苦作战两天两夜,击退敌人的三次进攻,终于顽强地守住了阵地,保证了其他部队的顺利进攻。

1951年5月,4连接到命令去占领734高地。这是位于朝鲜三八线附近一座并不起眼的山头。

我军占据734高地这个居高临下的制高点,这对敌人非常不利。因此,敌人在白天借助飞机炮火的支援将制高点抢了过去,而到了夜晚,第27军的战士又将它夺了回来。为了争夺制高点,大大小小的战斗打了多少次数也数不清。

采访中,令记者印象深刻的是,李昌言说到自己部队的番号时,声音高亢洪亮:"我所在的部队是中国人民志愿军第27军80师239团2营4连。"而他声调最为低沉的一句话是:"我的那些战友现在都不在了。"

(刊于《参考消息》2020年10月15日第11版)

荣凤岐军装照（受访者供图）

【人物简介】

荣凤岐，1933年12月生，1952年12月随第16军32师通信连无线电排入朝作战，任报务员，1958年随部队回国。1963年晋升上尉军衔。1971年12月任48师（原32师改称）司令部通信科科长。1978年9月转业到辽宁省电子计算机学校（2000年并入辽宁工程技术大学）。

"人在电台在，炸了就一块儿死"
——记志愿军通信兵荣凤岐

文 /《参考消息》记者 李 铮

从弱冠书生到阳刚青年，荣凤岐在朝鲜度过了19岁到25岁的6年时光。"去的时候是学生兵、新兵蛋子，回来的时候是技术骨干、坚强的战士。"荣凤岐说，"战火洗礼的成人礼是我一生的财富。"

抄电报的手拿起大铁锤

1951年9月，正在读中学的荣凤岐响应"青年积极参军参战"的号召，从家乡辽宁兴城中学入伍，来到位于抚顺的中国人民解放军第五通信学校学习。1952年10月因战争需要，荣凤岐提前毕业，被分配到第16军通信技术大队，并于12月入朝参战。

入朝头3个月，通信兵干起了工程兵的活儿。荣凤岐所在的第16军32师驻守朝鲜西海岸，任务就是反空降、反登陆，把海岸守好。"要防止敌人登陆，必须构筑以坑道为支撑点的坚固防御工事，"荣凤岐介绍，"我们无线电排也组成了一个坑道班，我当班长，昼夜不停地干。"

于是，一双双抄收电报的灵巧的手，拿起了大锤铁锹，搬起了石头泥土，点起了雷管炸药。荣凤岐说："炸开的石头泥土，就要用锹铲脚踹，手搬车拉，没几天裤腿就都磨没了，大家开玩笑说，冬天穿上了短裤衩。"

繁重的工程任务开始让学生兵吃不消了。荣凤岐脖子上长了疖子，疼痛难忍，总流脓水。

经过全体志愿军近半年的苦干，朝鲜境内的坑道连接东、西海岸和一线阵地，成为坚固的防御体系。荣凤岐说："我们在朝鲜东、西海岸筑起了炸不毁、打不透的坑道，让美军胆怯了，不敢来了。"

荣凤岐近照（受访者供图）

从学生兵到通信骨干

刚到朝鲜时，荣凤岐仅仅是一个入伍15个月的学生兵。入朝第八天，3颗炸弹就给他上了一课。

荣凤岐说："那天刚下班准备睡觉，敌机就投下了3颗炸弹。房间的蜡烛灭了，窗帘掉了。我一个新兵，特别紧张。"战友们第二天早上出去一看，炸弹落在了300多米开外的地方，炸倒了一片树。"经历这次轰炸后，胆子好像一下子变大了。大家都互相说，美国飞机也不过如此。"

1953年夏季反击战，第16军奉命向前线急行军。6月是朝鲜的雨季，天天下雨，通信排的装备都需要马拉着过河。荣凤岐说："我就在马的两侧保护着装备，人两次倒在了河里，但装备完好无损地到达了阵地。"

通信兵抄收电报是看家本领。入朝之前只有学习经历没有实战经验的荣凤岐，也是在挫折中开始成长的。"刚开始独立值班时，不到

100个字的电报，抄了40分钟，字码掉得稀里糊涂。"于是荣凤岐反复地练、拼命地背，并创新使用分段拍发的办法，终于一步一步成长为业务骨干。1956年时，他已经是32师通信分队教导排排长，开始培养新的骨干了。

部队的神经，首长的耳目

从1953年3月打坑道任务结束开始电台值班，到7月27日签订停战协定，荣凤岐执行了两次引以为傲的重要任务，他说："那时候来了艰巨的任务，大家都争着去，都觉得把最难的任务交给自己是组织的信任，光荣！"

1953年4月，师里要派3名报务员带1部电台去师前方指挥部执行任务，荣凤岐光荣在列。"去的时候遇到了敌机轰炸，还算顺利。在执行任务的过程中，有一次电台出现故障，需要回师部修理，遇到了大麻烦。"荣凤岐说，他抱着电台坐在车里，山路崎岖不平，因为怕遭遇敌机，也不敢开灯，但还是被美国的飞机发现了。

听到空袭警报，同车的电话兵可以抱着电话机到隐蔽地方，但荣凤岐怀里的机器太重转移不了。"我就抱着电台在车里守着，当时就想，人在电台在，炸了就一块儿死。"荣凤岐说，幸运的是敌人投弹炸到了别的地方，他这个地方没挨炸，电台保住了。

1953年7月2日，停战谈判到了关键时刻。32师接到任务，派8名报务员带2部电台到距离三八线10千米的高岩山坑道执行通信任务。"名单上没有我，特别难受，我就反复找领导请战。讲自己的决心、讲业务能力，最终说服了领导。"

在高岩山坑道的25天是距离胜利越来越近的25天。荣凤岐和战友们没日没夜地工作，高度紧张地抄收每一个字码、每一份电报。荣凤岐说："通信兵虽然不扛枪，但我们是部队的神经，是首长的耳目。我们要用自己的手指和耳朵顶上他几个团、几个师。"

（刊于《参考消息》2020年10月15日第11版）

黄吉福旧照（受访者供图）

【人物简介】

黄吉福，1931年生，辽宁辽中人，1947年冬参加革命，1952年随部队入朝作战，担任第54军134师无线电报务员，参加金城战役，获得"抗美援朝，保家卫国"纪念章一枚。1953年10月回国后到沈阳通信兵学校学习无线电工程。1980年转业到抚顺市矿务局任供电部副主任，1992年离休。

"我是替战友活下来的,每一天都是幸福的"
——记志愿军通信兵黄吉福

文/《参考消息》记者 李 铮

21岁,他已经是久经沙场、转战大半个中国的解放军战士。一接到命令,他就从广东一路向北奔赴朝鲜"保家卫国"的战场。作为容易暴露的通信兵,他在金城战役最前沿分秒必争抄收电报。现年89岁的志愿军老战士黄吉福说:"我是替战友活下来的,每一天都是幸福的。"

坐了7天火车赴朝鲜

尽管1947年冬天参军时只有16岁,但从1947年到1952年初的4年多时间里,黄吉福参加了围困长春、辽沈战役、平津战役、衡宝战役、广西剿匪等,从首长身边的警卫员到"首长眼睛"的通信兵,入

黄吉福近照(杨青 摄)

朝作战前,他已是身经百战的老兵了。

1952年春节之前,黄吉福所在的第45军(入朝后改番号为第54军)134师在惠州、东莞一带负责海防。"我们当时的任务是防止国民党反攻大陆,抗美援朝命令来得很急,3天整装出发。"黄吉福说。

接到入朝作战命令后,黄吉福和战友们坐了7天火车从东莞抵达安东(今辽宁省丹东市)。"我们知道和美国打的是硬仗,是反侵略、保家卫国的硬仗。"

"美国人都进咱们家开打了,为了保家卫国,我们必须打这个仗,这个仗必须打赢。"黄吉福说,战友们听说是执行抗美援朝任务,士气特别高昂,都盘算着和装备最先进的美国兵较量一下。

入朝第一年,第54军在顺川负责保卫西海岸,反登陆、反空降。在西海岸备战训练将近一年半后,第54军终于等来了硬任务,赶赴金城,和敌人进行最后的较量。

惊心动魄的13个昼夜

1953年7月13日,抗美援朝打响最后一战——金城战役。到7月27日零时战役结束,这是黄吉福军旅生涯最惊心动魄的13个昼夜,他说:"每天抱着电台穿梭在前沿阵地上抄收电报,炮弹、敌机就在身边,但那时候已经顾不上生和死了。"

第54军的3个步兵师、1个炮兵师是金城战役的主力部队,当面之敌是李承晚的4个师。在那成了一片焦土的战场上,最容易被敌机发现的通信兵既要及时完成通信任务,又要保证机关和自己的安全,黄吉福和战友们想尽了办法。

"因为电台有无线电信号,敌人的侦察机认为有电台的地方就是指挥机关,随即就是狂轰滥炸。"黄吉福说,他们负责师部和军部及各团的联系,不能离首长太远,但为了防止机关被炸,又不能靠得太近,所以一直抱着电台围绕在距离师部100多米的地方工作。

部队在坑道内短暂休息时,24小时工作的通信兵位置都在坑道口。黄吉福说:"电线只能拉出来一点点,有信号能工作就可以了,天线一长,美国的飞机就像苍蝇一样扑来。"

黄吉福和摇机员、通信员就这样昼夜不停地在前线阵地寻找隐蔽的地方，抄收着一步一步指向胜利的电报。"一仗下来，我们134师通信队26名战士，牺牲了5个人。"

战友"倒在了我的肩头"

1953年金城战役之前，黄吉福和河南籍战友高德安一个班次，每天一起上班抄收电报，一起下班吃饭休息。黄吉福说："朝夕相处，亲如兄弟。"

7月13日，134师由驻地出发，向金城前线挺进。途中，部队在一条山坳里待命。"部队待命，但电台不能休息。"黄吉福说，他和高德安在临时驻地并排坐着，紧张地收发电报。这时，美军的轰炸机群突然来袭。"我们正准备抱着电台到坑道里躲避，一个弹片从窗户飞来，射进了高德安的右太阳穴，他一下子倒在了我的肩头。"

"等我掩藏好电台，回来给他包扎时，高德安已经停止了呼吸。"谈到67年前牺牲的战友，黄吉福哽咽了。

当黄吉福和摇机班的4个战友准备在驻地山坡掩埋高德安的遗体时，又一群敌机扑来。疯狂扫射后，梁仲发、章伟林2名战友也牺牲了，黄吉福的脚踝也受了伤。

黄吉福说，掩埋高德安、梁仲发、章伟林3名战友遗体的那个瞬间，永远刻在了自己心里。"我们在3名战友坟头的木板上写下了名字。抬眼看整个山坡，无名烈士、无名烈士、无名烈士，一片一片的坟头，都是无名烈士，有名字的很少。那都是一个个年轻的生命啊！为了祖国的和平，为了我们现在的好日子，他们都长眠在朝鲜。无名英雄，四字重千斤啊！"黄吉福感慨地说。

就在高德安牺牲的那个下午，金城战役发起总攻。经过13个昼夜的激战，志愿军给敌人以重创，迫使"联合国军"正式签订停战协定。

黄吉福说："胜利了！烈士们可以安息了。"

（刊于《参考消息》2020年10月16日第11版）

王成信（左）与战友合影（受访者供图）

【人物简介】

王成信，1935年2月生，辽宁省瓦房店人。1950年9月参加东北军区通信学校，任学员，1953年10月加入中国共产党。随第39军117师参加抗美援朝战争，历任报务员、排长、通信参谋、连长、营长和通信处长、工程师等职务，享受团级待遇。获抗美援朝纪念章两枚和朝鲜人民军奖章一枚。

"在心里把祖国翻天覆地的变化和战友唠唠"
——记志愿军报务员王成信

文 /《参考消息》记者　李　铮

"小伙子，加个微信，方便联系。"以这样的方式，与85岁的志愿军老战士王成信相识，记者惊喜而敬佩。身体硬朗、思维敏捷的王成信说："抗美援朝，保家卫国。志愿军烈士长眠在朝鲜，就是为了祖国繁荣富强。今天国家强大了，我这老头儿也不能落伍，要跟上国家的步伐，在心里把祖国翻天覆地的变化和战友唠唠。"

身边备了两箱手榴弹

1950年，15岁的王成信离开家乡辽宁瓦房店的辽南建国学院，到东北军区通信学校学习收发电报。学了半年，因朝鲜前线各部队急需报务员，王成信和其他9名战友被分配到了第39军。

"背着一件行李、一个水壶和一个干粮袋，就跟着去了朝鲜。"王成信说，他们都是15岁到18岁的新兵蛋子，到达朝鲜的落脚点后就被通知自己找部队。"因为每天前线部队都在运动作战，不知道部队在哪儿，只能自己找。"

机灵的年轻人来到了志愿军粮站，在那儿堵到了第39军的运粮车。"位置是知道了，但运粮的士兵说：'车里拉的都是粮食，没有坐人的地方。80千米，走两天就到了。'"王成信说，他们就用两个脚板走了两天，走到军部时，脚上全是水泡。

之后，王成信被分配到第39军117师任见习报务员。"老兵们都非常疲劳。我们两个新报务员就承担了师部全部的报务工作。"王成信说，"军里和师里互相发送的电报，我一分钟都不能耽误。每天除了值班就是睡觉，吃饭都坐在坑道里的岗位上。"

王成信说，他虽然在师部电台工作，但也备了两箱手榴弹、一支转盘枪、一支长梭卡宾枪、几百发子弹。首长部署，敌人来了先打空中伞兵,不让他们活着下来,如果下来还有活的,继续用手榴弹打。每个人都写了保证书,坚决战斗到底。

每天抄收新华社电稿

"在朝鲜,战士们最头疼的就是美军飞机太猖狂。什么'油桃子'(F-84)、'黑寡妇'(P-61)、'佩刀'(F-86),见人、见车、见牲口就扫射,放燃烧弹。铁路、桥梁、机场、仓库等重要目标,他们都用B-29轰炸机轰炸。"回忆起在坑道里躲飞机的日子,王成信说:"战士们就盼着有飞机,在天上和美国人干。"

作为师部报务员,王成信每天都抄收新华社电稿,一方面提高自己的报务水平,另一方面也把重要的消息译出,供其他同志阅读。

"河南豫剧演员常香玉捐15亿元(旧版人民币),给志愿军购买了一架飞机。"当王成信从新华社电稿中译出这条消息时,他高兴得跳了起来,立即喊着告诉战友们。

王成信说:"大家都特别振奋,高呼:'毛主席共产党真了不起!

王成信近照(杨青 摄)

现在国内都给我们捐飞机了！'"

国内捐来了飞机、大炮、坦克，听说志愿军战士吃不上饭，祖国人民也想尽了办法。

"现在想起炒面，还是那么香。"王成信说，"炒面里有芝麻、花生仁、糖，用水就能送到肚子里。没水，抓把雪也可以送下去。吃饱肚子就能打敌人。"

国内学生给志愿军战士写的信、邮寄的照片也给了他们强大的精神动力。看着男孩儿、女孩儿抱着和平鸽的合影，战士们都说："我们在前方受多少苦，看到这些都乐了。就为这两个小孩儿，咱们牺牲了都值。"

为牺牲战友寄出家书

抚摸着自己的抗美援朝纪念章，王成信说，这应该给牺牲的战友们。

志愿军战士不怕死，但新式武器的使用是我们的短板。苏联喀秋莎大炮的杀伤特点是前后散布面长、左右散布面窄。所以，攻山头时，师团干部一再要求冲锋部队埋伏在山脚，切记不能在半山腰。但连排干部和士兵杀敌心切，都尽量往上隐蔽。结果喀秋莎大炮发射时，误伤了不少自己的战士。

"师首长当年自己中弹时都一声没吭，但看着误伤的新兵，他们又骂又哭。"王成信说。

每每回想起牺牲在朝鲜的战友，那一封封家书让王成信印象最深刻。每名志愿军战士衣领上都写着血型，供紧急输血用，而上衣兜盖上都写着家乡、父亲母亲的地址，都有一封家书。

"战士受伤从战场上下来，没有别的要求，都会托人把这封报平安的信寄回家去。"王成信说，一次抬担架的人叫住他说，"小同志，把这位担架上战友的信给邮了"，但抬担架的人没走出几步，担架上那年轻的战友就没气了。

"我依然把那封信寄了出去，我想那是战友最后的愿望。"王成信说。

（刊于《参考消息》2020年10月16日第11版）

【人物简介】

宋国青,1931年3月生,辽宁省阜新市阜蒙县人,1947年参加革命工作,1950年加入中国共产党。1950年参加抗美援朝,任5068部队炮兵连二炮手,获抗美援朝纪念章、和平鸽纪念章和"朝鲜政府赠祖国解放战争"纪念章。1953年参加朝鲜战后建设。1957年回国并光荣复员。2003年6月,入住阜新市光荣院安享晚年。

黄继光一直激励着我
——记志愿军炮兵宋国青

文 /《参考消息》记者　李　铮

89岁的宋国青老人因腿伤,走路已经不是很利落了,但一提起抗美援朝,他顿时挺直腰板来了精神,一下子又回到了70年前装弹、瞄准、发射的炮兵岁月。"一炮接一炮,一直要把美国兵打服。"老战士狠狠地说。

宋国青近照(受访者供图)

让美军尝尝炮弹的滋味

1947年参军入伍的宋国青，入朝作战前已是经验丰富的老战士了。1950年，宋国青所在的部队集结到东北边境，这名19岁的老战士清楚，随时有大仗要打。

"在东北整训时，首长和我们说，美国兵要是不打咱们，咱们也不打他们。美国要是真敢打过来，我们也不能让他们乱来。"宋国青说，当时部队士气都很高，美国支持的国民党蒋介石都被打跑了，大家也不怕和美国兵较量。

终于得到了入朝作战的命令。"那时已不能走炸毁的鸭绿江大桥了，我们的部队是从浮桥过江的。为保证安全，大家拉开距离，全程匍匐前进。"宋国青说，"大家都知道，这一去有太多危险，但我们仍然高声歌唱。"

老人一边说着，一边哼唱起《中国人民志愿军战歌》。

宋国青经历了大小十多次战役。在头几次交手时，美军的精良装备确实让人措手不及。宋国青说："美国的飞机多到数不清，而我们炮兵最怕自己的位置暴露。一旦大炮的位置被美军侦察到，大炮和炮兵就很难逃脱美国空军的轰炸。"

而随着炮兵装备逐步改善，他们打得也越来越得心应手。"刚开始用的是缴获的日本炮，打得近。后来用上了苏联的榴弹炮，这家伙打得远。指挥所给我们下达方位命令，我们就拼命装弹，拼命打。让美国兵尝尝这炮弹的滋味。"宋国青说。

印象最深的是部队旗手

"我上！我上！"每次大战前，这是所有连队喊得最响的一句话。宋国青说："战士们都知道，我上，就代表着牺牲。但这仍是所有战士唯一的选择。"

在最惨烈的上甘岭战役中，宋国青所在的部队就在距离上甘岭7.5千米的炮兵阵地。黄继光舍身堵枪眼壮烈牺牲的事迹，让战友们深深敬佩。

宋国青说:"我们连长说,黄继光这一堵,让部队少伤亡上千人。他那句'听胜利的消息吧!'一直激励着我好好打、狠狠打。"

炮兵阵地多在坡地高处,主要任务是全力替步兵扫清前进的火力障碍,帮助他们少受损失夺取阵地。宋国青回忆说:"20多年前一次报告会上,我们两个做报告的老兵互不认识,当我说到上甘岭战役时,他问我部队番号。我说,5068,他一把就抱住我说:'你们就在我们部队边上,我是步兵,你们可帮了我们不少。'"

宋国青参加过解放战争和抗美援朝,都胜利了。"一是毛主席的英明领导,二是我们不怕死。志愿军战士你一个姓,我一个姓,但都是一条心,就是往上冲,消灭美国兵。"讲到志愿军胜利的原因,宋国青说自己没文化,讲不出大道理,战友们有的有名字,是战斗英雄,更多的连名都没留下就牺牲在朝鲜,但所有人思想是一致的,誓死保家卫国。

说到不怕死,宋国青印象最深的就是每个部队的旗手。宋国青说:"旗帜就是方向,旗帜在,部队就在。所以,每个部队的旗手都非常珍惜这个岗位。旗手也是最危险的,第一个旗手倒下来,下一个接着把旗扛起来。再倒下,下一个再扛起来。这就是志愿军的军魂。"

当兵打好仗,务农种好粮

战场上无所畏惧的宋国青最不愿回忆的就是每次战斗后的总结大会。他说:"打仗就有流血牺牲,冲锋的时候没觉得什么,但总结会上听到牺牲战友的名字,大家常常哭成一团。我们炮兵牺牲的没有步兵多,但整个连也有40多人没回来。"

1957年,宋国青从朝鲜回国。他没有向组织提任何要求,脱下军装就回乡务农了,一直到2003年入住阜新市光荣院安享晚年。

宋国青说:"当兵之前我就是农民,胜利了我还想在家乡的土地上生活。啥要求也没有,比起在朝鲜牺牲的战友,我们活着就是幸福。"

炮弹打得准的宋国青,种地也是一把好手。他说:"当兵就打好仗,当农民就种好粮食。有了就雪水吃炒面的经历就会珍惜粮食。我们在战场时，如果没有后方的粮食，我们这些兵都得饿死在前线。"

2003年刚到光荣院时，宋国青总爱干活。工作人员说，"宋老歇一歇吧"，他总是说："人不能歇，歇下来精气神就没了。"

几十年来，宋国青老人经常给学生们讲革命故事，讲朝鲜战场的经历，讲黄继光对自己的激励。

他说："今天的好生活，就是用上一辈年轻人的命换来的。我们得珍惜今天的幸福生活，永远跟党走。"

（刊于《参考消息》2020年10月17日第5版）

【人物简介】

那会卿,1927年生,辽宁本溪人,1949年5月参加中国人民解放军,编入第四野战军炮兵8团。1950年10月随部队跨过鸭绿江,参加抗美援朝战争,立二等功一次、三等功两次。停战后奉命留驻朝鲜参加经济建设,1956年回国后退役,至本溪市酿造厂工作。1962年回乡务农。

打下敌机为战友报仇
——记志愿军炮兵那会卿

文 /《参考消息》记者　张博群

"这身军装是我从朝鲜穿回来的。"得知记者来访，93岁的那会卿特意换上那身已洗得发白的绿军装，腰板挺直，目光坚定，仿佛回到了70年前。

1949年，22岁的那会卿已经结婚生子。听到解放军征兵的消息后，他毅然决然地报名参军，开启了自己的军旅生涯。

"之前从没见过大炮"

参军后，那会卿所在的部队在辽宁丹东四道沟进行整编训练。"当时分到炮兵团可高兴了，之前从没见过大炮，一起参军的战友们听说我是炮兵都很羡慕我。"提到这段经历，那会卿十分自豪。

可惜，平静的日子只过了一年多。1950年秋天，随着朝鲜战争打响，驻守在中朝边境的那会卿感受到部队里的气氛紧张起来。养兵千日，用兵一时，那会卿至今都记得部队领导在战前动员时的讲话："抗美援朝，保家卫国，咱们有责任。"

据那会卿回忆，当初决定参军时，妻子万般不舍。为此，父亲召集全家人开会。当晚，父亲的烟一根接着一根，沉默了许久。父亲说："国家有需要，那就去吧。如果都没人当兵，万一哪天鬼子再打上门来怎么办？还当亡国奴？"这是那会卿第一次见到父亲流泪。

1950年10月，那会卿作为志愿军第一批入朝作战部队一员，随部队跨过鸭绿江。为了躲避敌机轰炸，志愿军过河时走的浮桥都修筑在水面以下，战士们都是蹚着水过鸭绿江。刚一进入朝鲜，那会卿就感受到了美军飞机的厉害。"美国飞机狂轰滥炸，我们只能夜间行军，每到一个地方就得赶紧挖防空壕。"

志愿军作战面临的最大挑战是美国空军在制空权上的优势，而炮

那会卿近照（受访者供图）

兵正是打击敌机的重要力量。朝鲜战场上的环境十分恶劣，由于运输中断，后勤补给往往无法及时送到。

在那会卿的记忆中，最长一次连续3天饿着肚子。到了冬天，棉衣补给不及时，战士们只能穿着单衣，不少战士都生了冻疮。

"这主要是美国飞机炸毁了我们的桥梁和运输线造成的。所以我们炮兵的作用非常重要，就是要保证运输通道的畅通。"

击落敌机"高兴坏了"

入朝不久，那会卿便经历了他参军后的第一场战斗，但那时他却一点儿都不害怕。

"你不打死他，他就打死你，这还有啥好害怕的。"当时，七八架敌机袭来，那会卿所在的部队成功击落了一架敌机。"看到别人把飞机打下来了，我心里也暗自较劲，我也想把飞机打下来。"那会卿感叹道。

1952年，在马洞的一次战斗中，那会卿终于如愿以偿地击落一架飞机。

"当时我们七八门大炮一起打，战斗结束后，观察手告诉我，我才知道飞机是我打下来的。当时可给我高兴坏了，我也因此立功受奖，但我的战友小魏却没能看到这一幕。"讲到这段经历时，那会卿的眼中饱含着泪水。

小魏曾是那会卿的搭档。在沙里院的一次战斗中，小魏被美军飞机的机枪击中，当场牺牲。"小魏比我小两岁，我跟他的感情比亲兄弟还亲。机枪的子弹又长又粗，直接打在他的后背上，我亲眼看到他死在我身边。我当时暗下决心，一定要为小魏报仇。"

在朝鲜战场上，志愿军战士们早已将生死置之度外，那会卿也不例外。"我就没想着能活着回去。"那会卿说，因无法与家里通信，那会卿的妻子和女儿一度以为他已经牺牲了。

"终于能活着回去了"

1953年7月，停战的消息传到那会卿驻守在平壤的营地。"终于能活着回去了！"那会卿和战友们喜极而泣。

"我早已经做好了死在朝鲜的心理准备。听到停战的那一刻，我感觉自己松了一口气，终于不用死了。"那会卿停顿了片刻继续说，"其实没人不怕死，没上过战场的人想象不到战争的残酷，上一秒还跟你说话的战友，下一秒就可能死在你的身旁。"

停战后，那会卿所在的部队奉命留驻朝鲜，参加经济建设，而这一留便是3年。"打仗的时候其实没时间想家，但停战之后我却时常梦到自己的妻子和女儿。"1956年，那会卿所在的部队终于奉调回国。

那会卿退役后进入本溪市酿造厂工作。他离开家参军时女儿刚刚1岁，尚在襁褓之中，回来时女儿8岁，已经上小学了。

1962年，国家采取精简职工措施，那会卿积极响应国家号召回乡务农。离开家13年后，他又回到了本溪市高台子镇塔峪村这片祖祖辈辈生活的土地。

回乡后，那会卿时常受当地学校邀请给学生们作报告，讲述自己参加抗美援朝的往事。

"现在我们年龄都大了，参加过抗美援朝的老战士也不多了，我们有必要让孩子们了解那段历史。我的许多战友都长眠在朝鲜。既然我活下来了，那我就有责任把这段历史讲给下一代。"

(刊于《参考消息》2020年10月17日第5版)

赵增江（左）参加抗美援朝战争后回国与战友合影（受访者供图）

【人物简介】

赵增江，1930年生，辽宁大连人，1948年参加革命工作，1949年加入中国共产党。先后参加过平津战役、渡江战役、抗美援朝战争（飞虎山战斗，第二、第三次战役），历任卫生队卫生员、文化教员，先后获得华北解放纪念章、解放华中南纪念章、抗美援朝纪念章、"庆祝中华人民共和国成立70周年"纪念章。1955年退役后在大连市西岗区工作。1990年离休，离休前为大连市西岗区卫生局副局长。

"急救包就是我们的'武器'"

——记志愿军卫生员赵增江

文 /《参考消息》记者　崔师豪

在战场上，有这样一个兵种，他们的职责不是杀敌，而是救人。"卫生员！"只要听到这三个字，不论冒着多么密集的炮火与子弹，他们都会义无反顾地冲到受伤的战友身边为其治疗。参加过解放战争、抗美援朝战争的卫生员老战士赵增江说："我们卫生员很少摸枪。从另一个角度看，绷带、夹板、急救包就是我们的'武器'。"

参军第一战，冻坏一只脚

1948年，年仅18岁的赵增江参加了中国人民解放军，在第38军112师335团卫生队担任卫生员。赵增江第一次参加的战役是平津战役。1949年1月14日，解放军以强大的兵力对天津发起了总攻。

"当时天津城的护城河不仅宽，而且非常深，我们部队很长时间没攻进去。最后想了个办法：把坦克开到水底后，上面再加一辆坦克，战士们脚下踩着两辆坦克，手上托着木板当桥。"赵增江回忆，由于刚参军没有经验，过桥时自己的鞋袜都湿透了也没去处理。

"入九的天气很冷，当时巷战非常激烈，伤员很多。包扎所里忙不过来，一直在抢救伤员。从白天忙到晚上，夜里休息时由于疲劳没注意保护，等发现时左脚的两根脚趾已经发黑，如果不手术，坏死的将会是整只脚。"最后，赵增江左脚的第二、三根脚趾被切除。

在赵增江养伤的几个月时间里，部队即将南下。考虑到赵增江的伤还没完全好，组织上让他暂时留在后方。赵增江却等不及了："我的伤虽然没完全好，走不快，但我保证跟上部队的节奏。"就这样，赵增江随着部队一直南下，来到了广西。赵增江回忆："后来的渡江战役可以用摧枯拉朽来形容，通常是没战斗多长时间，就向下一个目的地进发了。"

赵增江近照（受访者供图）

特制"松叶水"治疗夜盲症

1950年10月，第38军作为首批入朝作战的部队参加抗美援朝战争。赵增江回忆："我还记得当时我们穿的是朝鲜人民军的服装。"中国人民志愿军在朝鲜面对的是装备更精良、气焰嚣张的美军精锐部队，入朝作战注定是一场硬仗。

在医疗设备上，美军的士兵都配发止痛用的吗啡，而志愿军战士的急救包里没有药品，只有一些止血带。"当时我们前线卫生队的包扎所只能做一些简单的止血包扎和骨折固定。"赵增江说。

志愿军战士们为利于作战，经常选择在夜晚行军。但当时战士们的伙食大多是压缩饼干和炒面，缺乏绿叶蔬菜，导致很多战士得了夜盲症。赵增江在行军时得拉着一二十名战士一起走，免得他们走丢。最后没办法，为了能喝到绿色的"蔬菜汁"，在夜晚急行军结束，大部分战士都休息后，赵增江还要和战士们一起去摘松叶、折松枝。"朝鲜漫山遍野的松树,我们卫生员用被单包着摘下来的枝叶,没一会儿就装满了。"赵增江说,战士们喝了这种"松叶水"后,夜盲的症状有所减轻。

惨烈战场上保持乐观精神

战争带来的心理创伤是巨大的,在战场上见证太多流血和死亡的卫生员所要克服的心理障碍十分深重。赵增江坦言,第一次见证伤亡的确给他带来了精神上的冲击。"但是在高强度的战争状态下,是不会给我们卫生员太多时间去适应的,即使遇到重伤,也要很快调整好情绪,赶快去给战友处理伤口。"

生理上的创伤由卫生员来医治,心理上的创伤则由战友情来医治。抗美援朝作战中战友们的一次插科打诨让赵增江印象深刻。

"当时我们都是隐蔽在山洞里,看到侦察敌机慢悠悠地爬升,驾驶舱里的飞行员都看得清清楚楚,甚至能看到他在那儿扬扬自得地嚼口香糖。当时我的战友就讥笑他:'这美国空军开着飞机也想下来抓俘虏了?'"赵增江回忆,此言一出,战友们都笑了出来,紧张的气氛瞬间轻松起来。

"就在这么惨烈的战时状态下,我们战士还能有这么乐观的精神,这乐观精神的背后是靠强大的爱国信念做支撑。"赵增江觉得,这种精神是中国人民志愿军取得抗美援朝战争胜利的关键。

赵增江离休后发挥余热30年。担任大连市西岗区关心下一代工作委员会副主任后,他将抗美援朝的战役和自己的经历写成一个个生动的故事,先后几百次到学校、社区宣讲,为人们讲述保家卫国的历史,让红色基因代代相传。

(刊于《参考消息》2020年10月18日第5版)

王力平年轻时军装照(受访者供图)

【人物简介】

王力平,1931年2月生于山东,后同父母迁到黑龙江,1947年10月参军入伍,1949年10月加入中国共产党,1950年10月15日奉命随军从长甸河口入朝作战。1951年3月,调到志愿军后勤部第三分部军务科任军务参谋,参与保障前线部队的武器弹药供给、吃穿用行和伤员救治等工作。在抗美援朝战争期间,曾与战友一起活捉美军飞行员,荣立二等功一次、三等功两次。

合力生擒美国飞行员
——记志愿军老战士王力平

文 /《参考消息》记者　徐　扬

89岁的王力平是一名抗美援朝老战士。老人身体硬朗，讲起往事，连当年的顺口溜都背得出："美帝朝鲜放了一把火，烧了朝鲜烧中国；中国同志快救火，救了朝鲜就是救中国。"

从1950年10月入朝，直至1958年回国，王力平在朝鲜一待就是8年。回国后，王力平娶了同样参加过抗美援朝的护士胡原为妻，相伴至今。

要教训猖狂的美国飞机

19万多人牺牲在朝鲜战场，这意味着几乎每天都有人阵亡，死亡就在身边。王力平最不能忘记的是他的连长，也是他的入党介绍人。

"他叫张自忠，江苏人，说话南方口音，个头和我差不多，脸色红扑扑的。"即使时隔近70年，王力平也清清楚楚记得连长那张温和的脸。

"敌人天天搞空袭，有段时间，白天我们上山隐蔽起来，晚上再工作。但那天，连长没有上山，说要留在下面看看书。我们分部就住在朝鲜当地居民的房子里，飞机来了，把房子都炸了，连长也牺牲了。"王力平说。

"连长牺牲时30多岁，还没结婚，家里还有什么人也不知道。连长对我们战士很好，我很想老连长。"说着说着，王力平眼圈发红湿润了。

生死就在一瞬间。连长的命运险些也降临在王力平身上。

1951年2月，王力平押送汽车给前线送弹药。车队出发不久，我军防空哨就鸣枪示警：敌机要来空袭了。车队立即关闭车灯，王力平和司机下车给汽车进行隐蔽伪装。很快敌机就俯冲下来，一阵机枪扫射，把地上的树枝打得哗哗响。

突然，王力平感到肚皮像被什么东西划了一下，血流不止，右腿膝盖也在淌血。等到敌机飞远以后，司机过来给王力平做了简单包扎，好在是子弹划伤，没有伤到要害。后来，王力平坚持将弹药送到前线。

连长的牺牲，肚子和腿上的伤疤，在王力平心中埋下种子：一定要教训教训这些猖狂的美国飞机。

美国飞行员哭着要回家

作为一名后勤战士，王力平在战场上与敌人正面厮杀的经历并不多，但战况激烈的朝鲜战场是360度的，没有前方后方之分，因此王力平也有了与战友们合力生擒美国飞行员的战绩。

"敌人飞机猖狂了好一阵子。后来我们配了高射炮，但敌人一开始并不知道。"王力平说，那是1952年9月，分部的高炮营击落了1架美国飞机，只见敌机冒着黑烟往下掉，飞行员跳了伞。"我们军务科4个参谋拿着枪，也参与了抓捕，正好逮住了他。"他说。

王力平对细节的清晰记忆令记者称奇。他说，那个飞行员见到志愿军战士后，马上从衣服里拿出一面小白旗，哭着跪在地上表示要投降。

"他说什么我们也听不懂，就把他押回了分部审讯。经过翻译，这个小伙子说自己24岁，刚刚从美国航校毕业，被派到了美国驻日本军事基地，来到

王力平近照（徐扬　摄）

朝鲜战场还不到一个月。这是他第一次执行任务，来之前吃了早饭，还刮了胡子，脸上还露着青青的胡茬。"

"审讯时，美国飞行员哭了，说离开美国时妈妈告诉他，一定要活着回来。"王力平说，这名飞行员后来被押送到战俘营，自己还参与了押送。

记者问："如果这个飞行员今天还活着，你们遇到会说什么？"

王力平乐了："这么多年都过去了，已经不是敌人了。我想问问他：'你叫什么名字？'"

"这一直是我心里的疙瘩"

作为一名后勤兵，战场前线推进到哪里，后勤就要跟到哪里。将近70年过去了，很多场景，王力平历历在目，最为揪心、放不下的是一次执行任务时见到志愿军伤兵在路边的情形。

"夜里我们坐着大卡车运物资到前线去，不是坐在车里面，而是坐在车顶上。"王力平说，在车顶上看到公路边有志愿军伤兵在爬、在叫。"那时候我20多岁，我们就敲车顶盖，跟司机喊'有伤员'。但司机说，物资运输任务很急，一点儿不能耽搁，伤兵会有其他人管的。"

就这样，王力平押运着物资走了。将近70年过去了，一想起这件事，老爷子就不能平静。"这一直是我心里的疙瘩，一想起来就不是滋味。但当时也是没办法啊，我们的任务就是送补给，一点都不敢耽误。"

王力平告诉记者，战争打的是补给。"我们没有制空权，敌人可以贴着我们的鼻子飞，见什么炸什么。"他说，敌机是"搜山沟、查户口"式的超低空盘旋飞行，因此，车一来，大家就抢着卸货，抢不下来就被炸了，官兵们就没吃没喝没穿。

"为了胜利，我们付出了巨大牺牲。"王力平说。

（刊于《参考消息》2020年10月18日第5版）

刘克仁与妻子王清秀年轻时留影（受访者供图）

【人物简介】

刘克仁，1929年11月生，1947年2月加入中国人民解放军，1948年火线加入中国共产党。在解放战争期间，参加济南战役、淮海战役、渡江战役，表现英勇顽强，不怕牺牲，荣立二等功一次、三等功四次、四等功四次。1950年10月入朝作战，任第27军81师243团3营排长，先后在咸兴、元山等地区参加战斗，在战斗中负伤，被定为五级残疾军人。1984年10月离休。

把下巴留在元山港战场
——记志愿军老战士刘克仁

文 /《参考消息》记者　张逸飞

91岁的刘克仁目光炯炯、精神矍铄。"你可能看不出来，我的整个下巴都是假的，后接上去的，牙也都是假的。但是我觉得现在的生活非常幸福，儿女孝顺，国家给我们这些离休老兵的待遇也非常好，我很满足了。"刘克仁说。

1947年2月1日，当时还未满18岁的刘克仁在学校响应参军号召，加入了能征善战的华东野战军第九纵队。1948年，由于在战斗中表现突出，刘克仁光荣地成为一名共产党员，第二年晋升为排长。1950年，随部队集结在华东一带的刘克仁已经做好南下从福建跨过台湾海峡，解放全中国的准备。

"大概是9月份，我们接到了上级的通知，说部队不南下了，改道向北。我们就坐着那种没有顶棚的火车先到了沈阳，后从丹东踏上了朝鲜战场。"刘克仁说。

"原来濒临死亡是这样的"

"惨烈"是抗美援朝战争给刘克仁留下的最深刻印象。与解放战争中的对手国民党军队相比，1950年之后朝鲜战场上以美军为主力的"联合国军"无论是装备、训练素质还是补给上都可以说是云泥之别。再加上美国陆军在第二次世界大战期间的强势表现，这个对手被普遍认为是当时世界上最强大的作战力量。

到了朝鲜没几天，刘克仁就迎来了第一场战斗。"之前都没见过美国人，但是一打起来明显感觉和解放战争不一样。渡江战役到后期，基本上我们就是追着敌人打，有很多敌人后来就投诚了。但是在外国作战，跟当地人语言不通，我们的装备又不行，只有杀伤力不强的'三八大盖'，确实特别艰苦。"刘克仁回忆说。

当时美军牢牢掌握着朝鲜战场的制空权。有一天,刘克仁从连里去营部办事,结果美军的飞机将他所在连部炸毁,4名连干部全部遇难,整个连队加上他只有8个人幸存。不过这并不是刘克仁离死神最近的一天。

没过多久,刘克仁正准备吃午饭,美国飞机又来空袭,炸弹雨点般倾泻而下。"当时就感觉下巴一热,然后就倒下了,眼睛什么也看不见了,脑子里开始闪过父母的样子,原来濒临死亡是这样的……"刘克仁说。

万幸弹片没伤到颈动脉

当刘克仁醒过来的时候,他已经躺在了医院里的病床上。"医生告诉我,我的右下巴已经完全炸飞了,腰部也有伤。不幸中的万幸,弹片没有将颈部的动脉切开,战友给我做了简单的包扎后用担架送到后方,这样我才捡回一条命。"刘克仁告诉记者。

从战场负伤回国后,刘克仁被安排到医院治疗。当时从美国归来的三四个医疗专家专门负责医治从抗美援朝战场上负伤下来的战斗英雄。"我这个下巴需要开刀,当时工作地点在北京的整形医学专家宋立跃专门负责我的医治。我在上海住院,她就去上海,我在南京住院,她就去南京,给我看完病,她再回北京。我这个病在当时只有她能看,别人看不了。当时我21岁,她51岁,我觉得她特别了不起。"

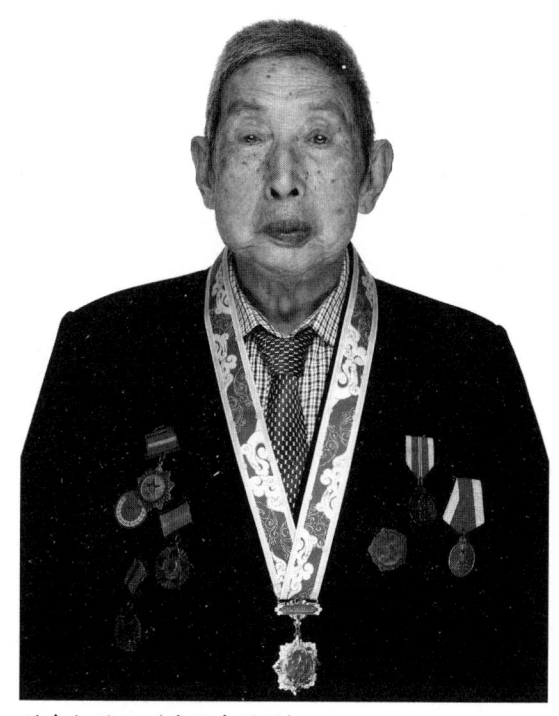

刘克仁近照(受访者供图)

时隔多年，刘克仁依然对给了他第二个下巴的宋大夫感激不尽。

不过在当时，刘克仁的治疗过程并非一帆风顺。在当时的条件下，填充下巴的骨头只能从刘克仁自己身上取。"把胯骨的骨头切一点儿下来补充到下巴上，这个手术过程是很痛苦的。上战场真是死都不怕，但这个手术我确实有点儿吃不消。"刘克仁说。

但当刘克仁对宋立跃表达放弃治疗的想法时，宋立跃的态度很坚决："必须做，做不好我就不当医生了！"在宋大夫的坚持下，刘克仁后来经过了十几次手术，才逐渐恢复了模样。

和牺牲战友相比已是幸运

疗养生活不仅让刘克仁找回了下巴，也让他收获了爱情和婚姻。刘克仁认识了一名叫王清秀的护士，她后来成为他的妻子。王清秀不仅和刘克仁是老乡，而且有过抗美援朝的战斗经历。王清秀一开始对刘克仁是拒绝的："没有下巴，难看得很，这一辈子怎么过呀？"但后来，王清秀想通了，刘克仁是没有下巴，但他是在抗美援朝的战斗中负伤导致残疾的军人，没下巴是一种无上荣誉。刘克仁和王秀清1955年领了结婚证。

如今已经91岁的刘克仁生活起居非常规律。由于下巴留下的残疾，老人家吃饭以流食为主。"国家现在给我们的政策太好了，和牺牲的那些战友相比，我是幸运的。"刘克仁说。

（刊于《参考消息》2020年10月21日第11版）

靳海芳（右一）年轻时与家人合影（受访者供图）

【人物简介】

靳海芳，1931年9月生，吉林榆树人。1946年4月参加革命工作，1947年7月加入中国共产党。在第38军114师340团先后任排长、副连长、连长等职务，1950年11月参加抗美援朝战争，经历4次战役和战斗。1953年停战后回国，1986年离休。

能穿军装，一辈子就没白活
——记志愿军老战士靳海芳

文 /《参考消息》记者　邹明仲

在辽宁省盘锦市双台子区的一个小区里，记者见到了89岁的抗美援朝老战士靳海芳。他身着浅蓝色衬衫和黑色西裤，精神矍铄，满面红光。

回忆起那段战火纷飞的岁月，老人说："这仗打得苦，可我们骨头硬，要打就打到底！"

美军败时跑得比兔子快

靳海芳1946年参军，1949年解放战争结束，随部队在广东休整。"本以为战争结束了，没想到突然接到命令让我们开赴吉林。"靳海芳回忆说，部队到武汉时才听说是去朝鲜和美国人打仗。

"当时心里也犯嘀咕，从来都没跟美国打过仗，听说他们武器可先进了，有点儿担心到底能不能打赢。可我是共产党员，党让我打到哪儿，我就打到哪儿。"

靳海芳入朝后20多天就和美国兵"撞上"了。"第一次见到美国兵，他们先是有飞机大炮掩护，轰炸一阵后，他们戴着大盖帽、穿着皮鞋、坐着吉普车来了，那真叫'武装到牙齿'。下车后还先铺毯子再卧倒。当时我就想，这美国兵可真矫情，打就打呗，还铺毯子！"

让靳海芳印象深刻的除了美国人打仗"摆谱"，还有一个个"诡雷"。"一个战友捡到了一块手表，拧了下表针就炸了，把手炸伤了，后来部队告诉我们，那叫'诡雷'，领导给我们下命令，看到地上的'稀罕东西'一律不允许捡起来。"

靳海芳和战友们渐渐发现美国兵根本没什么可怕的，"无非就是鼻子大点儿，个子高点儿，凭着飞机大炮耀武扬威。他们败的时候，比兔子跑得还快。近身战更不行，一看到我们就投降"。

"'死'这个字随时跟着我们"

入朝作战时,靳海芳只有19岁,任第38军114师340团2营4连1排排长。"入朝不久,就打了一场让我终生难忘的仗。"靳海芳说,当时正值数九寒冬,滴水成冰,战士们的棉衣都冻得硬邦邦。

靳海芳所在的部队来到一个叫"噶日岭"的地方。"上级下了死命令,要求我们必须拿下这个交通要道,否则后续部队就过不去。"靳海芳说。

那是一片被白雪覆盖的小山岭,敌军部队在山上守着。一开始,靳海芳所在部队打算直接攻上去,可脚踩在雪地上咯吱咯吱地响,很容易被敌人发现,后来团长命令"脱下棉鞋,悄无声息上山"。

"我们咬着牙往上爬,也不知道爬了多久,上去后看到敌人,离我们最近的也就10多米。"靳海芳说,"我们拿着'三八大盖'对敌人发起了突袭,三下五除二就把敌人给解决了,敌人齐刷刷地举双手投降。"这一仗打下来,靳海芳和战友们才发现脚都冻僵了。

另一仗是守备一片不知名的小山岭,那一仗打得很惨烈。靳海芳说:"我们排42个人面对1个连的美国人,他们在飞机大炮掩护下猛攻,连续5个多小时的战斗,最后我们只剩下7个人。"

靳海芳近照(受访者供图)

"我背着一个重伤员,架着一个轻伤员,从战场上下来。团长问我,是不是伤亡很重,我说是,死的都是些十七八岁的孩子……"

"朝鲜战场上,'死'这个字随时跟着我们。敌人和我们的装备那是天壤之别,所以有些仗我们打得很吃亏。"靳海芳说,"天上敌机轰炸、扫射,再加上加农炮、火箭炮、榴弹炮,人在这些炮面前,就像是一片小树叶,被气浪炸得飞起来……"

小牛肉干甭提多香了

靳海芳用一个"苦"字形容朝鲜战场上的作战体会。"第一要紧的,就是吃的问题。"靳海芳告诉记者,1950年10月入朝,第三天就没吃的了,之后也只有炒面。"那可不是现在热锅里放油炒的小麦面条,而是高粱粉做的,炒熟了装到干粮袋里,本应用热水冲一下,可是当时根本就没那个条件。只好一口炒面就着一口雪吃,吃完舌头都冻得没有知觉了。"

"我拿一块手绢,把炒面包起来,再撒上一层雪,捂在胸口暖化了,这样就能吃到温乎软和的了。不吃就饿死了,闭着眼睛吃,现在想想都不知道是怎么挺过来的。"靳海芳说。

朝鲜战场上,靳海芳也有一次难忘的"开荤"。那是1951年大年三十的晚上。"我们发了4块手指头盖那么大的牛肉干,当天晚上剥开了1块含在嘴里,等含化了再嚼,甭提多香了,剩下3小块,我吃了好几天。"

"仗打得虽然苦,可我们咬着牙都克服了,我们胜利了!"靳海芳站起身来,向记者介绍身后墙上挂着的一幅幅战后的戎装照。"一辈子能穿上军装,为国家打仗,也算是没白活一遭。"

(刊于《参考消息》2020年10月21日第11版)

邹继良年轻时照片（受访者供图）

【人物简介】

邹继良，1934年5月16日生于吉林省蛟河市天岗镇，1947年作为儿童团团长参加工作。1951年参军入伍，随后赴朝鲜作战，隶属中国人民志愿军第12军第31师反坦克炮兵营，曾参加正洞西山战斗，因表现出色荣立三等功。回国后继续在军队任职，1959年参加第二届全军文艺汇演，与参演人员共同受到毛泽东主席接见。历任抚顺市人民防空办公室党组书记、主任，抚顺军分区副司令员等职。1990年退休。

"当时我已抱着必死的决心"
——记志愿军炮兵邹继良

文 /《参考消息》记者　吴子钰

走进志愿军老战士邹继良的家，抬眼就看到房间一角挂着一副楹联："继承传统老有所用余热无限，良好氛围身无需求壮心有加。"对至今仍积极弘扬抗美援朝精神的邹继良说，这无疑是对他晚年生活最好的写照。

没一个村庄不着火的

"我在朝鲜作战虽然只有短短3个月的时间，但这段经历对我的人生产生了不可估量的影响。"1951年，刚刚考上中学的邹继良在母亲的支持下参军，当年只有17岁的邹继良在战场上经历了很多难以想象的困难与考验。

1951年7月，17岁的邹继良参军入伍，被分配到沈阳的一所炮兵学校学习使用火炮。一般培训一个炮兵需要3年左右的时间，但邹继良和同学们按照指示，在仅仅50天内就掌握了使用火炮的基础知识。

学习结束后，邹继良和几个同学被分配到志愿军第12军31师的反坦克炮兵营，进入朝鲜作战。

初到朝鲜时见到的情景让邹继良真正感受到战争的残酷。"到了朝鲜一看，简直没有一个村庄不冒烟、不着火的。"邹继良回忆，自己当时亲眼看到无家可归的朝鲜民众在11月的寒风中蜷缩在断壁残垣下，用碎砖破瓦搭起小窝棚蜗居度日。

邹继良愤慨地说："我当时就想，朝鲜怎么就惹着你美国了？又是轰炸机，又是大炮，生生把这些农民的家毁了。再多的战前动员，也没有这些场面带给我的震撼大。"

"地上只剩下一摊血沫子"

"去朝鲜作战,技术是一方面,更重要的是看你够不够勇敢、怕不怕死。"邹继良说,反坦克炮兵受装备条件限制,志愿军最常用的反坦克武器并不是火炮,而是较为原始的炸药包、爆破筒,甚至是一捆手榴弹。"战士们打坦克,有时候还要爬到坦克顶上去,坦克有机枪掩护,所以当时往往是打坏一辆坦克,得牺牲三五个志愿军战士。"

在林中隐蔽时痛失战友的经历,在17岁的邹继良心中留下难以磨灭的印记。"我和那位战友到不远的山涧取水,挑扁担的时候,我在前,他在后。"刚刚打完水,邹继良便听到一阵由小变大的隆隆声,紧接着便是炮弹划过空气的尖啸声。

邹继良本能地扑倒在地。等爆炸气浪过去后,他回头四处张望,却不见一同来抬水的战友。"我往后一看,他人已经不见了,地上只剩下一摊血沫子……"邹继良说,那次经历永久地改变了自己对战争和人生的看法。"打起仗来,最简单的想法就是敌人杀死了我们的同志,我们要为战友报仇!"

邹继良近照(杨青 摄)

"上战场之前，在炮校吃一顿白菜炖豆腐，我和同学还会为了一块豆腐争半天。上了战场，那就完全不一样了，有什么好吃的一定是想着留给战友们吃，从来不说自己留着。"

"美军的强悍只是表象"

不久后，邹继良随部队参加了正洞西山战斗。正洞西山战场地形复杂，美军阵地居高临下，阵地中还隐藏着不少精心伪装的火力点。但邹继良告诉记者，"美军的强悍只是表象"。

"美国人最大的优势就是远程火力，但是只要我们冲到面前了，他们就是该跑的跑、该投降的投降，所以我们的步兵最有效的战术就是冲锋。"邹继良笑道，"摸清敌人的底就没什么好怕的了。"

正洞西山战斗是一场持续了两天一夜的拉锯战。在邹继良印象中，美军的飞机、坦克、火炮的攻击几乎一刻也不停歇。"最危险的时候，我们炮兵营7班部署在阵地对面的半山腰处，被敌人坦克的炮火击中，全员牺牲。我所在的6班就在山脚下，当时我已抱着必死的决心。"经过两撤两夺，志愿军最终收复阵地，歼灭敌军2500余人。

邹继良因为在战斗中表现突出，荣立三等功。说起这次立功，邹继良只是微笑着摆摆手："没什么好说的，这场仗是大家打得好。一起参战的同志们基本上都记功了。"

退休时，邹继良已是抚顺军分区的副司令员。他心里总是放不下在战场上牺牲的战友们。每年的烈士纪念日，老人都准时来到烈士陵园祭奠战友。每次中国人民志愿军烈士遗骸归国迎接仪式，邹继良都未曾缺席。

(刊于《参考消息》2020年10月22日第11版)

关大局年轻时照片(受访者供图)

【人物简介】

关大局,1933年12月5日生,黑龙江省齐齐哈尔市人。1948年12月参加革命工作。1951年1月至1953年12月参加抗美援朝战争,历任班长、副排长,立三等功一次、小功一次。1951年作为"功臣代表"出席铁道兵英模会。

"在战场上,我只是看见惨烈和伤痛"
——记志愿军医护兵关大局

文 /《参考消息》记者　陈凡靖

"你看我身上的裙子好看吗?我前一阵儿刚从网上买的。"一般人很难将眼前这位爱打扮、会网购的时髦阿婆与战场上看惯生死的女医护兵联系在一起。谈起抗美援朝的经历,87岁的关大局颇多感慨,在战场上见过无数生死场面的她,希望人们能记住战争的残酷,更加珍惜和平。

"多希望自己能救活他们"

"1951年1月17日,我跟着部队从沈阳出发去朝鲜。"关大局回忆说,那天天气特别冷,天空飘着雪,她怀着去战场治病救人的心愿奔赴朝鲜。

"还记得第二天早上,我吃到了那段时间最香的一顿饭。"关大局说,前一天晚上他们在车上一宿没吃东西,一停车就煮了一整袋大米,没有水煮饭就往里面搓雪。"没放一滴油,也没有菜,但回想起来觉得那是战争时期最香的一顿饭了。"

关大局说,吃完饭后,有个司务长想下车找水喝,却突然飞来好几架敌机,开始猛烈地扫射。

"那个司务长还没有迈下列车台阶,腿部就中弹了。大家立刻把他抬回来,发现他流血不止。"关大局说,因为医疗用品在另一辆列车上,身边没有任何药品,一车的医护人员只能眼睁睁地看着司务长因失血过多牺牲……

"这样的事情到了战场上就不稀奇了。后来有一次,一个伤员被枪炮打坏了膀胱,伤得相当重,我一边治疗,他一边出血,手术还没结束他就牺牲了……"

关大局说,战场上的伤亡很常见,有些战士因为伤势过重,加上医疗条件跟不上,手术持续时间长,往往撑不到治疗结束。"我多希望自己能救活他们啊!"

活下去更需要勇气

关大局说,她与大多数伤员只有一面之缘,但这些人中有两人她始终惦念不忘。

"一个特别年轻的伤员,送过来的时候,下肢被鲜血染红了,人也昏迷不醒。当时医生的决定是要截肢。"关大局说,手术做完后,她抱着那双腿出去找地方扔掉时,心中五味杂陈,"他当时还处于昏迷中,不知道自己一觉醒来腿就没了"。

那个伤员醒来后,看着自己失去了下肢,垂泪不已。"有时候,活下去是比死更需要勇气的,我们不知道该怎么安慰他。"

"还有一个伤员是一名高中生,刚刚毕业就来参军。子弹擦过脑

关大局近照(陈凡靖 摄)

袋，命保住了，但是把鼻子打掉了。"关大局回忆说，他被送过来时整张脸都在流血，鼻子没有了，只剩下平平的两个孔，还能喘气。

"我帮他处理了伤口后，他哭了，说自己这样以后还怎么见人。我只能安慰他说能整容，只要能活下来，等战争结束了，这些都不是问题。"

关大局说，每天都有一车车的伤员被拉过来，她与大多数人只有一面之缘，但她至今仍惦念着这些英雄。

被问及面对伤痛与死亡，内心害怕不害怕时，关大局说："我不怕，我上战场就是为了救死扶伤。在战场上，我只是看见惨烈和伤痛，而伤员们是亲身面对与承受伤痛，甚至死亡……"

"敌人哪管普通百姓的死活"

打仗的时候是没有天空的。关大局说，头顶上不定什么时候就丢下来一个炮弹。

"战争中最苦的还是百姓。当时朝鲜的百姓对我们志愿军都很好，经常让我们去家里过夜，并给我们吃的。"关大局说，"但是敌人哪管普通百姓的死活，他们为了赢得战争不择手段。"

她回忆起一天早上发现雪地里有几只体型巨大的苍蝇在爬。"那可是朝鲜的冬天啊，大雪纷飞的，零下几十摄氏度，雪地里头哪来的苍蝇？"她当时就觉得不对劲。果然，不久后就有伤员被送到医院，是传染性极强的伤寒症。

"发现这些虫子的地方总会有人染上鼠疫、回归热、伤寒等传染病，我亲眼看到了那些比指甲盖还大的苍蝇突然出现在雪地里，也看到了离奇地感染上伤寒症的伤员，我的医学知识跟生活常识告诉我，除了细菌战，这些事情没有办法解释。"

战争已经过去快70年了。关大局说，她上过战场，深知和平是战士们拿命换来的："他们用鲜红的热血铸就了现在火热的生活，人民记得！"

（刊于《参考消息》2020年10月22日第11版）

鞠万昌年轻时照片（受访者供图）

【人物简介】

鞠万昌，1927年生于江苏盐城，1944年参加新四军，1946年加入中国共产党，参加过抗日战争、解放战争、抗美援朝战争，在辽沈战役中立过大功。1950年入朝作战，参加过第一、二、三、四、五次战役，在抗美援朝战争中荣立三等功四次，负伤四次。历任班长、排长、连指导员、营教导员、团政治处主任、团政委等职。1960年从中国人民解放军军事学院毕业。1965年从部队转业，1987年11月离休。

一个连全歼美军一个连
——记志愿军老战士鞠万昌

文 /《参考消息》记者　丁非白

一进屋,早已等候在家的鞠万昌就拄着拐杖走出房间迎接记者。今年93岁的鞠万昌参加过抗日战争、解放战争、抗美援朝战争,在抗美援朝战争中荣立三等功四次,负伤四次。为了接受采访,老人特意拿出珍藏多年的军装,军装上挂满了奖章。

"敌人被打得乱作一团"

1950年,正在广西肃清国民党残余势力的第39军接到北上的命令,鞠万昌和战友们在柳州登上列车。10月,第39军渡过鸭绿江,进入朝鲜新义州地区。

入朝作战时,鞠万昌任第39军115师343团1连指导员。在第一次战役云山战斗中,鞠万昌所在的1连全歼美军骑1师5团1营B连,创造了志愿军一个连歼灭美军一个连的光荣战绩。

云山战斗打响之前,志愿军第39军115师343团奉命由明堂洞向龙头洞开进,担负阻击敌军增援和截击云山敌军逃跑的任务。11月1日,343团为扩大敌我之间缓冲区,改善防御态势,决定歼灭敌前卫连,夺取龙头洞。

鞠万昌回忆,当晚10时许,主攻连1连向龙头洞敌军发起突然攻击。当进攻到村中小学校时,部队被敌人在学校内的工事火力压制。关键时刻,战士李富贵不顾身上已多处负伤,带上集束手榴弹只身冲向敌工事,在左肩中弹满身鲜血的情况下,顽强接近敌工事将其炸毁,为战斗的胜利开辟了通路。

随后,鞠万昌和1连副连长孙殿生一起带领尖刀排冲进敌人阵地,在消灭小学校的敌军后,又在村西侧遭遇逃跑的敌军,还有几辆坦克和吉普车。孙殿生端起机枪向敌人扫射,打坦克小组又将敌军一辆坦克击毁。

"激战中孙殿生中弹牺牲,敌人被打得乱作一团。"鞠万昌说,1连指战员猛打猛冲,最终夺取了龙头洞,将敌前卫连全歼,毙伤敌方80余人,俘敌28人,缴获迫击炮3门,1连伤亡37人。

该战首创志愿军以一个连全歼美军一个连的模范战例。后来,第39军115师343团1连被授予"战斗模范连"光荣称号。

"砥平里战斗打得很艰难"

抗美援朝战争的五次大战役,鞠万昌都参加过,令他印象最深的就是在砥平里的战斗。

"砥平里战斗打得很艰难!"鞠万昌说,前一秒连长还在指挥,敌人一个炮弹过来,连长、司号兵、通信员都被炸死了。战斗中,敌人一发炮弹落在鞠万昌身边,爆炸产生的冲击波把他掀起了好几米高,落到地上后,鞠万昌被摔得鼻子、嘴、眼睛里都是血。

美军不断有大量部队增援,鞠万昌就带着2班去阻击美军坦克,

鞠万昌近照(丁非白 摄)

在一个山隘中伏击敌人。"这个隘口特别狭窄，只能容下一辆坦克通过。2班班长张勤带领战士们用反坦克手雷打掉最前面的美军三辆坦克，后面敌人的坦克、汽车就都被迫停下来了，我们的部队赶过来把这股敌人都消灭了。我和2班的战士因此也立了功。"鞠万昌说。

战斗后期，部队需要在战斗中转移，但敌人猛烈的轰炸是部队转移的最大威胁。"我们刚开始转移，敌人的飞机就来了。正当我们要躲避轰炸时，天气突变，下起了大雪，能见度降低，形势逆转。美军飞机的轰炸扫射不起作用了，部队因此顺利完成了转移任务。"鞠万昌说。

"打一枪换一个地方"

自从1944年加入新四军，鞠万昌参加过的大小战斗不计其数，多次负伤，戎马生涯在他身上留下深深的烙印。老人的耳朵在战场上被炮弹震伤了，有一侧耳朵始终听不清楚。鞠万昌撩起左裤腿，指着左脚踝处一个黑点告诉记者，这是在一次战斗中留下的弹片。当时手榴弹就在他附近爆炸，弹片炸进了他的脚踝里。因为当时医疗条件有限，取出弹片很危险，所以弹片至今仍留在脚踝里，每逢阴天下雨，这里就会红肿疼痛，走不了路。

战斗中，身为重机枪手的鞠万昌往往是敌人的重点攻击对象。他回忆说："打一枪换一个地方说的就是我，要是跑得慢了就会被炸死。我的一个副连长在一次战斗中指挥大家撤离，他留在最后，被炸牺牲。"

当年，和鞠万昌一起参加抗日的同乡有180多人。抗战结束后，这些战友就剩30多人了。大家又一起开赴朝鲜，等到抗美援朝战争结束后，就剩4个人。在讲述战斗的过程中，鞠万昌不住地用手使劲揉眼睛，不让眼泪掉下来。

（刊于《参考消息》2020年10月23日第13版）

宋广学年轻时照片（受访者供图）

【人物简介】

宋广学，1929年12月生，辽宁省丹东市人。1947年9月入伍，1949年9月加入中国共产党，先后参加过辽沈战役、平津战役、渡江战役、衡宝战役、广西战役、海南岛战役。抗美援朝期间，经历五次战役，在第五次战役中负伤回国治疗，被定为伤残军人。历任团政治工作队分队长、机炮连代理指导员、区队长、团政治处股长、师军政治部干事、军管会副政委等职。1989年离休，离休前系锦州基建干校校长。

"弹片离肺膜只有两厘米"
——记志愿军老战士宋广学

文/《参考消息》记者 丁非白

回想起硝烟弥漫的朝鲜战场,已经90岁的宋广学神采飞扬,讲起出国作战的经历,更是如数家珍。一段段往事涌上心头,一个个战友的身影浮现在眼前,让这位年过九旬的老人仿佛回到了年轻时金戈铁马的峥嵘岁月……

将敌军分割包围歼灭

1950年7月,刚刚解放海南岛的中国人民解放军第40军奉命从广州乘火车北上,赶往洛阳整训。火车开了好几天,等宋广学下车时,发现已到了北京。"随后我们抵达安东(今辽宁省丹东市),被编入中国人民东北边防军,负责保卫东北边防安全,必要时出国作战。"宋广学说。

1950年10月19日,宋广学被编入第40军118师354团工作队。工作队下设5个分队,宋广学被任命为一分队队长。"工作队主要有3个任务,审俘虏、管理民工以及在战场上掩埋牺牲的战士。"

入朝后,宋广学带领一分队的战友们,每人背着几十斤干粮、被子、枪支和子弹,白天挖防空洞隐蔽,晚上行军几十里山路。10月24日,354团侦察兵搜索前进时,发现温井镇灯火通明,不时传来车辆马达声,于是立即向团长报告,敌人的先头部队已经占领温井镇。在353团和352团配合下,354团立即抢占有利地形,在两水洞和富兴洞排兵布阵伏击敌军。

10月25日凌晨,各战斗分队进入指定阵地,严密伪装准备迎敌,敌人一步一步走进了354团的包围圈。

宋广学说:"为了不打草惊蛇,我们团放过敌方伪军的第一辆卡车,让它走出设防范围,随后在下达攻击命令后立即开火,敌人立即乱成一团。到中午,被分割包围的敌人已被歼灭。"

宋广学（右）和老伴儿张雅梅近照，两人都是志愿军战士（丁非白 摄）

掩埋被烧焦的无名烈士

1950年11月25日下午，宋广学接到任务，带着一分队负责战场掩埋。在阵地上，宋广学和战友们找到了24名志愿军战士的遗体。"那时部队在不停地向前推进，只能一边推进一边掩埋牺牲的战友。我们一分队每个人都背着一捆白布和一把短锹。看到战士牺牲了就记下战士的姓名、部队番号，然后将白布盖在战士身上就地掩埋。"宋广学说，在朝鲜战场上，美军经常使用燃烧弹，有的战士被敌人的燃烧弹烧焦了，分辨不出是谁，最后都成了无名烈士。

在第五次战役中，宋广学也接到任务，带领一个小组跟随前卫营，负责包扎伤员和掩埋烈士。"我们急行军五六个小时后，就和敌人打上了，敌人密集的炮火封锁了公路，我们就顶着炮火，一道一道突破敌人阵地，直至插进敌阵纵深50里（25千米），切断敌人东、西两线的联系。"宋广学说。

随后敌人援兵上来了，炮弹一排一排打过来，轻重机枪子弹就在宋广学小分队身前身后呼啸而过。宋广学带着小分队一口气冲过五道封锁线，跑得喘不过气，身边不断有同志倒下。

双方激战一直持续到第二天上午，敌人的炮兵在侦察机指挥下开始齐射。"一排炮弹飞过来，我迅速卧倒。"炮弹在宋广学旁边两米多的位置爆炸了，宋广学被炸晕过去，等他醒来晃晃脑袋，发现旁边多了一个弹坑。

"我摸摸衣服看看前身，没有洞。"宋广学很高兴，突然觉得背后有些疼，用手一摸，满手是血。"就在腰部上方，被炸了一个洞。后来我才知道，穿过腰部上方的弹片离肺膜只有两厘米。"宋广学说。

在病房里抓获敌军特务

朝鲜战争中，在志愿军所在地区潜伏着不少敌军特务，夜晚不断打手电为敌机指示目标，以便敌机轰炸志愿军的兵站和桥梁等。在国内，有时也有特务钻进医院里搞活动。

负伤的宋广学被转到华北医院第十九医院治疗期间，发现病房里有个人很反常，就对他特别留意。有一天晚上，宋广学注意到，这个人趁其他人睡着后，鬼头鬼脑地走到锅灶旁待了20多分钟，又蹑手蹑脚走出病房。宋广学和另一位同志一起把这个人抓了起来。"他说上厕所去了，可是方向根本不对。"随后，两人将特务交给了警卫员。

时光流转，回忆纷飞，都化作宋广学胸前熠熠生辉的纪念章。宋广学说："我的事迹不重要，重要的是告诉后人，和平来之不易，是当年无数英烈浴血奋战换来的，要珍惜现在的幸福生活，更不能忘记历史、忘记过去。"

（刊于《参考消息》2020年10月23日第13版）

南启祥在朝鲜时留影(受访者供图)

【个人简介】

南启祥,1936年2月生于山东鄄城,曾任沈阳军区炮兵副司令、第68军副军长、辽宁省军区副司令员,少将军衔。1948年9月,随父亲一起参军,参加过解放战争、抗美援朝战争。荣立三等功两次、小功四次,获嘉奖三次,荣获解放胜利功勋荣誉证章和朝鲜民主主义人民共和国军功章。

"走路不掉队,打仗不怕死"
——记志愿军老战士南启祥

文 /《参考消息》记者　徐　扬　丁非白

他是朝鲜战场上的娃娃兵,15岁随部队先后两次入朝作战,17岁时冒着敌机轰炸在坑道中举起右手宣誓入党……

他后来成为将军,指挥过千军万马,但一提起抗美援朝仍热血沸腾。

在84岁的南启祥心里,戎马一生无所惧。"虽然那时候年纪很小,但是我有信仰,走路不掉队,打仗不怕死。"

按下血指印请战入朝

家住沈阳的南启祥头发虽已花白,但耳不聋、眼不花,腰板挺得直直的,用一口浓重的鲁西南口音,向记者讲述他的抗美援朝故事。

1950年秋,年仅14岁的南启祥正随中国人民解放军第16军47师在大西南剿匪。"有一天,部队突然向我们传达最新消息,中国人民志愿军跨过鸭绿江去抗击美国侵略军了。"南启祥回忆说,这个消息在军营里引起了很大的反响。"那是我第一次听到'抗美援朝,保家卫国'这句口号,大家都很激动,争着要上前线报效祖国。"

尽管一直没有收到上朝鲜战场的命令,但战士们都心系前线。有一天,南启祥的战友郭天凤率先写了请战书,要求上朝鲜前线,连队里立即掀起了一阵请战热潮,战士们纷纷要求参战。

南启祥说:"郭天凤把我们几个小兵的名字都写上了。我们被他的激动情绪感染,一个个小脸通红,催他立即把请战书送给连长。"

递交请战书前,郭天凤还带头咬破大拇指,在请战书写着他名字的地方按上血指印,战友们也纷纷效仿。"我没有这样做,而是找来小刀,在拇指上扎了一下,挤出血来,按在我的名字上。"南启祥说。

几个月后,南启祥如愿以偿等到了入朝作战的命令。1951年9月,15岁的南启祥随部队入朝作战。

冒着敌机轰炸宣誓入党

虽然时隔近70年,但对于南启祥来说,入党仿佛就在昨天。

1953年3月14日,在朝鲜顺川石砚洞的一个坑道里,副指导员陈会杰、文化教员王同富为南启祥和3名战友举行入党仪式。

就在南启祥和战友们刚刚举起右手准备宣誓时,敌人飞机开始对石砚洞地区狂轰滥炸。伴随着刺耳的敌机声、炸弹爆炸的轰鸣声,南启祥和战友们坚定地举起右手,任由沙土落在帽檐上、肩膀上。

敌机来轰炸,和特务活动频繁有直接关系。一到晚上,战区时常有信号弹升起。哪里有信号弹,哪里就会有美国飞机来轰炸。当时,南启祥所在师在朝鲜西海岸的顺川地区执行反空降、抗两栖登陆备战任务。"我们是'前面打,后面抓',打的是坑道,抓的是特务。"南启祥说,朝鲜战场上敌人特务特别多,他们就潜伏在老百姓中间,很难

南启祥近照(杨青 摄)

分辨出来。

南启祥决心抓住可恶的特务。他率领一个小组在夜间巡逻，分组埋伏在山路两边。"特务很狡猾，我们等了好几天，也没见动静。埋伏了几个昼夜后，一天凌晨两点，一个特务偷偷溜进树林，就在他准备打信号弹时，被我们逮个正着。"

经审查得知，这名特务是敌军派来了解我军部署的，为美军两栖登陆做准备。"幸亏早日抓获，否则将给我军造成重大损失，我因此荣立三等功。"南启祥说。

金达莱花下的生死情谊

抗美援朝战争胜利后，南启祥随部队留在朝鲜，帮助朝鲜人民恢复生产、建设家园。

在志愿军的帮助下，朝鲜很快从战争的消耗和破坏中恢复过来。"看到漫山遍野又重新盛开的金达莱花，战士们打心眼儿里高兴。"

1958年，志愿军要离开朝鲜回祖国了。3月12日，南启祥所在的部队和朝鲜军民一起举行了告别大会。

"我们在部队驻扎的山下搭了个大台子，挂满了标语和彩旗。参加大会的有上万人，两国军民并肩而坐，就像一家人一样。"南启祥说，联欢大会开始，大家一支接一支地唱歌，唱着唱着，有人就哭了起来，歌声越来越小，哭声越来越大。

这是鲜血凝成的感情，是生死之交。

"我们每个人都接到一份礼物，钱包、烟袋、铜锁、铜碗，朝鲜老百姓能拿出来的都拿出来了。同志们也向朝鲜老百姓和人民军赠送礼物。我把钢笔、茶缸、毛巾都送出去了。"南启祥说。

"抗美援朝打出了军威，打出了国威，也打出了和平。"老人说，"希望人们不要忘了这场战争，要把伟大的抗美援朝精神世世代代传下去。"

（刊于《参考消息》2020年10月27日第11版）

吴文芳年轻时照片（受访者供图）

【人物简介】

吴文芳，1932年生于辽宁省沈阳市，1946年参加东北民主联军文工团，历经解放战争、抗美援朝战争。抗美援朝战争期间，在第39军115师343团担任文艺兵。1951年加入中国共产党。

"我们在坑道里演，子弹在头上飞！"
——记志愿军文艺兵吴文芳

文/《参考消息》记者 赵洪南

吴文芳从柜子里拿出一本已经泛黄的小本子，封面上有一行楷体字"1950年—1952年（于朝鲜）"，这是记录他朝鲜战场经历的日记。

70年过去了，对于日记中记录的那段战火中的岁月，老人无怨无悔，难以忘怀。

"上高山、进坑道、上火线"

1946年，刚刚14岁的吴文芳就应征入伍，参加了东北民主联军，能歌善舞的他被选入部队文工团。革命战争时期的文艺工作队既是宣传队，又是服务队，也是战斗队。

1950年10月，中国人民志愿军奉命开赴朝鲜战场，与朝鲜人民并肩作战。身为部队文工团文艺兵的吴文芳也在其中，那年他18岁。

在朝鲜战场，中国人民志愿军总部发出了"文艺工作上高山、进坑道、上火线"的号召，将文化工作的重心移至前线战场。

吴文芳到了前线之后，几乎一直在与坑道打交道。由于坑道过于狭小，不便于集中开展文娱活动，各单位的文工团就分散成若干小组，深入坑道内进行慰问演出。

吴文芳还记得，"演出时，我们的山头和敌人的山头之间相距也就20米，走到对面也只有100米。我们经常冒着枪林弹雨在前线演出"。

"我们在坑道里演，子弹在头上飞！"吴文芳说，去往我军各据点都是通过在山上挖出来的交通壕，必须有一个专门带路的人，"看他跑，我们就跑；看他蹲下隐蔽，我们就跟着蹲下隐蔽"。

抗美援朝战争期间，不仅各级文工团队深入坑道，到处进行慰问、鼓舞斗志，而且战斗在前线的广大志愿军指战员。在战斗间隙也以自己的切身体验为基础创造了许多优秀的文艺作品，如歌曲《志愿军战歌》《来一个歼敌大竞赛》等。

吴文芳对那首诞生于战场、描写坑道战的歌曲记忆犹新。"地道坚又牢，门口开在半山腰。弯弯曲曲的交通沟，宽宽敞敞像街道。大山开上几层楼，石头搬家我住着……"白发苍苍的老人唱起这首歌时，腰板挺直，声音洪亮。

带着手榴弹去慰问演出

吴文芳印象最深的带到前线阵地的慰问品是一颗手榴弹。

"那一次，我们是6名文工团战士去前线给1名战士慰问演出。"吴文芳说，当时我军正处于防御战阶段，为了减少伤亡，上级命令由1名战士防守1个山头。吴文芳还记得防守在那个山头的战士是343团8连的副班长，叫梁庆友。

"我们带着师首长给他的手榴弹，通过外壕和交通沟，到前线去了。交给他手榴弹时，我还编了一小段歌唱给他听，'手榴弹，黑脑瓜，见到敌人就爆炸……'告诉他，师首长鼓励他用这手榴弹多杀敌！"

吴文芳接受记者采访（赵洪南　摄）

后来吴文芳才知道，就在慰问演出的第二天，梁庆友用手榴弹、破甲弹打退了敌人的多次进攻，守住了阵地，在这次防守中立了功。

吴文芳回忆说，当年在朝鲜战场表演的很多节目都是现编的，就是上了阵地进行现场采访，看到什么听到什么后，就现场发挥，即兴表演。因为反映的就是战地现状，所以深受战士们喜爱。

躲在耕牛身后保住性命

战场上的死亡威胁无处不在。吴文芳说："在朝鲜战场没有什么前方后方之分，因为敌人掌握着制空权。"每次文工团慰问演出，部队都要在演出场地四周布置观察哨所，时刻预防敌机轰炸。

一次，在转移的路上，文工团遭遇50多架敌机的扫射和轰炸。当时四周都是平地，根本无处藏身，吴文芳躲在一头耕牛的身后，才保住了性命。

"战争是残酷的，生离死别的一幕也在我眼前发生过。"吴文芳说，"敌军的B-29轰炸机体量大、杀伤力强，有几次它向我军轰炸时，我们昨天还一起同桌吃饭、玩笑聊天的战友，被炸得四肢乱飞，面目全非，我抑制不住泪水，心痛不已……"

吴文芳能做的就是冒着枪林弹雨，在出生入死中坚持给浴血奋战的战士们演出。

翻开那本泛黄的日记本，上面写着："1951年7月9日，晴。在想我们的胜利。我们是新社会青年，我们是热血、爱国的先锋。我们爱好世界和平，我们今天都站在一个目标，我们要用行动来粉碎野心狼。爱好和平的朋友们，唱我们的和平之歌吧！我们保卫人民的和平……在我们红旗下为世界和平奋斗到底！"

"胜利伟大，但来之不易。"吴文芳说，他要替那些战友好好活着，只要有个好身体，就要给党多做些事情。

（刊于《参考消息》2020年10月27日第11版）

章成志（右）与战友留影（受访者供图）

【人物简介】

章成志，1932年4月生于辽宁辽阳，1950年12月入伍，1951年参加抗美援朝战争，任志愿军铁道兵第4师报务员。回国后在解放军铁道兵第9师继续承担铁路修建工作。1973年转业至本钢第二炼钢厂。1992年退休。

"在朝鲜四年,我一直住地窖里"
——记志愿军报务员章成志

文 /《参考消息》记者　包昱涵

1951年,章成志和成千上万热血青年一样,响应国家的号召参军入伍,成为中国人民志愿军铁道兵第4师的一名报务员。炮火纷飞中,他不顾生死抢送机要电报;昏黄地窖里,他满身生癞仍在电台旁坚守;重伤才愈时,他马上重返岗位毫无怨言……对章成志而言,抗美援朝的经历是艰难岁月,更是人生磨炼。

随叫随应的"地下"工作者

1950年,18岁的章成志刚刚中学毕业就应征入伍。怀着满腔热血,章成志被分配到位于辽宁抚顺市望花区的东北军区学习中英文收发电报。1951年,因前线报务人员紧缺,章成志提前毕业,并以中国人民志愿军铁道兵报务员的身份踏上了抗美援朝的战场。

"进入朝鲜的当晚,我才真正反应过来自己这是上前线了。路边的道沟里尽是被炸毁的汽车和号哭的百姓。那一刻,说不害怕是假的。"但章成志不允许自己慌神,他很快调整了心态,"参军就是为了保家卫国,我肯定得挺住"。

到达部队驻地后,章成志马上投入工作,成了一名随叫随应的"地下"工作者。"为了躲避敌机炮火,我们的电台都设置在地窖子里。"也正因如此,章成志在朝鲜的工作几乎全是在地下完成。地窖子里冬天阴冷难耐,夏天又闷热潮湿,时间久了,章成志手上、身上都起了癞子,奇痒无比。"其实如果能烤烤火,癞子就能缓解一些。但怕生火引来敌机,我们就只能靠忍。"

部队里报务人员紧缺,电台又离不开人,章成志他们就在地窖子里扎下了根。"我们就是首长的耳目,必须保证收发报及时准确。"饿了就吃点儿压缩饼干,用凉水往下冲;困了就直接和衣睡在地上,捡

章成志近照（杨青 摄）

点儿地上的稻草当被子盖。"在朝鲜四年，我一直住地窖里，就没住过房子。"

机关炮在身侧打出一溜黑印

在抗美援朝战场上，总有和死神擦肩的时刻，章成志也不例外。

1952年春节前的一天，章成志正准备前往机要科送出一份加急电报，就遭遇了敌机攻击。"我刚出地窖子也就100米，突然不知道从哪儿飞过来1架飞机，掀起好大的风，我一回头，连飞行员的脸都看得清清楚楚。"敌机完全不给章成志反应的时间，机关炮猛烈地冲他扫射下来。说时迟那时快，章成志一个打滚躲到了一边，等他再侧头看向身边的雪地时，只见炮火在上面留下了一道长长的黑印，周围还散落着一堆炮壳子。

战场不给人害怕的时间。春节后，章成志所在的团部又接连遭遇敌机轰炸。"那都是'重磅炸弹'，落地后直接往地里钻，我们在地窖子里都能听见它发出的尖锐叫声。"每当这种时刻，章成志都会握紧身上仅有的4颗手榴弹。"我们没有配枪，万一炸弹过后敌人也跟着落地，我们就拿手榴弹拼。"

章成志没有想到的是，当炸弹真的落在身边时，他完全没有"抵抗"的时间。1952年7月，为了缓解身上的癞疥，章成志在领导的准许下，在师部驻扎的山下搭了间简易的棚子，把电台从地下搬到了地上。结果下山第一天，就遭到了敌机的轰炸。"打下来的都是杀伤弹，我想抱着机器钻到桌子底下去，都没来得及。"章成志眼睁睁地看着摇机员被炸死在自己身边，而他也被炸成骶骨粉碎性挫伤。

这次重伤过后，章成志被授予三等功，并鉴定为二等乙级伤残。

冰冷江水中用肩膀做桥墩

章成志所在的部队是中国人民志愿军铁道兵。在抗美援朝战场上，铁道兵用鲜血和生命，搭建了一条条"打不烂、炸不断的钢铁运输线"。

1951年，美军发动"绞杀战"，企图摧毁我方的交通运输补给系统。章成志所在的部队接到任务：誓死保卫大同江桥，保障铁路运行通畅。"那会儿敌机轮番轰炸，桥上几乎1米1个炸弹。"大同江桥被炸得"千疮百孔"，为保障铁路通行，战士们只能另寻他法，在大同江桥边上补建一座浮桥。"先用枕木垛搭起'井'字桥墩，再在浮桥上铺就铁轨，就能通车。"天寒地冻，战士们却要时刻泡在冰冷的江水里。"如果浮桥被炸了，我们的战士就拿自己的肩膀当桥墩顶上去，也不能让铁路断了。"

1953年停战后，我军铁道兵部队继续留在朝鲜帮助修建铁路，章成志又一次选择了留下。这一次，章成志住进了条件稍好的地窨子里，又开启了一段长达两年的征程。

（刊于《参考消息》2020年10月28日第11版）

宁殿云年轻时照片（受访者供图）

【人物简介】

宁殿云，1928年5月生，辽宁瓦房店人，1948年1月参加革命工作，1950年10月随志愿军第50军150师449团入朝作战，任5连指导员。在战斗中创新战法，打伤、击落敌机，获抗美援朝纪念章。1985年离休，离休前系沈阳服装工业公司副经理。

捧回烈士抛洒鲜血的一抔土
——记志愿军老战士宁殿云

文/《参考消息》记者　徐　扬　张逸飞

和2017年采访时相比，92岁的宁殿云明显老了许多。当他坐着轮椅从卧室被推到客厅时，3年前那个精神矍铄、前后忙活的慈祥老人不见了，耳朵也背得厉害。但说起入朝作战，宁殿云眼中闪过了一道光。虽然回忆断断续续，但老人一口气讲了2个多小时。

毛岸英烈士墓前的土

在宁殿云家一进门的书架上，摆着一只约两拳高的玻璃瓶子，瓶子里装着黑土。瓶口用彩色的包装纸蒙住，用塑料绳系紧扎牢，瓶身有一张手工制作的标签，上面用毛笔端端正正写着"朝鲜净土"4个字。

这是毛岸英烈士墓前的土。宁殿云特意挖了一包，抱回了沈阳。

"烈士陵园里的土，是志愿军烈士们抛洒过鲜血的地方，同时也是陪伴战友和英雄们在异国他乡安睡之土，是最干净的土，所以我就带回来一包。"宁殿云说，"见土如见人。"

宁殿云离休后多次去朝鲜访问，为志愿军烈士扫墓。当时他想着能从那边带回来点儿什么留作纪念。"因为有参观烈士牺牲地的日程，在烈士牺牲地，我看到有松树长出来。我想，这是滴过烈士鲜血的土地上长出来的松树苗，同时松树又有万古长青的寓意，就想带回来一些。"

从朝鲜带松树苗回中国，朝鲜方面的工作人员说，从来也没有人有过类似的想法和做法。最终在朝中友好协会的沟通和支持下，20棵朝鲜松树苗几经辗转被运到了沈阳，如今成为沈阳抗美援朝烈士陵园的"英雄林"。

找到当年的"红领巾女孩"

2017年,宁殿云了却了一桩在他心底埋藏了60多年的心愿。

说起这桩心愿,还要从一张已经泛黄的黑白老照片说起。照片上是个小女孩,英姿飒爽、朝气蓬勃,身穿海军服,戴着一条红领巾。照片背后依稀可见"乔巧生"3个斑驳的字迹。

这张照片是宁殿云从朝鲜战场上带回来的。"这是1953年我们在朝鲜战场上收到的祖国人民的问候。"宁殿云说,"当时战友们正在坑道中,不见天日,阴暗潮湿,这封信就像一股暖流。"

那时候,宁殿云所在的团正在朝鲜西海岸附近作战,他和战友们每天都藏身在大山中挖出的坑道里。里面狭窄潮湿,没有电灯,没有床铺,头顶还不断渗水。战士们都用树枝垫在身下休息。艰苦的战斗生活中,不少战士思念祖国,想念亲人。在这样严酷的战斗生活中,来自祖国的问候给予了他们莫大的激励。

64年弹指一挥间。宁殿云已是耄耋老人,曾经并肩作战的战友也相继离世,那段火红的记忆却愈加清晰。仅凭两张老照片、一个"乔

宁殿云近照(杨青 摄)

巧生"的名字，能找到吗？为了完成这个心愿，宁殿云向社区和媒体求助——能不能找到当年的"红领巾女孩"？

功夫不负有心人。在社会各界的帮助下，当年的"红领巾女孩"找到了！乔巧生是北京市第十一女子中学的学生。当时中队组织大家给志愿军战士写慰问信，"我们在信中鼓励他们保家卫国，还把照片放在信中。"乔巧生说。

当年鱼水情，今日喜相逢。"志愿军叔叔你好，你是最可爱的人。"在视频通话中，乔巧生笑着向宁殿云老人打招呼，好像还是64年前的活泼女孩。

想再抱抱战火中捡的男孩

"我还有个挂念，还在找一个人。我不知道还能不能找到他。"宁殿云说。

那是1951年初，第50军先头部队攻进汉城，宁殿云和2名战士紧随作战部队，进城筹粮。刚刚经历了战火洗礼的汉城一片寂静，大街上十分空旷。可就在这时，宁殿云在有轨电车的轨道边发现一串小脚印。沿着脚印望去，他看到一个两三岁的小男孩。只见这个小男孩孤零零地走在大街上，走几步就停下来哭两声，显然和亲人们走散了。宁殿云快步走到小男孩身边，将他抱起来搂在怀里。

宁殿云抱着小男孩往前走，没走多远，他就看到有几个中国人模样的老百姓。"你们是华侨吗？"宁殿云问，得到肯定答复后他又惊又喜。宁殿云告诉几名华侨在路边捡了个小孩，希望他们能收留，几个人都犯了难。"我就劝他们，这孩子要是有父母，等不打仗了，肯定能回来找他。"宁殿云说，最终他们同意留下这个孩子。

10多年前，宁殿云有一天突然想：这个小男孩如今怎么样了？于是他联系了韩国的电视台，想找寻这个当年流落汉城街头的男孩，不过，由于能够确认身份的信息太少，至今也没有找到。

"我相信那个孩子活下来了。如果我今生还能见到他，我真想像第一次见他的时候那样把他抱住。"宁殿云说。

（刊于《参考消息》2020年10月28日第11版）

王竭年轻时照片（受访者供图）

【人物简介】

王竭，1931年12月生，1948年参军，1951年初入朝，任高炮62师604团排长，后历任连长、作战参谋等职，多次立功，1958年回国。1962年在鞍山市第六中学任教，1983年调到鞍山大学学生处工作，1990年任成人教育处处长。1992年离休。

多次与死神擦肩,从不后悔
——记志愿军老战士王竭

文 /《参考消息》记者 于也童

89岁的王竭看起来比实际年龄年轻许多,和善的笑容带着一种教师特有的平易近人感。这样一位慈眉善目的老人,曾在朝鲜战场上骁勇奋战,几次陷入绝境。

王竭1951年初入朝。在朝8年,经历了百余次战斗。他说:"我的整个青春在异国他乡度过,献给了战火纷飞的战场。但我从未后悔,如有来世,我还要参加志愿军!"

老战士称赞小排长

1950年,朝鲜战争爆发。正在沈阳高射炮学校学习的王竭和千余名学员一起,提前走出校门,在1951年初踏上了战场。

"我被分配到高炮62师604团,成为千名学员中仅有的5名正排职之一(原则上都是副排职务)。当时我是一个毛头小子,很多老兵不服我,还有人用脚给我'鼓掌'。"王竭笑着说。

朝鲜的清川江大桥是交通咽喉,也是敌人的重点轰炸目标。"每次大桥被炸断,铁道兵们便冒着生命危险去抢修,每次敌机发现桥被修复,就会肆无忌惮地轰炸。"王竭回忆。

小排长的第一仗,就是保卫清川江大桥。"晚上,我们悄悄进入保卫大桥的阵地提前埋伏,为了能准确打击敌机,阵地距离大桥不足百米。第二天天一亮,敌机果然过来袭击。"面对敌机雨点般的轰炸,王竭没有躲在掩体里,而是冲上前线勇敢指挥全排战斗。"敌机遭到我们火力打击后,很快就掉头逃窜,我们也成功保住了大桥。"

这次战斗后,那位"用脚鼓掌"的老战士特意上前称赞王竭:"小排长好样的,头一次参加战斗就不怕死。"

王竭近照（于也童 摄）

靠"绝技"捡回一条命

王竭最难忘的莫过于他第一次与死神擦肩的那一战。

1952年，在一次保卫交通运输线的战斗中，团首长判断敌机将轰炸铁路东段，王竭接令骑摩托车前去侦察，确定阵地的位置。"没想到快到目的地时，我被敌机发现，敌机开始对我俯冲轰炸扫射，我的摩托车一下被炸翻了，人也被炸上天老高，瞬间就失去了意识。"王竭回忆。

昏迷在路边沟壑中的王竭被送到野战医院，这次事故让他腰脊严重骨折。"我在医院躺了一个月，心里急得不得了，后来未经医生同意就偷跑回了团里。"

王竭返回团里的第二天夜里，美军数十架重型轰炸机分批次对团指挥所和驻地进行疯狂轰炸。侦察到敌情后，王竭马上往山顶的指挥所跑。在多次战斗中，王竭积累了丰富的经验。在没有雷达的情况下，他可以根据敌机飞行的声音判断出机型、飞行高度和大概的投弹位置。靠着这门"绝技"，王竭又捡回一条命。

"跑到半山腰的时候，听见敌机投下炸弹的声音，我判断这个炸弹一定离我不远，就马上卧倒在附近的弹坑中，眼看我身边的通信员同志还在傻站着，我一把抓住他的脚踝，他跌倒在地的瞬间，炸弹在附近爆炸，无数弹片飞了过来。"

谈起当年的战斗，王竭至今记忆犹新。他记得自己跑到指挥所后，看到值班人员已经全体牺牲的壮烈一幕；也记得那位右手被炸断的侦察参谋，用嘴咬着被炸坏的电话线，让自己打通电话继续指挥战斗；更记得第二天早上，他亲眼看到经历轰炸的村庄被夷为平地，无人生还。

"我们团的作战股长是一位战斗英雄，但是根本找不到他的遗体，全都被炸碎了，只找到了他证件的碎片。"说起这些，王竭的眼圈泛红，手也轻轻颤抖。

"绝不能停，飞一般地开！"

1953年7月25日，王竭所在的604团接到紧急命令，当夜必须将阵地转移至马踏里附近，参加马踏里东南山战斗。这一地点距离板门店较近，团首长命令王竭带着团指挥所相关人员和器材前往新的指挥所，安置好并接通各连电话。

"当时，我正在金城前线，去新团指挥所必须经过一处高山下的敌炮封锁区，这里由于地势凶险，被称为'死亡之地'。"果不其然，在王竭一行人乘坐汽车通过时，敌人的炮弹如雨点般袭来，路上瞬间全是坑洞。"快开！绝不能停，飞一般地开！"

"到目的地后，我们才发现，汽车的弹簧弓全断了，车体上有很多弹洞，我这是又捡回了一条命啊！"

"在朝鲜的8年，我经受了千锤百炼和生与死的严峻考验，但我从不后悔，这也是我一生中最大的骄傲。"王竭坚定地说。

（刊于《参考消息》2020年10月29日第11版）

蒋恺在朝鲜留影（受访者供图）

【人物简介】

蒋恺，1924年生于云南省鹤庆县，1945年考入西南联大。1949年3月参加革命，参与解放广州和海南岛的战役。1950年10月23日入朝作战，参与朝鲜战场上战俘管理工作，曾获朝鲜政府颁发的军功章。1956年回国后在西藏军区、成都军区和总政治部联络部工作。1985年离休。

亲历中朝释放"联合国军"战俘
——记志愿军老战士蒋恺

文/《参考消息》记者　宋　宇

记者在北京见到志愿军老战士蒋恺时,老人端坐在客厅的沙发上,背挺得笔直,这是他从军多年的习惯。

96岁高龄的蒋恺精神矍铄、满面红光。不仅如此,老人思路清晰,1个多小时,他几乎没有间断地向记者叙述了70年前那段极不平凡、可以说是世界战俘营历史上"独一无二"的经历。

美国兵并不愿到朝鲜打仗

1949年3月,就读于北京大学西语系的蒋恺在进步思想的影响下,毅然投身革命,作为随军记者一路南下。蒋恺回忆,1950年5月1日庆祝海南全岛解放时,他同战友们的心情一样,"和平安定的日子终于来了"。

然而,1个多月后,朝鲜战争爆发。很快,蒋恺所在的解放军15兵团机关(入朝后改编为志愿军总部)奉命北上保卫东北边防。到达安东(今辽宁省丹东市)。后,因具备外语优势,蒋恺受命入朝后接管外军战俘工作。10月23日晚,蒋恺随兵团机关从鸭绿江边的长甸河口进入已硝烟弥漫的朝鲜。

第一次战役打响不久,前线部队就抓捕了1名美军军官,送到志愿军总部驻地。蒋恺参与接管了这名战俘,并开始了他长达6年的管理美军战俘工作。

他回忆说,这名战俘叫琼斯,是美军派到韩国部队第6师团的军事顾问。"他见到我们时,神情特别紧张,顾虑重重,不肯多说话。"

蒋恺和战友安排琼斯住进朝鲜老乡家,让他吃饱肚子、穿上冬衣,还为他看伤敷药,慢慢地消除了琼斯心中对"被杀、被虐待"的恐惧。"琼斯告诉我,他并不愿意来朝鲜打仗,妻子和儿女都在美国,他唯一的希望就是能够活着回家见到自己的亲人。"蒋恺说，琼斯的思想变化让他体会到我军宽待战俘政策的作用。

"战俘营奥运会"创造历史

随着战争不断推进，大批战俘从前线被送到后方，建立战俘营的任务迫在眉睫。1950年，朝鲜的冬天异常寒冷，蒋恺与战友一行20多人顶着风雪连夜行军，到达鸭绿江畔的碧潼，在被美军炸成废墟的小镇上修建了中国人民志愿军的第一个战俘营。

碧潼战俘营建立后，战俘的居住和生活条件得到改善。"当时中央决定由中方接管战俘的物资供应。"蒋恺说，生活的改善对稳定战俘情绪起到很大的作用。

后来，碧潼附近地区又陆续建立了5个战俘营，收容"联合国军"战俘约4000人。蒋恺告诉记者，他们不仅让战俘吃饱穿暖，为他们治疗伤病，而且在战俘营开展文体活动，甚至还在1952年举办了一场有

蒋恺近照（宋宇 摄）

14个国家和地区的500多名战俘参加的运动会。"'战俘营奥运会'给他们留下了深刻印象,有人评价说'创造了战俘营前所未有的历史'。"

蒋恺还特别提到两个细节。一个是1名会摄影的战俘拍摄了不少战俘营内的生活照片,有志愿军为战俘发放冬衣、理发、传递家书,还有战俘们跳舞、打扑克、过圣诞节的场景,这些照片辗转经美联社发布后在西方社会引起轰动。另一个是蒋恺和他的战友们在2年多的时间里帮助战俘与家人互通信件12万多封,"通信在一定程度上满足了战俘思念家人的需求,也扩大了我国宽待俘虏政策在美国社会中的影响"。

被释战俘感动得泪流满面

战俘营成立之初,一次战地释放俘虏经历让蒋恺记忆深刻。1950年11月,蒋恺和战友突然接到志愿军总部通知,要挑选一批战俘送往前线释放。

"在战争状态下释放战俘,这是一个创举。"蒋恺回忆说,当时他们挑选了美军战俘27名,南朝鲜战俘76名,"战俘名字一宣布,顿时引起极大的轰动,被释放的战俘感动得泪流满面"。

1951年7月,朝鲜停战谈判启动。1953年4月20日,双方根据协议在板门店交换伤病战俘。蒋恺担任中朝联合小组的英语翻译,见证了我方遣返美、英等国战俘的情景。他回忆说,当时"联合国军"战俘身着蓝色制服,"面带微笑,一一与我们握手告别,感谢我们对他们'既人道又仁慈'的照顾",并说"永远忘不了中国人民志愿军的情谊"。

蒋恺说:"我方交给对方的直接遣返战俘名单共12000人左右,每一名战俘的姓名、国籍、部队番号和健康状况等都一清二楚,完全出乎对方意料。"当时,美国人在战俘名单中发现了威廉·迪安的名字,这位美军第24师师长竟在中朝战俘营待了3年。美国报纸立刻以《迪安仍活在人间》为题报道了这件事。"一位美军高级将领,经过两三年竟然能安全回家,这在战俘史上也是一个奇迹。之后,美国就算想在战俘问题上做文章也站不住脚。"

(刊于《参考消息》2020年10月29日第11版)

程龙江年轻时照片（受访者供图）

【人物简介】

程龙江，1931年3月生，1948年参军，1950年10月随中国人民志愿军第40军118师354团入朝作战。1953年回国，1959年从部队转业，后到抚顺市食品厂任行政科科长。1980年任抚顺市新抚区城建局局长。1990年离休。

"炸坦克那一刻,我就没想活"
——记志愿军老战士程龙江

文 /《参考消息》记者　于也童

对程龙江老人的采访是从握手开始的。这是一双略显粗糙的手,也是一双有力、温暖、让人备感踏实的手。中国人民志愿军立功证明书、抗美援朝纪念勋章、残疾军人证……这双手慢慢打开一个塑料袋,拿出里面的珍藏,也慢慢打开了这名志愿军老战士一生难忘的戎马生涯。

"我是共产党员,我不去谁去?"

1948年,程龙江参军,先后参加辽沈战役、平津战役,一路从长白山打到海南岛。1950年,抗美援朝的战火燃起,10月19日,程龙江所在的中国人民志愿军第40军118师354团从鸭绿江出征,踏上了朝鲜战场。

11月初,第二次战役爆发,第40军正面突击美军第2师。刚到朝鲜不久的程龙江经历了"人生中最困难的一次战役"。

"美军的战术主要是飞机轰炸、炮轰,然后是坦克和步兵,轰炸的时候我们就藏在山洞里,但坦克上来后我们要是不阻拦,后面步兵就过来了。绝不能让坦克突破我们的防线。"程龙江回忆。

如何阻拦坦克?"我思前想后只能用反坦克手雷近距离炸坏坦克,否则我们没有胜算。"程龙江说。

反坦克手雷可定向破甲,但缺点是投掷距离必须很近。谁去完成这个几乎是必死的任务?程龙江在瞬间就作出了决定。"我是班长,我是共产党员,我不去谁去?"

他拿上反坦克手雷,在枪林弹雨中,趴在草丛中匍匐前进。"机会只有一次,坦克上的美军也在拿着机枪扫射,一旦失败,我就会暴露。"

近点儿,再近点儿……眼看坦克开到自己眼前,程龙江使出全身力气朝坦克履带扔出手雷。看到手雷稳稳地贴到了履带上,他心里知道,

程龙江向记者展示他的证书（于也童 摄）

稳了。

"轰"的一声后，坦克歪在路旁无法前进。程龙江赶紧撤退，到安全地带后一边跑一边大声喊"开枪"。在随后的对战中，他带领8名战士与美军展开殊死搏斗，成功俘虏了7个美国兵。他也因为这次英勇作战荣立大功、小功各一次，受到上级嘉奖。

牺牲的战友只能就地埋葬

程龙江与记者聊天时一直坐姿笔直，当他站起身时，记者才注意到他行走不便的左腿。

"左腿髌骨粉碎性骨折，这是战场上落下的病根。"注意到记者的目光，程龙江伸手指了指自己的腿。"这右腿也被油弹炸到，留下了伤疤，我现在鼻子没有嗅觉，闻不到味儿，这是当年冻的。还有一次作战中我被炸弹炸伤，右耳失聪……"

长年驻扎于潮湿、阴冷的山洞中，程龙江患上了风湿病。在朝鲜3年间多为晚间作战，白天上山隐蔽，昼夜颠倒的作息让他患上了严重的失眠。老人至今每天要靠吃安眠药才能入睡，一吃就是几十年。

伤疤、病痛，都见证着这位志愿军老战士往昔的峥嵘岁月。

1950年冬天，朝鲜异常寒冷，野外最低温度达到零下38摄氏度，刺骨的寒风穿透了志愿军战士们的衣服。"很多战士被冻死，还有的战士早上醒来一扒拉耳朵，耳朵被冻掉了。但艰苦的条件没有吓倒大家，战士们的意志都非常坚定。"

在程龙江的立功证明书中，泛黄的内页记载着老人的立功事迹：在抗击战中，跟一营背伤员，部队转移阵地后自己往阵地送炮弹……

虽然已过去70年，程龙江依然清晰地记得当时的情形。"那次是3个战友受了重伤。我记得1个叫李宝库的同志，腿被炮弹炸伤了，走不了路，我把他从山上背下来送到担架上。当时有太多战友牺牲在战场上，我们只能就地埋葬，然后插上一根树枝，在上面写上战友的名字……"说到这里，程龙江把目光移向远处，停顿了很久。

"我们能赢，靠的是中国精神"

程龙江所在的第40军为第二次战役的胜利提供了有力支撑。这次胜利震惊了世界，打出了新中国的国威、军威，打破了美军不可战胜的神话。

"我们能赢，靠的是中国精神。"程龙江说，"每一位志愿军战士都满怀信心，英勇无畏，为完成祖国和人民赋予的使命，能够慷慨地奉献自己的一切。我们俘获的7个美国兵，他们会说简单的中国话，我永远记得他们说的是'中国人厉害，不怕死，我们不打了'。"

"用手雷炸坦克那一刻，我就没想活。"程龙江说。

踏上抗美援朝的征程，程龙江甚至没来得及告诉父母一声。父母以为他早就牺牲在战场，哭干了眼泪。1953年，程龙江回国后回到家乡，与父母相见的一刻，他百感交集。

这些年来，程龙江一直保持着朴素的生活作风，他常常给自己的孩子和邻居们讲述抗美援朝战场上的经历。

"只要有人愿意听，我就会讲。多说一遍，就多一个人了解抗美援朝精神。"程龙江坚定地说。

（刊于《参考消息》2020年10月30日第11版）

黄玉佳年轻时照片（受访者供图）

【人物简介】

黄玉佳，1933年6月生于辽宁省盖县（今辽宁省盖州市），1947年10月参军。1950年10月入朝作战，任第42军124师370团卫生员，1951年在朝鲜战场火线入党。在朝鲜战场上，不顾个人安危实施战场救护，荣立三等功。1979年转业到丹东市第二中学从事行政工作。1993年从丹东职业技术学院（今辽东学院）离休。

"战友倒下，是战场留给我最痛苦的回忆"
——记志愿军卫生员黄玉佳

文/《参考消息》记者　高　爽

"1947年参军入伍时，我还是个14岁的孩子。"87岁高龄的黄玉佳，曾先后参加过解放战争、抗美援朝战争，并在抗美援朝战争中腿部受伤。

70年过去，战场上的很多事情，年迈的黄玉佳已经不能完整叙述。可一提起牺牲在战场的战友，他总会激动落泪。"战友倒下，是战场留给我最痛苦的回忆。"黄玉佳说。

没能救回被炸伤的战友

"入朝作战前，我在第42军124师医训队的学习即将结束。起初，我并不在出国作战的名单之中，我就几次向上级提出请求，最终得到批准，和部队一同出国作战。"

1950年10月，17岁的黄玉佳以第42军124师370团2营卫生所卫生员的身份，随部队入朝作战。"那一年冬天特别冷，几场大雪下来，冻死冻伤了不少战士。"黄玉佳说，行军道路两旁的沟渠，埋葬了很多同行的战友。

"去支援朝鲜的时候，我们国家也是百废待兴。那时候，部队有的人没有棉鞋穿，有的人没有棉帽子戴，行军的过程中，不少受伤的战士说倒下就倒下，最终牺牲了。"

"入朝后，我最主要的工作是抢救伤员。"黄玉佳说，他印象最深，同时也是最悲痛的一次抢救经历，是抢救同为卫生员的战友叶青蓝。"那是在长津湖战役中，那场战斗非常惨烈。一枚地雷爆炸，叶青蓝为了推开他的首长，自己被炸倒了。"说到这里，黄玉佳哽咽落泪。他说，这位年长他几岁的战友，出国作战前已经结婚。

"我冒着枪弹上去抢救，可人已经不行了，就那么战死了啊！"黄玉佳流着泪说。而在战场上,这样的事情几乎每天都在他眼前上演。

怀着对敌人的仇恨、失去战友的悲痛,在炮火连天的朝鲜战场上,黄玉佳更加不顾个人安危,冒着枪林弹雨,实施战场救护,挽救了很多志愿军战士的生命,并荣立三等功。

左腿留下一辈子的残疾

"出国作战前,我们曾经预估,应该在3个月之内就能结束战斗。没想到仗一开打,就耗时2年多。"黄玉佳说。

"入朝作战时,我虽然年纪不大,但也是入伍3年多的老兵了。所以也不知道什么是害怕,每天就是听从命令往战场上冲。"黄玉佳回忆,战场上每天都是炮火连天。"敌军从飞机上抛下汽油弹,非常密集,炮弹掉到水中还在继续着火。"

战斗越激烈,受伤的战士就越多,黄玉佳本人也曾在战场上受伤。"一次战斗中,我的左腿被炮弹皮击中。"当时,黄玉佳的伤势很严重,但他只对左腿进行了简单包扎,就又一瘸一拐地踏上了抢救其他伤员的路途。

"抗美援朝战争结束,我回国后才做了手术,将大部分炮弹皮取出来。"至今,黄玉佳的左腿中还有一片没有取出的炮弹皮。因为那次受伤,黄玉佳的左腿留下了一辈子的残疾。

1951年,18岁的黄玉佳在抗美援朝战场上

黄玉佳近照(受访者供图)

火线入党。

  1953年，黄玉佳随部队从朝鲜回国，并于1956年至1960年进入军校学习。"入伍前我只有小学文化，小学也因为战乱上得断断续续，十几岁当兵，从抗美援朝战场回来后，得到了去军校学习的机会，文化水平得到很大提高。"谈到和平年代在军校学习的那段经历，黄玉佳满怀感激。

想起战友，常常独自流泪

  黄玉佳幼年非常坎坷。"我记事的时候家乡还没解放，我家就租房住、租地种，全家十口人，只有2亩（0.13公顷）地，父亲和哥哥都给地主扛活，大多数时候全家人连肚子都填不饱。中华人民共和国成立后，我们家分到了土地房屋，生活条件才得到改善。那时候，我就明白了一个道理：只有中国共产党才能让老百姓过上舒心的日子。"

  "1946年，我还在村小学读书。抗战结束后，我加入了儿童团。那时经常看到解放军穿着军装背着枪走过，既威武又神气，当时就下定决心参军。"1947年10月，年仅14岁的黄玉佳如愿参军入伍。

  随后，黄玉佳先后跟随部队参与解放战争、抗美援朝战争。吃过苦、受过罪、经历过战争年代动荡的黄玉佳格外珍惜和平。

  如今70年过去，战场上的很多事情，年迈多病的黄玉佳已经不能完整叙述，可他经常重复一句话："我想念战友。"

  "我父亲经常望着窗外沉思，有时候想着想着就哭了。我们做儿女的根本不用问，就知道他是想起战场上的事和他牺牲的战友了。"黄玉佳的女儿黄永梅说。

（刊于《参考消息》2020年10月30日第11版）

周继成年轻时照片（受访者供图）

【人物简介】

周继成，1932年11月生，四川乐山市市中区人。1951年6月参加抗美援朝战争，被编入中国人民志愿军第15军45师135团2营机炮连，历任班长、排长、连指导员、炮兵训练队长和师炮兵司令部参谋，先后被志愿军党委记一等功，被15军授予"神炮手"称号并记一等功，被军、师、团奖励11次，获抗美援朝奖章、中朝友谊奖章、老战士英雄勋章。1971年5月退役后任乐山市苏稽镇供销社副主任。1992年退休。

"上甘岭战役，我打出190发炮弹"
——记志愿军"神炮手"周继成

文/《参考消息》记者　谢　佼

身着精心保存的那身志愿军军服，胸前勋章叮当作响，举手敬礼时，曾获得"神炮手"称号的周继成老人完全不像88岁模样，喊起发炮口令，更是威风八面。

"我先后参加战斗78次，歼敌150多人，摧毁坦克4辆、装甲车和汽车25辆，消灭地堡25个。特别在上甘岭战役，我打出190发炮弹。那门无后坐力炮，战后被有关部门收藏！"他说。

"整天都在琢磨无后坐力炮"

出生在四川乐山的周继成对侵略者格外仇恨：他7岁时，父亲病逝，母亲改嫁，只好跟着四舅过活；日军轰炸乐山时，四舅被炸死，他从此流落街头，乞讨要饭、当童工学徒……中华人民共和国成立后，为保家卫国，他于1950年参军入伍。

1951年6月，周继成随军入朝作战，被编入中国人民志愿军第15军45师135团2营机炮连。他因为能吃苦、力气大，被战友们喊作"小黄牛"。第五次战役后，为加强步兵的战斗力，每个营新装备3门57毫米无后坐力炮，周继成担任副班长、瞄准手。

周继成告诉记者，要发挥无后坐力炮的威力，就必须做到"五快"：一是用炮要快；二是选择阵地要快；三是瞄准目标要快；四是射击要快；五是转移阵地要快。经过上百次的刻苦练习，周继成掌握了无后坐力炮的技术性能，特别改进性地掌握了用肩膀做炮架，三次打靶，九发九中。

"那时整天都在琢磨无后坐力炮，吃饭也是想着它，做梦也是想着它，熟悉到就跟长在自己身上一样。我的肩膀就是炮架！"周继成感慨地说。

"打不掉坦克我就不叫'小黄牛'"

1952年6月,志愿军开展冷枪冷炮战。135团坚守在上甘岭,6连连长万福来布置,无后坐力炮的任务是摧毁敌人的坦克、汽车等目标。战友、通信员黄继光为周继成带路寻找任务目标,来到最靠近敌人的一排阵地,看到美军坦克仗着自己"壳子厚,打不透",每天开到志愿军阵地前耀武扬威,充当广播车大肆进行反动宣传。

周继成说:"保证把敌人坦克广播车打掉!"黄继光问:"你怎么打?"阵地距美军坦克约1500米,而当时无后坐力炮有效射程只有1000米。周继成说:"我隐蔽靠近攻击这个'铁乌龟'。"太危险了,领导在犹豫,周继成勇敢地请战,说:"敌人胆子小,不敢出来。打不掉坦克我就不叫'小黄牛',就是牺牲了,我也是光荣的!"

周继成带着2名战士背着炮弹,连夜潜伏到敌军阵地前500米的山沟里。敌人的探照灯来回在他们的头顶上扫过,他们沉住气,一动不动。天亮了,敌人又开动坦克轰隆隆向前推进。700米、600米、500米……

说时迟那时快,周继成站起身来,对准当头的坦克就是一炮轰过去,正中坦克油箱,将它击毁;跟着又打掉最后一辆坦克,中间那辆坦克进退不得,被周继成瞄准打断履带,炸死10多个敌人!

攻击得手后,周继成迅速带着战士们翻身滚进草丛。顷刻间,美军无数炮弹落在了刚刚的攻击点,我军火力也立刻强力支援,接应周继成等人。周继成和战士们一直在炮火中潜伏到深夜,才艰难地从敌人阵地前安全返回我军坑道。

"黄继光就像是我的亲弟兄啊!"

1952年9月20日,敌军车队向上甘岭运送兵力,上级命令各连组织火力消灭敌人。周继成带领小组摸到阵地前。天一亮,敌人出动。迎着开过来的装甲车队,周继成冷静地一炮过去,正中敌军装甲车,装甲车瘫痪,堵住了车队。紧接着,周继成又击中第二辆敌车油箱。

周继成近照（沈伯韩 摄）

敌军机枪扫射，战友不断负伤，周继成连打 2 发炮，炸毁了汽车 2 辆，炸死成片的敌人。敌人立刻报复，炮弹像雨点一样落在我军阵地，我军全团火力猛烈还击，压制住了敌人。此战毙敌 100 余人，击毁敌车 10 余辆。

很快，上甘岭战役在 10 月打响。部队首长亲临五圣山作出指示：要不怕流血牺牲，英勇歼灭敌人，坚守住阵地，一寸土地也不能丢，负重伤不叫喊，人在阵地在，立大功见毛主席！

战斗很激烈，美军飞机在上空扔炸弹、汽油弹、照明弹。大炮、坦克向我阵地狂轰滥炸，机枪不停扫射。

1952 年 10 月 20 日天亮前，连长万福来命令周继成去掩护黄继光、肖登良、吴三羊炸敌人地堡。周继成用炮摧毁了敌人的 3 个火力点。吴三羊在炸地堡中牺牲，肖登良负重伤，被埋在了弹坑里，黄继光也负了重伤。但最后一个地堡很难打，敌人的火舌不停地向我冲锋部队扫射。

"在最关键的时刻，黄继光扑上去用胸膛堵住敌军地堡的机枪，我的眼泪止不住地流，黄继光就像是我的亲弟兄啊！他曾经冒着枪林弹雨给我送压缩饼干到阵地上。我一定要守住阵地给他报仇！"周继成说。

在随后歼灭反攻敌人的过程中，周继成左额中了弹片，左眼被血粘住，他流着血和敌人战斗。弹药打光了，他和战友们就从敌人的尸体上抓起武器继续战斗。一夜激战，他们打退敌人7次进攻，歼灭敌人300多人。全班12人，牺牲9人，重伤3人。

退役后，周继成返回乐山老家，成为一名基层供销社干部。1992年退休后，他还经常给孩子们讲述抗美援朝的战事。他的志愿军军服洗得发白，每逢重大节日就穿在身上。"这是我毕生的纪念。我要让孩子们明白，没有当年的抗美援朝，就没有今天祖国的和平！"他说。

（刊于《参考消息》2020年11月1日第5版）

钟发玖年轻时照片（受访者供图）

【人物简介】

钟发玖，1930年生于四川省中江县。曾任中国人民志愿军第15军45师135团高射机枪连副班长。上甘岭战役中，冒着敌人封锁，连续运输八昼夜，荣立二等功。退役后献身核工业，在新的保密战线继续为祖国作贡献。1984年退休。

再难也要把弹药送到上甘岭
——记志愿军老战士钟发玖

文/《参考消息》记者 谢 佼

在四川绵竹汉旺镇的一处震损楼房5层,记者见到90岁高龄的抗美援朝老战士钟发玖。他面容消瘦,牙齿掉了大半,双腿盖着厚毯子。虽患有严重的肺心病,但老人说起上甘岭战役,神情一下子振奋起来:"我这辈子最光荣的就是参加志愿军,打跑了美国人!"

钟发玖珍藏着一本红色的立功证书,上面用中朝两国文字写着:"135团高机连班副钟发玖,在1952年上甘岭战役进行到最激烈时,他冒着敌人封锁,连续运输八昼夜……"

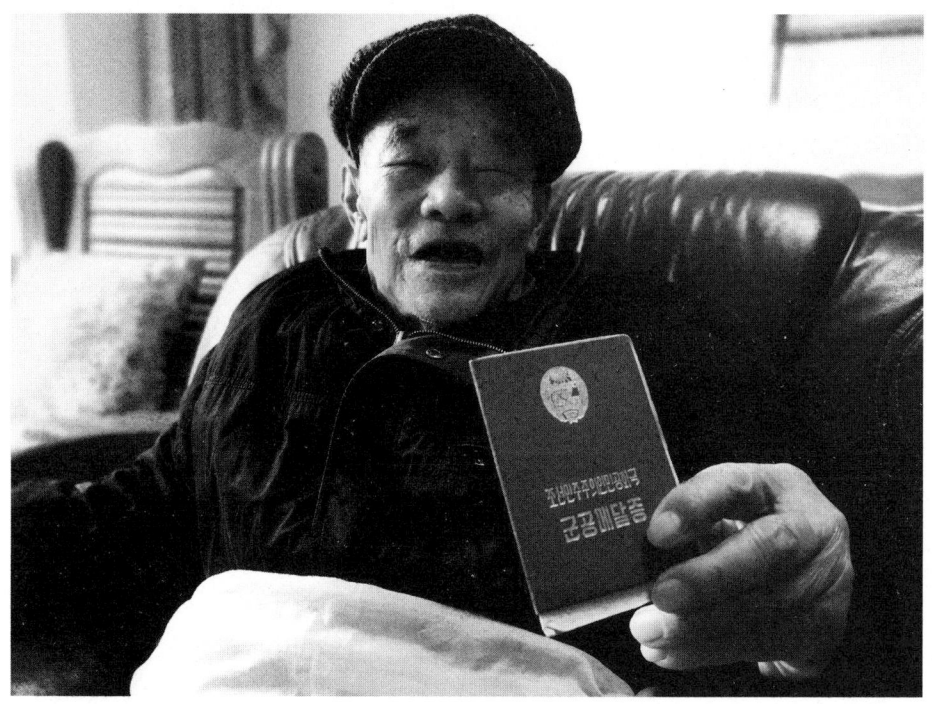

钟发玖近照(谢佼 摄)

"战士们三天才吃一块饼干"

钟发玖出生于四川省中江县,是家中幼子。父母本不同意他参军,他瞒着父母偷偷跑到征兵处报名,和黄继光等中江籍战士一起上前线。

"我家很穷,共产党给我们分了田地,我一定要保卫人民政权,保卫我们自己的革命果实,赶走美帝国主义!"钟发玖初心赤忱。

在上甘岭战役最紧要关头,他加入了中国共产党。钟发玖回忆道:"上级在坑道里通知我,从现在开始,你就是中共党员了。我特别高兴。"

采访中,老人胸口嘀嘀作响,用力地呼吸着。他回忆起昼夜运输的场景:"敌人的炮弹把整个上甘岭都炸松了,运送弹药和物资特别难,好多战士在运输线上被炸死,有的坑道得不到补给,坑道里的战士们三天才吃一块饼干。我们心里着急,哪怕再危险,也要把弹药和补给送到前线去。"

突然遭遇超强度的攻击,前线需要弹药的数量非常大。可是,弹药库距离前沿阵地有数千米,敌人动用炮火、炸弹将我方的运输途径层层封锁。志愿军想出了分段运输的方法,每隔一段就挖猫耳洞,藏放弹药,利用炮火间隙向前运送。

钟发玖回忆,整个上甘岭战役支援前线的运输队伍多达千人,在硝烟炮火中昼夜不停往返奔波,保障作战部队获得充足弹药,一次次打退了敌人猖狂的进攻。

"我们身边活着的'黄继光'"

后来,钟发玖也加入坑道中的战斗。"敌人不打光炮弹不罢休,我们猫在坑道里,敌人也进了坑道,还把照明的灯打灭,我们摸黑向敌人还击,将他们赶跑!"最后,一起作战的12人仅幸存3人。钟发玖的右肋被子弹打穿,"没时间治,只要能动,就要开枪战斗"。

钟发玖这辈子就如同他在上甘岭战役中的入党誓词一样,为党和人民牺牲一切。归国后,他所在部队驻扎在河南信阳,在1958年的黄河特大洪灾中,他和战友们与群众并肩抗洪抢险近1个月。

1960年6月,钟发玖转业到核工业部下属单位,一心扑在铀矿开采工作上。他一辈子处在高度保密、与世隔绝的状态中,不能告诉父母自己在哪儿、所做何事。女儿1岁多生了重病,钟发玖让妻子抱着女儿坐在运木头的卡车的驾驶室里,他举着吊瓶站在货斗里,赶了一天一夜的路到兰州求治。

1984年退休后,钟发玖老两口和小女儿在汉旺生活。汶川大地震后,他从未以功臣自居,没向组织提出任何要求,至今仍住在震损后加固的旧楼房内。直到2018年底绵竹市退役军人事务局进行摸底调查时,这位"干惊天动地事,做隐姓埋名人"的老英雄才被发现。老人淡泊名利、永远奉献的精神令人肃然起敬。

绵竹市退役军人事务局局长黄代松说:"他是我们身边活着的'黄继光'!"

(刊于《参考消息》2020年11月1日第5版)

赵兴元在朝鲜战场阵地坑道前留影(受访者供图)

【人物简介】

赵兴元,1925年生,山东章丘人。1939年参加革命,1940年加入中国共产党,参加过抗日战争、解放战争、抗美援朝战争。曾任团长、副师长、师长、副军长、黑龙江省军区政委、旅大警备区副司令员、旅大警备区政委等职。1988年被授予中将军衔,曾荣获独立奖章、二级解放勋章和独立功勋荣誉章。2016年7月在大连逝世,享年91岁。

机智勇敢把阵地推进300余米
——记志愿军老战士赵兴元

文/《参考消息》记者 蔡拥军 郭 翔

在1950年举行的全国英模代表大会上,身经百战的赵兴元被授予"文武双全的全面英雄"荣誉称号。从沂蒙山区到松花江畔,再到天涯海角,9次负伤的赵兴元本未被安排赴朝作战。他向组织再三请战,最终被批准奔赴前线。

在朝鲜大德山,骁勇善战又足智多谋的赵兴元率领352团创造了防御战中攻破美军阵地防线的经典战例,把阵地向前推进了300余米。

新婚夫妻同上战场

"组织上最开始没有安排父亲赴朝作战。"赵兴元之子赵远征说,"组织上考虑父亲受伤多,出于爱护,1951年将父亲调入中南军区举办的培养部队干部的党建班学习,并任副大队长。"

赵兴元所在的第40军118师是中国人民志愿军首批入朝作战部队,他时刻关注朝鲜战场动态,关注着战友的情况。"父亲说,他越想越不对劲儿,战友们都在朝鲜,在后方怎么坐得住,他必须上前线,否则就是一生的遗憾。"

赵兴元在三四个月的学习过程中一而再、再而三地向组织请求到朝鲜前线,他恳切的言辞终于打动了首长。

"在汉口,父亲和在医院工作的母亲结婚。当时,父亲还没到部队规定的团职干部结婚年龄,但因为父亲要出国作战,组织上特批提前结婚。"赵远征说,"母亲当时也强烈要求去朝鲜前线,说自己是医生,可以在战场上救死扶伤。"

1952年春节前夕,一个漆黑的夜晚,赵兴元和新婚妻子陈灼坐着向前线运送补给的卡车渡过鸭绿江。

在前线，赵兴元被任命为118师352团团长，直接率领352团进入前沿阵地，妻子陈灼被分配到118师卫生所。新婚夫妻战场上分别，却又在不同战线上并肩作战。

击退美军12次反扑

朝鲜大德山阵地，118师重要前沿防御阵地。"敌人曾十分骄横，双方阵地最近处相距不足百米，但敌人敢在地面上暴露活动，还三五成群地在阵地上聊天。"

久经沙场的赵兴元是一名神枪手，深知"打冷枪"的威力。他在团里挑选一批射手，隐蔽在最靠近敌人的工事里，一旦敌人在阵地上暴露，就立刻将其消灭。352团的"冷枪冷炮杀敌运动"打得敌人躲回地堡里，白天晚上再不敢出来。352团也涌现了一批神枪手，仅该团5连就有7人杀敌超过30人。

352团阵地前面有一块敌我双方缓冲区，宽约600米，被称为"小5号"阵地，敌人占领缓冲区后便构筑掩体工事，埋设大量地雷。"敌人离我们这么近，如果不把缓冲区的敌人消灭，必然威胁我方阵地，后患无穷。"赵兴元和团政委研究出一套作战方案。

为查清敌情，赵兴元先派出侦察股股长付玉栋等4名指战员抵近侦察，后又集中12门迫击炮，向敌人发起突然炮击，敌军大乱，目标暴露无遗。

入夜后，我军炮弹突然暴雨般倾泻在敌人阵地上，战士们随后发起冲击，敌人凭借坚固工事拼死顽抗。经过40分钟激战，我军攻占"小5号"阵地。赵兴元命令战士们迅速进入阵地和坑道，防范敌人反扑。攻占阵地不到1个小时，敌人开始炮火反击，天刚亮，4架轰炸机开始轰炸。"父亲说，敌人12个小时内向'小5号'阵地发射了万余发炮弹，大片树木变成'焦土'。"赵远征说，由于运用了"快打、快歼、快藏"战术，我军伤亡不大。

狂轰滥炸之后便是步兵冲击，352团经过四昼夜浴血奋战，击退美军12次反扑，缴获大量武器、装备，牢牢控制了"小5号"阵地，我军阵地因此向前推进了300余米。

阵地坑道父子相见

在朝鲜,赵兴元留下了两张珍贵照片:一张是他半蹲在阵地上手指前方,观察敌情;一张是他和妻子抱着还在襁褓中的儿子在坑道前留影。

在朝鲜战场上,赵兴元(右一)与夫人陈灼(右二)在阵地坑道前留影。陈灼怀中的婴儿为赵远征(受访者供图)

"我出生后第一次和父亲见面就是在朝鲜战场,那时候我才不到两个月大。"赵远征说,母亲在师留守处生下他时,父亲正在前线作战。"父亲见到我后,触景生情,给我起名'远征',含义不言而喻。"

英雄的荣誉是战场上打出来的,而牺牲的战友始终铭刻在他们的心底。赵兴元冲锋陷阵的英姿屹立在锦州辽沈战役纪念馆中那个夺取配水池战斗的模拟战场上。"父亲更愿意向人们讲述战场上的一个个壮烈场面，一位位永远留在他心底的牺牲的战友。"赵远征说，"父亲说，没有党和人民军队的培养，没有战友的舍身保护，就没有我赵兴元。"

14岁当兵打日本侵略者，在血与火的考验中出生入死，赵兴元荣立特等功2次、大功6次、小功7次，先后9次负伤。赵远征说："父亲告诉我，作为一名穷苦人家出身的小八路，九死一生的战斗经历带给他的只有光荣和自豪。"

伤疤是军人的"勋章"。赵兴元将军去世时，身体里还有未取出的弹片，无声地讲述着将军戎马一生的传奇故事……

(刊于《参考消息》2020年11月2日第11版)

1953年5月，华龙毅在朝鲜战场上留影（受访者供图）

【人物简介】

华龙毅，1925年生于山西定襄，参加过抗日战争、解放战争、抗美援朝战争。1946年成为东北老航校首期飞行学员。1951年10月作为中国人民解放军空4师12团2大队大队长率队作战，因战功卓著，成为空军首位特等功臣。1959年转业到民航工作，任西北民航局第一飞行副局长。1979年任华南民航管理局副局长。1983年离休。

单机与14架敌机格斗20分钟
——记志愿军飞行员华龙毅

文 /《参考消息》记者 邹明仲

70年前，华龙毅作为中国人民解放军空4师副团级飞行员参加抗美援朝战争。他曾与美国的王牌飞行员展开空中较量，因击落、击伤各一架美军F-86战机荣立特等功。

70年后的今天，只要一提到老人家的故事，华龙毅之子华山便打开了话匣子。"只要是父亲提过的人和事，我都会逐一去拜访核实，我要尽可能还原那段历史，这是我身上沉甸甸的责任。"

"我又失去了一个兄弟"

在华龙毅生前，一家人达成默契，就是不提他牺牲的僚机战友，只要一提，老人家就低着头不说话。"尤其是父亲晚年的时候，我们都不会提起。"华山说，有时老人晚上睡觉说梦话都会叫出声来，一次从大床上掉在地上。后来家人在他睡觉时将他的房间门打开，还在他的床边放一把椅子拦着，就怕他在床上翻滚掉下来。

华山向记者说起其中的原委。1952年4月，重伤手术恢复后的华龙毅专程去看望自己的僚机战友陈书兰。战友们见到他都很高兴，围上来和他说话。但当听到华老打听陈书兰时，所有人都沉默了。"陈书兰牺牲了……"沉默半晌，有人才低声说了出来。

华龙毅一下子瘫坐在地上，大张着嘴，上不来气。匆匆赶来的医生一看就明白了，马上劝他："这样不行，你得哭出来啊！"

哇的一声，华龙毅这才放声痛哭出来。从那次以后，华老不能哭，要哭就是痛哭，用这种方式释放自己极度悲伤的情绪。

"当时，我的父母亲在谈恋爱，父亲因为失去了战友，终日悲伤，天天喝酒不吃饭。母亲见到他时说，'你怎么回事啊，瘦成这样，整个人都变样了'，父亲只是伤心地说，'我又失去了一个兄弟'。"华山说。

华山说:"父亲有股从心底里发出的对战友的感情,那是在战争年代特殊环境中形成的。"

F-86飞机当场被炸得粉碎

1951年10月16日那场惊心动魄的空战,是华山从小听到大的父亲的英雄事迹。当天下午,华龙毅、齐连璧、逯松亭、陈书兰四机编队,在朝鲜宣川、新义州东南空域遭遇美军F-86"佩刀"战斗机,齐连璧击落、击伤美军F-86各一架,与逯松亭、陈书兰成功返航,华龙毅却深陷敌阵,从清川江至平壤、大同江、成川郡空域,与美空军第4战斗-拦截联队334中队、336中队战机进行格斗。

"空战中,我父亲紧盯一架F-86长机,敌机利用F-86水平机动的优势拼命地往下冲,我父亲跟着往下冲。在他的飞机剧烈地震动减速时,一架F-86型飞机从他的飞机肚子下面冲到了前面。"

原来,这架美机一直咬住华龙毅打算攻击,但由于害怕误伤自己的长机,一直不敢贸然射击,谁知华龙毅突然减速,美机一下冲到华龙毅前面。华龙毅果断开火,这架F-86飞机当场被炸得粉碎。

击落这架美机后,更多敌机上来围攻华龙毅,华龙毅驾驶的飞机数次中弹,他的右腿被击穿,左胳膊肘关节被机枪击碎。华龙毅抓住一切机会反击,直到他的飞机被彻底击残的最后一刻成功跳伞。此时,华龙毅已经从3000米打到10000米,又从10000米打到1000米,单机与14架敌机进行了近20分钟格斗。

华龙毅跳伞落在平壤以东的白云山上,被送往中国人民志愿军第39军战区进行抢救。几天后,华龙毅在第39军成川郡军部指挥所掩体里,与第39军战士们见面讲话,战士们激动地喊出:"空军万岁!"

两个星期打吗啡止痛

华龙毅是1946年中国共产党首所航空学校——东北老航校培养的首批飞行员,参加过抗日战争、辽沈、平津战役,参加抗美援朝战争,与美国的王牌飞行员较量……他的一生是传奇的,华山从小最不缺的就是"听故事",耳濡目染让他对抗美援朝中的一些战例和战史记忆深刻、如数家珍。

回忆起父亲跳伞后的情景,华山说,第39军的战士们和朝鲜老乡们打着火把,把父亲从山上慢慢地抬下来,安置在一位朝鲜大娘的家里。"当时父亲身上大量失血,完全昏迷,经过一天的输血之后被送进车里,拉到第39军包扎所止血,打吗啡止痛。"

军医护士为华龙毅进行腿部手术,取出一些弹片,但肘关节处的外科手术十分复杂,只能靠不停地打吗啡止痛,"整整两个星期在不停地打吗啡呀。"华山说,父亲是谈笑着讲这个"故事"的。父亲的英勇和乐观主义精神深深感染了他,他对父亲的崇拜是由内而外的。

"父亲见识了时代的波澜壮阔,亲历了历史的惊心动魄,他把最好的时光献给了信仰,痛快过瘾地战斗了一把!"华山说。

(刊于《参考消息》2020年11月2日第11版)

张竭诚战争期间旧照（受访者供图）

【人物简介】

张竭诚，1917年7月生于湖北省黄安县（今湖北省红安县）；1931年1月参加中国工农红军。抗美援朝战争中，任中国人民志愿军第39军117师师长，率部首批入朝，先后参加了一至五次战役及之后的铁原西北阵地防御作战、西海岸防登陆作战等战役战斗。战后，历任第39军军长、新疆生产建设兵团司令员、乌鲁木齐军区副司令员、沈阳军区副司令员等职。1987年离职休养。2001年2月24日在沈阳逝世，享年84岁。

横城穿插阻击战创辉煌战绩
——记志愿军老战士张竭诚

文 /《参考消息》记者 于 力

72岁的张旭东，一头干练的短发，说起话来快人快语，从军40年的她自豪地说："我父亲的一生充满了传奇，打过中国土地革命战争、抗日战争、解放战争、抗美援朝战争的很多恶仗硬仗。"

谈到抗美援朝战争，张旭东仿佛又听到了父亲张竭诚对发生在朝鲜半岛的那一场场浴血厮杀的动情回忆。"父亲在朝鲜打了很多漂亮仗，特别是横城穿插阻击战，成为他军旅生涯的巅峰时刻。"

追打美军"常胜师"

1950年10月19日，张竭诚率中国人民志愿军第39军117师从宽甸河口秘密跨过鸭绿江。10月底，第39军在云山拉开了入朝后中美两军第一仗序幕。第39军负责围歼云山地区的敌军，116师在正面，117师向左翼迂回，115师向右翼迂回完成合围。

接令后，张竭诚率师首先在云山周边阻击北上增援的南朝鲜军1师主力，而后与116师聚歼云山之敌。此战面对的敌人是气焰正盛的美骑1师、美24师、南朝鲜军1师、英27旅，个个装备精良，其中美骑1师更是美国建国以来从没打过败仗的王牌精锐部队。

张竭诚率领的117师作为第39军中组建最晚的师，不畏强敌、敢打必胜，大胆穿插强袭。在敌人强大的空中优势和火力优势下，许多连队打到只剩下10余人，重伤员拉燃爆破筒纵入敌群，与敌人同归于尽，硬是在鹰峰洞、泥踏洞、涧洞和三巨里将南朝鲜军1师死死咬住。之后，他又率部队绕至云山以东，与116师聚歼云山之美骑1师一部，共同将这支不可一世的美军"常胜师"一路穷追猛打到大宁江以南。

这是我军同美军第一次交锋，第39军共毙伤俘敌2000余人，其中美军1800余人，重创了美骑1师第8联队，击溃了该师第5联队，打破了美军不可战胜的神话，打出了我军的声威。

创歼敌最多作战纪录

第四次战役横城反击战中，我军任务是合围，确保围歼敌一两个师。合围的关键在穿插，断敌退路，阻敌增援。如果穿插不到位，就打不成歼灭战。

上级将战役穿插这一最艰巨的任务交给了117师，而且为确保战役的隐蔽性、突然性，要求该师穿插与正面总攻同时进行。由于正面的敌军很快就被打垮，大批敌军坐着汽车后退，张竭诚深知能否按时穿插到位关系着整个战役全局。

他率部队翻山越岭，一夜穿插38千米，严令部队一路踏雪疾行，快打快走，最终硬是靠两条腿抢在了敌人的汽车轮子之前。此时，撤退之敌已到山下，张竭诚冒着生命危险只带少数人员在能够观察战场全貌的位置设立前指，以便及时精准地抵近指挥，截击敌先头部队。在发现对面另一个军的穿插部队还未就位的情况下，他主动派出部分兵力冲下山先消灭敌人，又冲到对面山上布防，终于赶在敌大部队撤退前卡住了敌军退路。

天亮后，被围敌军殊死突围，敌援军拼命接应，117师腹背受敌，战斗异常激烈。整整一天敌机不断，炮弹如雨，我军阵地一片火海，有的阵地上官兵全部阵亡。

孤军作战，险象环生，张竭诚沉着冷静率全师死打硬拼，与敌反复争夺，弹药消耗殆尽后多次展开肉搏，死死堵住敌人退路，使敌无法突围和增援。经过一昼夜激战，117师取得了歼灭敌人3350余人的重大胜利，其中俘获美军800余人，"创造了中国军队在朝鲜战争中一个师在一次战斗中歼敌最多、缴获最多的纪录"。

横城反击战是志愿军在十分困难的情况下，集中6个军中的4个军进行的一次胜负攸关的反击战，共歼敌1.2万人，粉碎了敌人强大的攻势，迫使敌军大规模撤退，扭转了战局。

4岁的女儿去战场慰问

张旭东仍清晰地记得，4岁的她曾作为志愿军家属慰问团成员去朝鲜慰问，"两年没见的父亲已升任副军长，他紧紧抱着我这个小'慰问品'，高兴地用硬硬的胡荏亲我的脸"。1952年秋，敌我战线已处于相持局面，第39军的防御阵地与对面的美1师缓冲区仅500至1000米。为应对美军对我阵地实施铺天盖地的"毁灭性炮火轰击"，第39军硬是在长20千米的连绵起伏的山地和长满灌木的丘陵地带挖通了一座座大山，构筑了一个能打、能防、能机动、能生活的"地下长城"。

在朝鲜，张旭东亲眼看到中美交锋的炮火硝烟，每天看到成队的志愿军叔叔扛着枪开赴阵地，也见到过战士挂彩，甚至流血牺牲。虽然还不懂死亡的含义，但她知道，他们是英雄！

张旭东感慨地说："当年父亲横城穿插创辉煌战绩是在极端困难情况下取得的。117师出国时是1.5万人，但横城穿插前只有7000余人能参加战斗。本来弹药就不足，一夜行军38千米，又能背多少炮弹？况且我们都是小炮，与满天的敌机没完没了地轰炸扫射相比，与身边敌军数量众多的大炮相比，敌我火力相差极其悬殊！在远离主力、没有炮火支援、腹背受敌的情况下抗击强敌，靠的就是敢于斗争、敢于胜利。"

（刊于《参考消息》2020年11月3日第11版）

【人物简介】

陈曾吉,1930年5月生,吉林延吉人。1947年参加解放军,随部队参加辽沈战役、淮海战役、渡江战役等。1950年前往朝鲜战场,在一次侦察行动中不幸牺牲。2019年9月29日退役军人事务部举行认亲仪式,陈曾吉烈士遗骸回到祖国怀抱,与亲人"相认"。

烈士魂归故国　终与亲人"团聚"
——记志愿军侦察员陈曾吉

文/《参考消息》记者　张逸飞

7月1日是中国共产党的生日,也是陈虎山的大哥、抗美援朝志愿军陈曾吉牺牲在异国他乡的日子。

沈阳抗美援朝烈士陵园内的陈曾吉照片（受访者供图）

记者在沈阳抗美援朝烈士陵园见到83岁的陈虎山时,他身着抗美援朝志愿军军装,手里拿着大哥的戎装照。他说:"这也许是我最后一次来看大哥一眼。我年岁也大了,再看你一眼,心愿就了了。"

"大哥是五叔亲手掩埋的"

1947年,陈曾吉参军入伍。当兵头一年他回过家一次,不过没在家过夜,当天就返回部队。

陈曾吉的母亲盼望着大儿子能早日回到身边,但左等右等却等来了儿子牺牲的消息。带回来陈曾吉消息的,是同样参加抗美援朝志愿军的五叔。

"五叔告诉妈妈,大哥是侦察排的一个班长,在一次侦察中深入敌军控制区遭遇埋伏,整个小队都没了。他在死人堆里看到了曾吉的遗体,大哥是五叔亲手掩埋的……"说起大哥牺牲的经过,陈虎山眼圈泛红,几度哽咽。五叔告诉他们:"墓地里除了有曾吉的尸骨和军装之外,还有一个印章可以证明他的身份。不管到什么时候,有人找到他,都知道他叫陈曾吉,是一名志愿军!"

"我们家里一共7个人当兵,这样的革命传统,我一定要继承,一定要当兵。"就这样,陈虎山追随着哥哥的脚步,踏上了朝鲜半岛的土地,他希望有一天能把大哥的忠骨带回祖国。

"可是直到我跟着第三批入朝作战志愿军撤军的时候,也没找到掩埋哥哥的地方和五叔所说的那枚印章。"陈虎山说。

"陈曾吉印"帮助确认身份

2014年3月,第一批载有437位在韩志愿军烈士的遗骸的飞机降落沈阳桃仙机场。但这些遗骸大多没有具体姓名等信息,身份难以辨认。

已经退休定居郑州的陈虎山从新闻上听说了烈士遗骸归国的消息。"我当时看到这个新闻就在想,这里面会不会有我哥哥的遗骨呢?"陈虎山回忆说。

工作人员从上千件烈士遗物中发现了24枚个人印章,上面文字清晰可辨。陈曾吉的印章就在其中。这颗印有"陈曾吉印"的长方形印章,通体褐色,长3.5厘米,和印章一起被发现的还有一个装有印泥的手戳盒。

2014年以来,军事科学院的科研团队对烈士遗骸DNA样品进行采集分析,并建立数据库,为烈士身份鉴定和亲属认亲奠定了基础。2019年4月,退役军人事务部在网上发起了"寻找英雄"活动,不过陈曾吉所在的延吉市退役军人事务局一开始并未查找到他的相关线索。

相关部门认为，中华人民共和国成立初期的延吉县曾包含龙井、图们等地，因此判断陈曾吉烈士有可能在延边州其他县、市。

"我们得知陈曾吉烈士是由图们市长安镇入伍的信息后，就联合图们市退役军人事务局，兵分四路进行寻找。最后在其母亲生前居住地找到了陈曾吉烈士二弟的遗孀金春今。"图们市人武部部长白亚东介绍说。

得知陈曾吉的遗骨已回到祖国，金春今第一时间通知了远在郑州的陈虎山。"国家帮我们接回了大哥，还找到了我们，退役军人事务部还说要在沈阳的抗美援朝烈士陵园举办一个认亲大会。我虽然80多岁了，但听说能见到我大哥了，我一定得去！"陈虎山说。

英名墙上寻找哥哥名字

2019年9月29日，陈虎山来到抗美援朝烈士陵园，与其他5位烈士的遗属，在社会各界代表的共同见证下举行了认亲大会。陈虎山和家人在刻有十多万姓名的抗美援朝烈士英名墙上细细寻找。找到陈曾吉的名字后，陈虎山穿着志愿军军装向大哥立正敬礼，弯腰将一束鲜花摆在墙前，泪水在眼眶里打转。

随后，陈虎山打开一个绸缎包裹，捧出哥哥临走时留给家人的唯一一张相片，相片上的陈曾吉手握钢枪，英姿飒爽。"国家把大哥接回来了，还在茫茫人海中找到了我们。国家真的强大，在世界上有地位了，大哥地下有知也能含笑九泉了。"陈虎山说。

2020年7月1日，陈虎山带着老伴儿和女儿又来到抗美援朝烈士陵园。这一天是党的生日，也是陈曾吉牺牲的日子。"我在有生之年看到了大哥的棺椁，我跟他说，我和妈妈都想他。"陈虎山告诉记者，随着年龄的增长，这恐怕是他最后一次来烈士陵园祭拜陈曾吉。

"大哥，你安息吧。在这青松翠柏环抱的烈士陵园里，和你的战友们一起，你们可以看到新时代的中国是这样美好，在新时代长大的孩子是这样快乐。"陈虎山对着抗美援朝烈士陵园里刻有陈曾吉名字的英名墙郑重地敬了一个军礼。

（刊于《参考消息》2020年11月3日第11版）

1978年,白清林(左一)在赤峰野营拉练(受访者供图)

【人物简介】

白清林,1927年10月生,1944年加入中国共产党,1945年1月入伍。曾参加抗日战争、解放战争、抗美援朝战争等,历任团长、副师长、师长、第40军副军长、赤峰守备区副司令员等职。1987年5月离休。

"不管啥样的敌人来，咱都敢打！"
——记志愿军老战士白清林

文 /《参考消息》记者　张非非　孙仁斌

"在朝鲜战场上，想到过牺牲吗？"

"想过，每场战斗，我都做好了随时牺牲的准备！中国军人不信邪，有了这股决心，不管啥样的敌人来，咱都敢打！" 93岁的志愿军老战士白清林铿锵有力地说。

"只要敢打、会打，就能打赢！"

1950年10月19日傍晚，一队队军容整齐的中国人民志愿军跨过鸭绿江，踏上抗美援朝征程。中国人民志愿军第40军119师355团2营机枪连副连长白清林就是其中一员，这一年，他23岁。

回想起出国作战前战士们的心态，白清林说，年轻的战士们想法并不统一。"后来通过军事动员、思想教育，大家认识逐渐一致了，那就是不管你是啥样的军队，只要我们敢打、会打，我们就一定能打赢！"说到这里，老人情绪激动、目光坚定。

久经沙场的白清林素来胆大心细。在第二次战役中，已升任2营5连连长的白清林率部队参与围攻苏民洞一带美2师38团的战斗。

当晚，在敌人毫无准备的情形下，355团分东南、西北两路对苏民洞实施钳形攻击。待志愿军战士们拉响手榴弹、开枪扫射，美军才开始还击，战斗一直打到拂晓，最后美军仓皇向山林中逃窜。

不久，美国军机到苏民洞一带轰炸，5连的战士们进山隐蔽，营部则撤退进了一个山洞。不料山洞洞口被美军发现，他们调整火炮，对准洞口开火。"炮弹打进洞里，教导员、副教导员、管理员、通信员及联络员都牺牲了。"

此后，敌人虽利用空中优势组织疯狂反扑重新占领了苏民洞，但在119师3个团的强大围攻下，他们再次溃败，扔下上百辆拉着弹药、被装、食品的汽车向南逃窜，几十名担任前卫的美国士兵被俘。

回想起当年这场战斗，老人感慨："咱们士气、战斗力都比美军强，但咱们技术不如人。如果我们会驾驶坦克、使用火炮，这些战利品就不会得而复失，这么多战友也不会牺牲。"

撤不撤——最艰难的抉择

在战斗中学习，在学习中战斗，锻造了志愿军将士们的钢铁意志，也增强了他们灵活机动、随机应变的对敌作战能力。

在第四次战役砥平里战斗中，白清林所属部队负责掩护大部队撤离。

"当时我们守在一个山头，连夜把防御工事挖好，但是挖得不深，结果被敌人发现，他们摆出二三十辆坦克对准了我们。"第二天一早，美军发动猛烈攻击，坦克和枪炮密集发射，由于武器装备悬殊，不到1个小时，我方就伤亡十几名战士。

"当时我们已经和上级失去了联系，撤还是不撤？撤，没有上边的指示，是违反命令；不撤，眼看着部队就要被敌人打光。"白清林说，当时自己身上有十多处伤口，但完全顾不上血水染红了军装。"这是我在朝鲜战场上面临的最艰难的抉择。"老人语速放缓，望向窗外，沉浸在当年的战火硝烟里。

经过一番权衡，他拍板决定：撤而不退！先撤

白清林近照（受访者供图）

出山头，转入山林中隐蔽，待敌人步兵发起进攻，再出击阻敌。

"我们和美国人打仗得出一个经验，他们的步兵根本不是咱们的对手，厉害的不过是坦克和炮兵。坦克开上山来，我就不和你硬拼，步兵上来，我保证把你打退。"就这样，双方僵持不下，为志愿军部队撤离赢得了时间，直到大部队完全撤走，白清林才带着战士们且战且退，追赶大部队去了。

他没来得及动就牺牲了

70年过去，那些牺牲战友的音容笑貌，仍牢牢印在白清林的脑海里。

当时重机枪排有一位22岁的副指导员叫郭守昆，原在师宣传队工作，但他说自己到战场来，就要到一线去。一天，美军机投掷的一颗汽油弹恰好落在郭守昆的防御工事里，瞬间抽空了周围空气，他没来得及动就牺牲了！

"当我们扒开灰土时，看见他的遗体端正地坐着，身体已经被烧焦了。"讲到这里，白清林脸上两行清泪无声滑落。

第四次战役中，一发炮弹落在白清林身边，他被气浪推出2米多远，起来的时候，见身后的通信员张义勇倒在血泊中，头部被敌人炮弹片击中牺牲。

"他才18岁啊，小家伙特别机灵，打仗也勇敢，年纪轻轻就这样牺牲了……"

如今，距离白清林家不远就是沈阳抗美援朝烈士陵园，白清林的老团长汤景仲、老营长郑希和、老战友程树增……都安葬在这里。每年清明节，白清林都去陵园看望他们。

"今天的幸福日子，都是这些老战友用鲜血和生命换来的。只要我还能走，我就要去看望他们，和他们聊聊天，讲讲咱们国家这些年的新变化……"

（刊于《参考消息》2020年11月4日第11版）

朱法印年轻时照片（受访者供图）

【人物简介】

朱法印，1929年6月生，1948年参军到大别山根据地游击队。1950年11月，跟随6301部队3团9连，从河南到东北，后入朝鲜，在高旺山反击战和封山里战斗中，各荣获三等功一次，1952年参加上甘岭战役。1952年12月回国。1956年转业到辽宁省本溪市本钢发电厂。1987年退休。

"心里没有怕，只想着消灭敌人！"
——记志愿军老战士朱法印

文 /《参考消息》记者　王　莹

"小时候在家里看过写有'最可爱的人'的白茶缸，还有几个奖章，但要不是2019年社区统计退伍军人信息，我们4个子女都不知道老爸在朝鲜的具体情况，不知道他立过两次功，还受过那么多伤……"朱法印老人的女儿朱翠萍说。

多年来，朱法印谨记部队的教导，从未向同事、子女甚至老伴儿讲述过自己的抗美援朝经历，从不用自己的荣誉为个人谋求利益。91岁的他用朴实低调的生活态度，诠释着一名军人的初心使命和人生追求。

"我个子小，爬山冲锋是我的优势"

"之前我在河南信阳军分区，听说美国侵略朝鲜了，大家都很气愤，日夜练兵，都想早日上战场。"朱法印说。

从河南出发乘坐拉煤的货车来到安东（今辽宁省丹东市），简单准备了3天，就开始横渡鸭绿江。近70年过去，过江的场景在老人心中仍清晰如昨。"我们背了60多斤（30多千克）的背包，有子弹、枪、行李、干粮……头顶都是美国的飞机轰炸，我们来不及细看两边的情景，就一鼓作气，跑步过了江。"

入朝不久，在高旺山反击战中，朱法印就经历了生死考验。当时他所在团奉命强攻高旺山，迎战英国部队1个加强营。"双方武器差距太悬殊了，飞机大炮，人家什么都有，我们的枪都不是连发的，要拉一下枪栓，才能打一发子弹。"朱法印回忆说。

之前的三轮强攻都没攻下山头，我军伤亡惨重，战士们的心情压抑而愤怒。朱法印恨不得马上冲上山去，为牺牲的战友报仇。

终于轮到朱法印他们发动进攻，冲锋的命令刚下，他就第一个往山上冲。"我参军是在大别山根据地游击队,我个子小,爬山冲锋是我的优势。"他以快得惊人的速度,一边闪躲着敌人的子弹,一边提着枪,不要命地往上冲。"心里没有怕,只想着消灭敌人!"

第一个冲上山的朱法印和战友们一起,不顾自身安危,接连向敌人进行射击,终于打退了敌人,并缴获了大量重武器。在这场战役中,朱法印荣立三等功。

"就算牺牲也要把侦察图送回去"

在朝鲜战场上,朱法印几乎每天都面临生死考验。

1952年的一次战斗期间,朱法印和战友们一起去侦察敌人阵地,了解敌军武器配备情况。

"我们一行11人,悄悄摸到敌人阵地,画完地图以后,绕道往回走。"没料想,战士们在返程途中正好碰上1个敌军阵地,1名战士不小心暴露了,双方随后展开激烈交火。

子弹在耳边呼啸,朱法印和战友们边打边撤,他的小腿被击中受伤。"当时我心中只有一个信念,就算牺牲也要把侦察图送回去。"

朱法印近照(杨青 摄)

最终，11名战士中，9人英勇牺牲，朱法印和班长带伤艰难回到营地，成功送回了侦察图，为战斗胜利提供了准确信息。

朝鲜战场环境恶劣、天寒地冻。"一次部队过河时，正值寒冬。"朱法印回忆说，"过河的时候战士们穿着棉裤棉袄，刚上岸，发现衣服都冻住了，就找根棍子敲一下，把衣服上冻的冰敲下来，再继续往前走。"

战斗中，后勤保障线经常被敌军炸断。"有一次，连续两天三宿没吃的，我们就从朝鲜地里挖土豆，再用钢盔煮着吃，那几天就吃了几个土豆，每天还要面临敌机的狂轰滥炸。后来大伙儿饿得受不了，有个副班长，拿着手榴弹就向敌机冲去，我们也纷纷向敌机射击。"

"有今天的日子特别知足"

1952年12月，朱法印随部队回国，1956年转业到辽宁省本溪市本钢发电厂化学车间。在单位，人人都知道他是从部队转业的，亲切地叫他"老八路"，但没有人知道他在枪林弹雨中出生入死、屡立战功的英雄事迹。

"我爸不想拿这些荣誉给自己谋福利，也不想让我们儿女拿这些当资本。"朱翠萍说。

退休后，朱法印和老伴儿也不闲着，主动参与社区志愿服务，无论是扫雪、文化宣传，还是帮助患病邻居，随处可见他们的身影。

"我是一个穷小子，有今天的日子特别知足。现在生活特别好，儿女都孝顺，党和政府对我们照顾挺多，知足了！"朱法印朴实的话语，彰显着老战士一生不变的赤诚本色。

（刊于《参考消息》2020年11月4日第11版）

为什么战旗美如画

在辽沈大地感受抗美援朝精神

文/陶德言　田宝剑

2020年，为纪念中国人民志愿军抗美援朝出国作战70周年，《参考消息》推出"致敬最可爱的人"大型专题报道，引发读者强烈共鸣。2020年10月下旬，记者赴沈阳、丹东采访调研，追寻志愿军足迹，一路感悟，一路震撼……

五大烈士墓，174407个名字

深秋雨后，沈阳抗美援朝烈士陵园，处处青松翠柏，庄严肃穆。

正对大门的烈士陵园广场上，花岗岩砌成的烈士纪念碑高耸于基座之上，直指天空。碑身正面，刻着董必武亲笔题写的"抗美援朝烈士英灵永垂不朽"12个金色大字。在纪念碑后面和两侧，松柏掩映下，是一排排坟冢和墓碑，123位志愿军烈士长眠于此。1951年初，为纪念在抗美援朝战争中英勇牺牲的烈士，原东北人民政府决定在沈阳修建抗美援朝烈士陵园。陵园于同年8月正式落成。

纪念碑右侧最前排，便是特级英雄黄继光、杨根思和一级英雄邱少云、孙占元、杨连第5位烈士之墓，简朴的墓碑上，刻着鲜红的五角星和英雄的名字。朝鲜战场上，有4位志愿军军级领导牺牲，其中3人安葬在沈阳抗美援朝烈士陵园。他们是第50军副军长蔡正国、第39军副军长吴国璋、第23军参谋长饶惠谭。驻足烈士墓前，如此近距离地瞻仰家喻户晓的英雄们的长眠之地，不禁让记者想起他们抱起炸药包冲向敌群、以胸膛堵住敌人枪眼、烈火焚身仍岿然不动的英勇壮举。阴云低垂，寒风萧瑟，记者仿佛感受到天地之间回荡着烈士们奋勇杀敌的英雄豪情。

再往里走，是新建的圆形下沉式烈士纪念广场，广场中间坐落着白色花岗岩群山雕塑，寓意英雄精神如高山巍峨、万古长存。尤为让记者感到震撼的，是环绕广场的黑金沙花岗岩烈士英名墙，墙高3米，长130多米，上面镌刻着密密的志愿军烈士姓名。据介绍，经整理核实，现确认抗美援朝烈士有197653位，其中23246位重名烈士信息可在抗美援朝烈士名录中查询，英名墙上实际镌刻174407位烈士英名。

英灵不朽，忠魂常在。一排排名字后面，是一个个定格在战场上的年轻生命，是他们的血肉之躯拼来抗美援朝的伟大胜利；一排排名字后面，是一个个痛失亲人的英雄家庭，是他们的无私奉献为新中国建设赢得了宝贵的和平环境；一排排名字后面，是一个个载入史册的悲壮故事，是他们的英雄壮举铸成中华民族苦难辉煌的历史。这一个个名字，是无数亲人的伤痛，更是民族的思念和国家的记忆。当年，由于战事紧急、条件所限，大多数志愿军烈士的遗体埋葬在朝鲜半岛。建立烈士英名墙，174407个烈士名字矗立眼前，既体现祖国对每一位烈士的缅怀与纪念，又让抗美援朝英雄群体变得具体清晰，也让烈士后代拥有一处祭奠先辈、寄托哀思的场所。每年春节、清明节、烈士纪念日等日子，总有烈士的后人来这里擦拭名字，奉上鲜花，诉说思念。

广场四周的环形地下墓穴，安放着716名在韩中国人民志愿军烈士遗骸棺椁。2014—2020年，陵园共举办7批在韩志愿军烈士遗骸安葬仪式。今后在韩国发掘出的志愿军烈士遗骸，韩方将依据相关协议继续移交给中方，两国将进一步加强烈士遗骸发掘移交相关合作。如今国家强盛，愿更多烈士遗骸能够回到祖国的怀抱，在中华大地上安息。

一件血衣，一张两岁生日照

纪念碑左侧的烈士纪念馆内，主要展出反映抗美援朝战争的历史图片以及在战争中牺牲的147位各级英雄和4位军级干部、16位师级干部、230位团级干部的英雄事迹。采访中，纪念馆宣教科科长王春婕将记者带到一件血衣前。60多年过去，这件泛黄的白衬衣上，浸透整个右胸部的血迹已变成黑褐色，右胸口处一个被弹片撕裂的洞眼尤为触目。血衣前的说明牌上写着："蔡正国牺牲时的血衣"。

1950年10月，蔡正国率中国人民志愿军第40军参加抗美援朝战争，先后任第40军副军长、第50军副军长。1953年4月12日夜，第50军军部正在会议室召开西海岸防御工作会议，突然敌机机群来袭，投掷数十枚炸弹，其中一枚炸弹就在蔡正国身旁爆炸，他的头部和胸部多处中弹。展出的这件血衣，直到烈士遗体被运送到沈阳抗美援朝烈士陵园后才换下来。牺牲时，蔡正国年仅44岁，距离朝鲜停战协定签字只有3个月。

纪念馆的展出中，有一组照片让记者停留凝视，心情久久不能平静。志愿军第1军7师19团团长康致中、政委孙泽东、副政委傅颖、参谋长王伯明4位烈士的照片排在一起，介绍文字显示他们牺牲于同一天——1953年6月26日。4人年龄大致相仿，30岁刚出头，一张张年轻的面孔英姿勃发。他们牺牲时，距离朝鲜停战协定签字只有1个月。

那一天，19团团长康致中与全团100多名指战员在团部召开作战会议。敌人出动40余架轰炸机对19团坑道指挥所进行轮番轰炸致山体垮塌，指挥所2个坑道口被厚土掩埋，参加会议的指战员被埋在坑道内，壮烈牺牲。直到2个月后，坍塌的坑道被挖开，100多名指战员的遗体才被找到。据19团原1营通信员孙泉友回忆，战士们找到康致中的遗体，他穿着军装，躺在坑道里，像睡着了一样；政委孙泽东趴在桌上，电话听筒压在脸上，脸部都变了形……在离康致中遗体不远的坑道壁上，有一张作战地图，右侧斜插着他的儿子康明的两岁生日照。

2018年，年近七旬的康明将父亲康致中的所有遗物都捐赠给沈阳抗美援朝烈士陵园，其中包括这张曾见证那惨烈一幕、陪伴父亲最后时光的珍贵照片。

在抗美援朝战争中，先后有290余万志愿军将士入朝参战，经过两年零九个月的浴血奋战，共毙伤俘敌71万余人，志愿军战斗伤亡36万余人。

"为什么战旗美如画，英雄的鲜血染红了她。为什么大地春常在，英雄的生命开鲜花……"

一座纪念馆，两座"姊妹桥"

深秋的丹东，满城金黄，早晚气温已经降到零下。然而，记者一到这座与朝鲜隔江相望的边城，纪念抗美援朝出国作战70周年的热烈气氛就扑面而来。

1950年10月19日，中国人民志愿军将士高举保卫和平、反抗侵略的正义旗帜，从安东（今辽宁省丹东市）、长甸河口、辑安（今吉林省集安市）3个口岸，跨过鸭绿江，秘密进入朝鲜，展开伟大的抗美援朝战争。

丹东是志愿军出国作战的出发地，也是抗美援朝战略后方的最前沿，许多部队从这里出发，大量军需从这里转运，前线撤回的伤病员在这里救治，这是一座当之无愧的"英雄的城市"。抗美援朝纪念馆、抗美援朝烈士陵园、鸭绿江大桥、鸭绿江断桥、长甸河口断桥、毛岸英学校……2020年，到丹东参观抗美援朝历史遗址遗迹和纪念场所的游客人数明显增多。人们怀着无比崇敬的心情，回望历史，致敬英烈。值得一提的是，丹东市抗美援朝烈士陵园是第一座志愿军烈士陵园，于1951年5月建成。抗美援朝战争时期，这里曾安葬志愿军烈士400多位。

2020年9月19日，抗美援朝纪念馆经过整修后重新开放。这是一座全面反映抗美援朝战争和抗美援朝运动历史的专题纪念馆。丹东市委宣传部副部长宋喜梅介绍说，自开馆以来至10月底，纪念馆累计接待观众20.82万人次，纪念馆网站上留下的网友留言和"献花"更是不计其数。

从纪念馆来到丹东市振兴区鸭绿江畔,只见两座雄伟的钢桥并肩横在滔滔江水之上。这两座"姊妹桥",一座叫鸭绿江大桥,一座叫鸭绿江断桥。断桥是鸭绿江上第一座大桥,1911年建成;鸭绿江大桥始建于1937年,1943年启用。抗美援朝战争期间,两座"姊妹桥"承担着志愿军过江、军用物资供应、后方支援前线的运输任务,成为中方向前线输血的大动脉,也成为美军的重点轰炸目标。

1950年11月,美军两次共派出上百架轰炸机对大桥进行轰炸,朝方一侧桥梁被炸毁,坚固的钢结构大桥被炸弹生生切断,成为断桥。大桥中方一侧所剩四孔残桥保留至今,记者在桥上看到,被炸断的厚厚钢板上,弹痕、弹孔清晰可见,有的钢板扭曲变形,足见炸弹的巨大破坏力。站在断桥头望向对岸,可见江水中仍残留几座孤零零的桥墩,对面岸上便是朝鲜新义州,一座高大的红色圆形标志性建筑格外醒目。

85岁的抗美援朝精神研究会秘书长宋群基介绍说,断桥被炸毁的同时,鸭绿江大桥也频遭轰炸,损毁严重。面对敌人的狂轰滥炸,我方组织铁路工人、部队昼夜抢修,竭力保证桥梁畅通。抗美援朝战争期间,鸭绿江大桥成为连接中朝两国的交通大动脉。如今,鸭绿江大桥仍担负联通中朝经贸、人员往来的重任,被称为"中朝友谊桥"。

回到断桥桥头,一件大型浮雕《为了和平》气势宏伟,再现彭德怀司令员率师过江的真实场景。记者站在雕塑前,望着桥头残存的日本侵略者炮楼,不禁想起彭德怀司令员那句荡气回肠、掷地有声的名言:"西方侵略者几百年来只要在东方一个海岸架起几尊大炮就可以霸占一个国家的时代,一去不复返了!"

一座断桥,一所毛岸英学校

沿江边公路北上,车行一个多小时,两岸群山起伏,层林尽染,江面也变得更加宽阔,一江碧水,风光壮美。这里便是丹东市宽甸县长甸镇河口村。河口村是志愿军抗美援朝出国作战的渡江点之一,也是志愿军后勤补给的一条生命线、志愿军伤病员口岸医院所在地和中转站……

　　这里的江面上也横跨一座断桥。此桥原名清城桥，1942年建成，是一座公路桥。1950年10月19日，志愿军第39军117师和第40军118师从这里秘密过江，开赴朝鲜前线。为阻止中方人员、物资通过该桥进入朝鲜，1951年11月，美军大批轰炸机飞临河口桥上空，投下大量炸弹和定时炸弹，桥中间长约200米被炸毁，桥面落入水中，无法修复。如今，该桥中方一侧尚存九孔，朝鲜一侧尚存五孔，水中还立有三座桥墩。记者坐船从江面望去，只见被拦腰炸断的大桥挺立在碧蓝江水之上，用它残缺的躯体诉说着入侵者的蛮横残暴、抗击者的坚强不屈。

　　宽甸县委常委、宣传部部长邹晋告诉记者，当时，为了让志愿军有更多通道顺利渡江，宽甸县政府决定组建战勤船队协助志愿军工兵部队搭建浮桥。浮桥采用夜架昼撤的方式，一般在黄昏后两到三小时架起，先将木船连接起来，然后铺上枕木，就搭起一座简易浮桥，由工兵战士引导志愿军部队通过，拂晓前一小时再将桥拆除。

　　1950年10月23日，新婚不久的毛岸英就是从河口浮桥上告别祖国，前往朝鲜战场，担任志愿军司令部俄语翻译和秘书。不幸的是，11月25日上午，美军轰炸机突然飞临志愿军司令部上空，投下几十枚凝固汽油弹，正在作战室里的毛岸英壮烈牺牲，年仅28岁，距他到朝鲜仅仅过去34天。

　　毛岸英从河口渡江赴朝，再也没有回来。这里，便成了毛岸英烈士在祖国留下最后足迹的地方。为了表达对烈士深深的敬意和深切的怀念，宽甸县委、县政府决定在河口村修建一所毛岸英学校。刘思齐两次赴宽甸选址并参加奠基仪式。2003年9月，毛岸英学校正式创办。

　　学校内建有毛岸英烈士纪念馆，收藏抗美援朝战争时期展品以及毛岸英烈士遗物300余件。2010年，宽甸县在毛岸英渡江的河口竖起了他的塑像，塑像所在广场被命名为"毛岸英广场"，旨在让人们永远纪念和缅怀这位共和国的骄子，铭记和追思那一段充满血与火的峥嵘岁月。

　　当年，朝鲜战场战斗激烈程度前所未有。志愿军以"钢少气多"力克"钢多气少"，谱写了惊天地、泣鬼神的战斗史诗。在把敌人从鸭绿江畔赶到三八线的同时,志愿军也付出巨大牺牲。据介绍,战争爆发后,很多伤病员和牺牲的战士被一车车运回河口。伤员们在这里紧急医治、转运,牺牲的烈士大多就埋葬在附近绵延群山之中。如今,宽甸县共有4所抗美援朝烈士陵园,共安葬抗美援朝第一次、第二次战役中牺牲的有名和无名烈士969位,其中包括300多位参加著名的长津湖战斗牺牲的烈士。

群山肃立,江水奔流。在河口,这个歌曲《在那桃花盛开的地方》所传唱的"可爱的故乡",烈士的英魂化作了巍巍青山,伟大的抗美援朝精神跨越时空,历久弥新。

近年来,河口村村民发扬抗美援朝时期参军参战、增产节约、拥军优属的革命精神,敢闯敢拼,勤劳致富,让自己的家乡从过去吃不上饭的贫困村变成如今远近闻名的富裕村。从外地引进的燕红桃树,现在种植面积达1333公顷,年产量4000万公斤。红色旅游、乡村旅游,以及鸭绿江对岸朝鲜的异国风光,吸引全国各地的游客前来参观。

"百姓过上好日子,是对埋葬在这里的烈士最好的安慰。"河口村党支部书记冉庆臣说。

今非昔比。70年过去,山河无恙,家国安宁,物阜民丰,国富兵强,这盛世足可告慰当年浴血奋战、为国捐躯的先烈们。

(2020年12月20日刊于参考消息网)

图书在版编目（CIP）数据

为什么战旗美如画：抗美援朝老战士采访实录 / 陶德言，曹智主编． -- 北京：红旗出版社，2023.11
ISBN 978-7-5051-5377-6

Ⅰ．①为… Ⅱ．①陶… ②曹… Ⅲ．①抗美援朝战争—史料 Ⅳ．①E297.5

中国国家版本馆CIP数据核字(2023)第214630号

书　名	为什么战旗美如画：抗美援朝老战士采访实录			
编　者	陶德言　曹智			
责任编辑	赵　洁		装帧设计	戴　影　高　明
责任校对	刘云霞		责任印务	金　硕
出版发行	红旗出版社			
地　址	北京市沙滩北街2号		邮政编码	100727
	杭州市体育场路178号		邮政编码	310039
编辑部	0571-85310198		发行部	0571-85311330
E－mail	498416431@qq.com			
法律顾问	北京盈科(杭州)律师事务所		钱　航　董　晓	
图文排版	杭州润竹文化创意有限公司			
印　刷	浙江新华印刷技术有限公司			
开　本	710毫米×1000毫米		1/16	
字　数	393千字		印　张	25.5
版　次	2023年11月第1版		印　次	2023年11月第1次印刷
ISBN 978-7-5051-5377-6			定　价	88.00元